Sozialpsychologie des Sports

SPORTPSYCHOLOGIE

herausgegeben von

Prof. Dr. Bernd Strauß, Prof. Dr. Wolfgang Schlicht,
Prof. Dr. Jörn Munzert und Prof. Dr. Reinhard Fuchs

Band 2

Sozialpsychologie des Sports

von

Prof. Dr. Wolfgang Schlicht und
Prof. Dr. Bernd Strauß

 Hogrefe

Göttingen • Bern • Toronto • Seattle

Sozialpsychologie des Sports

Eine Einführung

von

Wolfgang Schlicht
und Bernd Strauß

unter Mitarbeit von
Maike Tietjens

 Hogrefe

Göttingen · Bern · Toronto · Seattle

Prof. Dr. Wolfgang Schlicht, geb. 1952. 1973-1979 Studium der Sportwissenschaft und der Politikwissenschaft in Gießen. 1987 Promotion. 1991 Habilitation. 1993 Professor für Sportwissenschaft an der Universität Tübingen. Seit 2001 Direktor des Instituts für Sportwissenschaft der Universität Stuttgart. Forschungsschwerpunkte: Sport und Bewegung in der Prävention und Rehabilitation. Gesundheitsverhalten, wissenschaftliche Fundierung von Interventionsmaßnahmen.

Prof. Dr. Bernd Strauß, geb. 1959. 1980-1987 Studium der Psychologie in Kiel. 1992 Promotion. 1998 Habilitation. Seit 1998 Professor für Sportpsychologie an der Westfälischen Wilhelms-Universität Münster. Forschungsschwerpunkte: Sozialpsychologische Aspekte des Sports, Expertise im Sport und forschungsmethodologische Fragen.

Bibliografische Information Der Deutschen Bibliothek

Die Deutsche Bibliothek verzeichnet diese Publikation in der Deutschen Nationalbibliografie; detaillierte bibliografische Daten sind im Internet über http://dnb.ddb.de abrufbar.

Umschlagabbildungen: © Two men celebrating goal on soccer field/Allsport Concepts/Mike Powell/Getty Images
© Soccer fans with painted faces in stadium/Stone/G.D.T./Getty Images
© Woman running in park/Eye Wire/Getty Images
Gesamtherstellung: Druckerei Kaestner GmbH & Co. KG, 37124 Göttingen
Printed in Germany
Auf säurefreiem Papier gedruckt

ISBN 3-8017-1724-0

Danksagung

Wie die meisten Autoren, so haben auch wir Personen in unserem Umfeld zu danken, die unsere Arbeit am Buch unterstützt haben.

Ein Dank geht an den Hogrefe-Verlag und dort an Herrn Dr. Michael Vogtmeier, der dieses Projekt spontan und vertrauensvoll gefördert hat.

Ganz besonders danken wir Frau Dr. Maike Tietjens. Sie hat uns in der Phase der Fertigstellung engagiert und kompetent unterstützt. Dies reichte von der Abfassung einzelner Kapitel der Manuskriptfassung, der inhaltlichen Ergänzung anderer Kapitel bis hin zur beharrlichen Kritik an Diktion und Inhalt sämtlicher Kapitel dieses Buches.

Zu danken haben wir auch Frau Ursula Schröer-Hüls, Frau Regina Meschede und Herrn Jens Broens, die uns bei der technischen Fertigstellung sehr unterstützt haben.

Schließlich danken wir allen Studierenden, die die vielen Vorfassungen des Manuskripts in Vorlesungen, Seminaren und Arbeitsgruppen zur Examensvorbereitung gelesen haben (mussten), und die uns wertvolle Hinweise zur Überarbeitung und Lesbarkeit des Manuskriptes gegeben haben.

Vergessen wollen wir aber auch nicht, dass Bücher nicht über Nacht und an wenigen Tagen entstehen, sondern so manches Wochenende und einige – wenn nicht viele – Abendstunden kosten, die eigentlich unseren Familien gehören sollten. Wir bitten diese dafür um Nachsicht und Verständnis.

Stuttgart und Münster im Mai 2003   Wolfgang Schlicht und Bernd Strauß

Inhalt

Zur Einführung

In Gesten, Worten und mit Dingen offenbaren Menschen Werthaltungen, signalisieren Interessen und indizieren Einstellungen. Auf diese Weise drücken sie aus, was sie sind und als was sie gelten wollen. Menschen fragen sich, warum bestimmte Dinge so eingetreten sind. Menschen gehen Beziehungen ein und seien sie lediglich symbolisch. Sie sind Teil von Gruppen, für die sie sich engagieren. Und manchmal sind Beziehungen von Aggression und Gewalt geprägt. Menschen sind manchmal auch Teil einer Masse, etwa wenn sie als Zuschauer in einem Stadion verweilen oder sich ein bestimmtes Fernsehprogramm anschauen. Mit solchen und zahlreichen anderen Aspekten beschäftigt sich Sozialpsychologie.

Es geht also um das Erleben und das Verhalten von Personen, wie es sich aus den Bezügen Einzelner und Gruppen mit sich selbst und der sozialen Umwelt sowie ihrer Einbettung auch in größere soziale Zusammenhänge (wie z. B. gesellschaftliche) ergibt.

Und all dies findet man auch im Sport, worauf wir uns in diesem Lehrbuch thematisch konzentrieren wollen. Es geht also in diesem Lehrbuch um eine *Sozialpsychologie des Sports*.

Der Titel dieses Buches, in dem das Wort *Sport* in der Einzahl zu finden ist, legt eine Eindeutigkeit nahe, die so nicht besteht. Sport, das war in seiner historischen Erscheinung vor allem eine körperliche Aktivität die durch Konkurrenz, Leistung und – im Individualsport – Rekordstreben gekennzeichnet war, und von dem sich vor allem junge Männer der Mittelschicht angesprochen fühlten. Das hat sich geändert.

Sport ist heute ein universales Kulturmuster (vgl. Kaschuba, 1995). Seine Sinndimensionen und seine Motive haben sich erweitert, und er hat sich neue Personengruppen und Räume erschlossen. Sport treiben junge und alte Menschen, Frauen und Männer. Er wird in Stadien, Sporthallen, aber auch auf Straßen, Plätzen und in freier Natur betrieben. Sport ist kein einheitliches Gebilde mehr (vgl. Grupe & Krüger, 1998). Er ist diffuser geworden, und eine allgemein akzeptierte Definition fällt schwer. In diesem Buch bevorzugen wir deshalb auch eine offene Sichtweise. Wir fassen unter Sport sämtliches körperliches Verhalten, das nach mehr oder minder festgelegten Regeln in Spielen, Wettkämpfen oder in künstlich arrangierten Situationen zeitlich begrenzt, alleine oder mit anderen durchgeführt wird.

Eine weitere Vorbemerkung erscheint uns notwendig. Struktur bildend wirken in diesem Lehrbuch nicht die Theorien, sondern die Phänomene. Wir referieren also nicht zunächst Theorien und fragen uns dann, ob wir zu deren Illustration geeignete Beispiele aus dem Sport finden. Wir suchen stattdessen zunächst die Phänomene auf und fragen dann, welche Theorien geeignet erscheinen, diese Phänomene zu erklären. Die Frage lautet also erst einmal: *Was lässt sich beobachten?* Darauf folgt dann die Frage nach der Erklärung des Beobachteten.

Ein Blick in das Inhaltsverzeichnis zeigt den Aufbau und die Systematik des Buches. Die ersten drei Kapitel befassen sich noch mit dem Einzelnen, der Entwicklung seines Selbst in der Auseinandersetzung mit der Umwelt, seinen Gedanken, Einstellungen und Erklärungsmustern. Wir haben hier nach dem Titel des Kapitels das Thema benannt, mit dem sich das jeweilige Kapitel befasst.

Individuumsbezogene Perspektive

1. Wer bin ich?	=	Identität
2. Ich treibe zwar keinen Sport, aber ich finde Sport gut!	=	Einstellungen
3. Die Welt erklären - die Welt simulieren	=	Ursachenerklärungen

Die nächsten sechs Kapitel befassen sich mit sozialen Interaktionen und Beziehungen aus den unterschiedlichsten Perspektiven und Gewichtungen. Es geht also um den Menschen im Zusammenhang einer Beziehung, einer Gruppe, eines Netzwerkes, eines Vereins, aber auch um die Gestaltung der Interaktion, etwa mit Aggression und Gewalt.

Beziehungsbezogene Perspektive

4. Ich mag Dich – Ich mag Dich nicht – Ich mag Dich ...	=	Soziale Interaktionen
5. Elf Freunde müsst ihr sein!?	=	Gruppen
6. Du bist nicht allein	=	Sozialer Rückhalt
7. Auf immer Dein!?	=	Bindung
8. Was alle gerne wollen, aber nur einige können	=	Soziale Ungleichheit
9. Die dunkle Seite	=	Aggression und Gewalt

Die letzten drei Kapitel betrachten den Menschen innerhalb größerer Einheiten, sehr großer Gruppen oder eben Massen. Dabei beschäftigen wir uns mit Zuschauern, ihren Motivationen, ihren Effekten auf die Leistungen und schließlich mit der Massenkommunikation.

Massenbezogene Perspektive

10. Nicht nur Sporttreiben ist schön	=	Zuschauer
11. The home is my castle!?	=	Heimvorteil
12. Schein oder Wirklichkeit?	=	Massenkommunikation

Aus wissenschaftssystematischer Sicht fallen die Antworten in diesem Buch zugegebenermaßen beliebig aus. Wir wählen im Interesse unserer Adressaten, Sportlehrerinnen und Sportlehrer sowie Trainerinnen und Trainer, Studierende der Psychologie, die Sportpsychologie als angewandtes Fach wählen, vor allen anderen aber Studierende der Sportwissenschaft und Psychologie im Grundstudium, aus den diversen Theorien und Erklärungsmodellen aus.

Wir reduzieren die Komplexität der ausgewählten theoretischen Ansätze und Modelle darüber hinaus, in dem wir uns auf das Referat der Kernannahmen beschränken. Denen lassen sich bei vollständiger Berücksichtigung des jeweils vorliegenden Erkenntnisstandes immer auch Gültigkeitseinschränkungen entgegenhalten. Das ist uns bewusst. Unsere Erfahrungen als Hochschullehrer lehren uns aber, dass weniger häufig mehr ist.

Bei der Vielfalt von Inhalten, die Studierende sich im Verlaufe ihres Studiums aneignen müssen, sollte die Einführung in ein Wissenschaftsgebiet nicht bereits durch eine kaum mehr fassbare Detailfülle überfordern.

Mithin ist das vorliegende Buch also nicht für Fachkollegen geschrieben, sondern in der Hauptsache für Anfängerinnen und Anfänger, für Leserinnen und Leser, die sich von sozialpsychologischen bzw. sozialwissenschaftlichen Erkenntnissen aus unterschiedlichsten Perspektiven begeistern lassen wollen, und die hier einen ersten Einstieg suchen.

Es soll also ein Lese- und Lehrbuch sein, das lehrreich ist, aber gleichzeitig Lust auf mehr macht. Das muss dazu führen, dass wir darauf verzichten, alle Autorinnen und Autoren zu nennen, die zu einem bestimmten Sachverhalt gearbeitet haben. Sollten sich also Kolleginnen oder Kollegen nicht hinreichend zitiert sehen, bitten wir vorsorglich um deren Verständnis.

Stuttgart und Münster im Mai 2003   Wolfgang Schlicht und Bernd Strauß

1. Wer bin ich?

Bereits frühzeitig in der kindlichen Entwicklung steht fest, dass Menschen in „wir" und „die Anderen" geschieden werden können: Wir Mädchen, die Jungen ist eine duale Kategorie, die wir bereits mit fünf Jahren verinnerlicht haben (vgl. u. a. Carter & Levy, 1988).

Weitere Kategorien kommen im Verlaufe unserer Entwicklung dazu. Offensichtlich produzieren wir unsere Realität andauernd in sozialen Kategorien. Ein Blick beispielsweise auf das Treiben auf Skipisten lässt bald erkennen, dass sich dort heterogene Personengruppen ausmachen lassen: Jene mit den normalen Skiern, andere mit stark taillierten (Carving)-Skiern, diese mit den Snowboards und wiederum andere mit den Big Foots. Oder schauen wir auf die zunehmende Nutzung von Straßen und Plätzen als Orte der sportlichen Betätigung. Streetballer tragen Kleidung mit Konfektionsgrößen XXL oder sogar XXXL, die mühelos Körper wie den von Arnold Schwarzenegger einhüllen könnten, und sie hören Musik in der Stilrichtung des *Gangsta-Rap*.

Skater orientieren sich in ihrem Outfit und ihrem Auftreten am Prototypen des *Marlboro-Man*; signalisieren „Coolness", Freiheit, Härte und Selbstbehauptung. Sie bevorzugen Musikrichtungen wie *Rap*, *Punk*, zum Teil auch *Hip-Hop*. Mit ihrer Kleidung, ihrer Gestik und ihren offen zur Schau getragenen Vorlieben zeigen sie alle, wozu sie gehören und wer nicht dazu gehört (vgl. auch Bette, 1989; Wenzel, 1997). Sie betreiben Selbstdarstellung.

Ein Blick auf die Zuschauerränge im Sportstadion zeigt ähnliche Bilder auch in der Erwachsenenwelt. Lange Schals, Mützen, Fahnen, das Singen bestimmter Lieder und Sprechchöre unterscheiden die Anhänger von Mannschaften: Hier die Bayern, dort die Dortmunder, die wahren und die so genannten *fair weather fans*, auf die wir noch im Kapitel 10 über Zuschauer näher eingehen werden. Und wir, die Beobachter, wissen wir nicht sofort, was wir von den einzelnen Kategorien zu halten haben: Oh je, die Bayern, die Dortmunder ...!

Soziale Kategorien können in uns unreflektiert Erwartungen auslösen, die dann das Verhalten steuern. Diese Erwartungen stützen sich auf *Stereotypen*. Der Kolumnist *Walter Lippmann* (1989) hat in seinem erstmals 1922 und inzwischen zum Klassiker gewordenen Werk *Die öffentliche Meinung* von Stereotypen gesprochen.

Wir kennen eine Reihe von Stereotypen auch im Sport: Schottische Fußballer galten in den 1980er Jahren als beinharte Treter, holländische und englische Fußballfans in den 1990er Jahren als brutale Hooligans, und möglicherweise gelten im Jahr 2010 (körperlich) erwachsene Inline-Skater als psychisch infantil.

Stereotypen, die scheinbar begründete Verbindung von Gruppenzugehörigkeit und menschlichen Eigenschaften, projizieren „wir" aber nicht nur auf „die Anderen", „wir" nutzen sie auch, um auf „die Anderen" und „die Eigenen" einen für uns wünschenswerten Eindruck zu machen. Wir tun das, indem wir Attribute sozialer Kategorien wirksam betonen. Eine im Fond des Cabrios geschickt platzierte Golfzeitschrift oder eine mit Schirm nach hinten getragene Baseball-Mütze signalisieren die Zugehörigkeit zu sozialen Kategorien und provozieren die damit bezweckten Erwartungen.

Das Hissen der amerikanischen Flagge beispielsweise, das vor allem nach dem schrecklichen Attentat vom 11. September 2001 in den USA deutlich zugenommen hat, indiziert Loyalität mit der Eigengruppe. Man spricht hier auch von einem *homegrown stereotype* (vgl. Prentice & Miller, 2002).

Wir präsentieren aber auch Geschmack und symbolisieren damit die Zugehörigkeit und die Differenz zu sozialen Kategorien. *Pierre Bourdieu* sieht in den Formen des „ostentativen Konsums" (des zur Schau gestellten Konsums), in Manieren und im Geschmack *Distinktionszeichen*.

Die Träger solcher Zeichen eignen sich mit diesen zugleich unbewusste Denk-, Wahrnehmungs- und Handlungsschemata an, die Bourdieu als *Habitus* bezeichnet hat (vgl. Bourdieu, 1974, 1982, 1986). „Der Habitus ist Erzeugungsprinzip objektiv klassifizierbarer Formen von Praxis und Klassifikationssystem (*principum divisionis*) dieser Formen" (1986, S. 277).

In der Beziehung zwischen diesen beiden Leistungen des Habitus entsteht der *Raum der Lebensstile*. Lebensstile „setzen feine Unterschiede", indem sie soziale Positionen markieren, mithin also Grenzen setzen zwischen „uns" und „den Anderen". Der Begriff „Position" bezeichnet in der Soziologie eine Stellung in einer Gesellschaft, die mit definierten Rechten und Pflichten verbunden ist.

Stichwort: Kategorisierung

Begriff. Ein in der Sozialpsychologie gebräuchlicher Begriff, der die Beschreibung von Menschen anhand von Gruppenmerkmalen bezeichnet. Aus der Gruppenzugehörigkeit wird auf Eigenschaften geschlossen, und es werden gruppentypische Verhaltensweisen erwartet *(Stereotypen)*.

Bedeutung. Es scheint so, dass wir unsere Realität andauernd in sozialen

Kategorien produzieren. Wir reduzieren auf diese Weise die Komplexität der tatsächlichen Realität. Die Konsequenzen von Kategorisierung sind vielfältig. Sie betreffen generell die soziale Informationsverarbeitung (*social cognition*). Diese wiederum betrifft die *Personenwahrnehmung*, d. h. die Beschreibung der eigenen und der anderen Personen, die unterschiedlich ausfällt, je nach angenommener Zuordnung zu einer Gruppe, und die diesbezüglich zu erheblichen Verzerrungen in der Wahrnehmung der anderen Personen führen kann. Kategorisierung betrifft aber auch die Definition von Identität, die über die Gruppenzugehörigkeit zu einer *sozialen Identität* wird. Und sie betrifft ganz allgemein die Art und Weise, wie wir unsere Wirklichkeit konstruieren. Diese scheint durch interindividuelle Kommunikation entstanden, kollektiv repräsentiert.

Wichtige Literatur

Moscovici, S. (1981). On social representations. In J. P. Forgas (Ed.), *Social cognition: Perspectives on every day understanding*. London: Academic Press.

Tajfel, H. (1981). *Human groups and social categories: Studies in social psychology*. Cambridge: University Press.

1.1 Identitäten schaffen

Was wäre besser geeignet, Unterschiede zwischen Personen zu markieren als der Körper? In der Art, wie wir diesen kleiden, wie wir ihn bewegen und auch „gestalten" (z. B. in Fitness-Studios), schaffen wir mit ihm ein Symbol sozialer Kategorie. In einer Gesellschaft, in der traditionelle Zugangsbarrieren ihren trennenden Einfluss einbüßen, in der also nicht mehr alleine die familiäre Herkunft oder die Religionszugehörigkeit über den gesellschaftlichen Status entscheiden, suchen Menschen nach auffälligen Distinktionszeichen.

Das macht der Bodybuilder über die Formung seiner körperlichen Gestalt, der Streetball-Spieler über den lässigen Gang, den er sich aneignet, und der Golfspieler über Accessoires, mit denen er seinen Körper umgibt. Was Menschen tun, wie sie sich kleiden, welche Nahrungsmittel sie bevorzugen, welchen Sport sie treiben, bezeichnet man in der Lebensstilforschung als Performanzen. Diese informieren über Mentalitäten, über die Art und Weise, wie Personen über Angelegenheiten des täglichen Lebens denken. Performanzen und Mentalitäten sind Indizien für einen Lebensstil.

Und Lebensstile erfüllen Funktionen. Eine der Funktionen ist – wie im Zusammenhang mit Bourdieu erwähnt – die Distinktion, eine andere die der Identitätsdefinition. Wenn sich also jemand in mühsamem Training eine Figur erarbeitet, die der von Arnold Schwarzenegger nahe kommt, dann bedient er damit zugleich Erwartungen, auch Klischees. Solche Klischees wandeln sich im Übrigen.

Mehr als fünfzehn Jahre ist es her, dass Hohner (1985) in einem Beitrag in der Zeitschrift *Sportwissenschaft* Bodybuilder als „körperlich stigmatisierte Normabweichler" deklarieren konnte, die gemeinhin als unintelligent, narzisstisch, monströs und nicht zuletzt auch impotent galten. Eher negative Stereotype wie diese versuchen wir im Allgemeinen zu umgehen. Fallen sie freundlicher aus, so nutzen wir und auch die anderen sie mehr oder minder geschickt zur Eindrucksbildung. Die Situation muss dazu geeignet sein und die sozialen Bedingungen müssen dieses als sinnvoll erscheinen lassen. Ein athletischer Körper ist 2002 kein von der Norm abweichendes Stigma mehr. Er ist inzwischen zu einem Körperideal geworden, das mit Jugendlichkeit, Gesundheit, Dynamik, Durchsetzungsfähigkeit und Diszipliniertheit assoziiert wird.

In einer kürzlich veröffentlichten Studie von Conroy, Motl und Hall (2000) zeigen die Autoren, dass bereits der Schein das Sein ausmacht. Demzufolge reicht es anfänglich aus – etwa bei einem ersten Rendezvous – so zu tun, als sei man sportlich aktiv. Sportlich Aktive gelten als selbstbewusst, selbstbeherrscht, diszipliniert und fleißig; „Couch-Potatoes" dagegen als unglücklich, kontaktscheu und auch geistig als ein wenig zurückgeblieben. Das, was noch vor 15 Jahren nur die Subkultur des Bodybuildings ihren Anhängern versprochen hat, ist also heute auch außerhalb dieses sozialen Sinnsystems akzeptiert und erwünscht.

Wie wichtig eine athletische Figur inzwischen geworden ist, wird in Wirtschaftsjournalen kolportiert, die darüber berichten, dass fettleibige Menschen auf dem Arbeitsmarkt schwerer vermittelbar sind als athletische Typen.

Das gilt im Übrigen nicht alleine für Tätigkeiten, in denen die Arbeitsleistung von der Körperkraft abhängt (vgl. Kühn, 1994). Die sozialpsychologische Forschung zur Sympathie und Anziehung hat eine Menge eindrucksvoller Belege gesammelt, nach denen körperlich attraktive Menschen in vielerlei Hinsicht bevorzugt werden (zusammenfassend Aronson, 1994).

Das Verhältnis zum Körper ist in der Moderne aber durchaus nicht eindeutig; es ist eher ambivalent. Norbert Elias (1978, 1979) behauptet in seiner *Zivilisationstheorie* eine Zurückdrängung des Körpers. Der nackte Körper wird bedeckt, weil Scham- und Peinlichkeitsschwellen dies gebieten. Auch die in vormodernen Gesellschaften vorhandene offene körperliche Gewaltanwendung ist inzwischen subtileren Formen gewichen. Andererseits beobachtet man aber spätestens seit den 1960er Jahren eine Lockerung der Körperdisziplin und -zensur (vgl. Rittner, 1996). Stichworte wie „sexuelle Revolution" deuten eine Senkung der Scham- und Peinlichkeitsschwellen an.

Heinemann (1999) wie auch viele andere Autoren betonen, dass deutlich stärker als früher die Identität einer Person über den Körper erfahren, aber auch vermittelt wird.

Der Sportsoziologe Mrazek (1984, S. 50) spricht von einer „Verkörperung des Selbst"; Kamper und Wulf (1982) von der „Wiederkehr des Körpers". Die Sehnsucht, die Körperfeindlichkeit der christlichen Tradition zu überwinden, drückt sich in Begriffen wie Körperästhetik, -bewusstsein, -identität, -sprache und nicht zuletzt Körpertherapie aus (siehe auch die Beiträge in Fox, 1997).

Nicht selten setzen wir den Körper instrumentell ein, um einen beabsichtigten Eindruck zu erzielen (siehe dazu auch Haubl, 1998). Dabei entstehen oft paradoxe Formen der Selbstinszenierung. Jugendliche der Streetball-Szene etwa, die wir bereits als ein Beispiel benannt haben, distanzieren sich scheinbar bewusst von dem, was die heutige Gesellschaft an Körperideal entwirft. Mit ihrer übergroßen Kleidung verdecken sie das, was etwa der Bodybuilder oder Fitness-Studio-Besucher gezielt herausarbeitet. Bette (1989) spricht von der „Sozialfigur der Körperdistanzierung". Hier also Muscle-Shirts und enge Tops, dort der Schlabberlook.

Rittner (1996) sieht das zeitgenössische Sportpanorama durch Lebensstilbezüge geprägt, die sich auf fünf Ebenen zeigen:
• in der Sportartenentwicklung und -differenzierung,
• in der Motivation zum Sporttreiben und dem Erleben von sportlichen Bewegungen,
• in sozialen Bindungen, die im Sport und durch den Sport gesucht werden,
• im Wandel der Sportorganisationen sowie
• in Kleidung und Accessoires, die als Distinktionszeichen eingesetzt werden (Rittner, 1996, S. 322).

Knapp 100 Jahre früher, nämlich 1908, hat *Georg Simmel* seine Beobachtungen des Alltags preisgegeben. Seine Überlegungen sind in einem Essayband der *Wissenschaftlichen Buchgesellschaft* 1998 zusammengetragen.

In der Psychologie des Schmucks, in der Koketterie, aber auch im Problem des Stils scheint es so, als interagierten wir mit anderen Personen wie Schauspieler auf einer Bühne. Wir suchen andere als unser Publikum, spielen Rollen und nutzen die Kulissen, um Eindruck zu machen. *Erving Goffmann*

(1959), einer der früheren Präsidenten der amerikanischen Soziologenvereinigung, hat soziale Interaktionen genau in diesem Sinne gedeutet.

Goffmans Interesse und Beobachtung galt den alltäglichen Situationen. Sie erschienen ihm als Analogie zum Theaterspiel. Das Alltagsleben auf der Bühne, der Alltagsmensch als Laiendarsteller!

Wie in jedem Theater gibt es eine Bühne, die dem Publikum gestattet, das Spiel der Akteure zu beobachten und es gibt eine Hinter-Bühne (backstage), in der die Akteure „aus der Rolle fallen können". Vorne auf der Bühne bemühen sich die Darsteller einen von ihnen gewollten Eindruck zu machen, in dem sie über ihre Selbstdefinition informieren. Sie benutzen dabei *Techniken der Imagepflege,* sprachliche Äußerungen, äußere Erscheinung, Geschmack und Auftreten. Das Publikum legt Wert auf eine authentische Darstellung, in dem es seinerseits genau beobachtet, ob die Rolle, die der Spieler eingenommen hat, auch eingehalten wird oder die Schauspieler aus ihrer Rolle fallen. Letztgenanntes darf man nur „backstage". Goffman beobachtet auch, dass nicht nur Einzeldarsteller agieren, sondern komplette Ensembles auftreten. In Supermärkten beispielsweise rufen sich langjährige Kollegen(innen), die sich hinter der Bühne duzen, vor den Kunden mit Herr oder Frau *Sowieso.* Oft halten sie die Camouflage nicht durch und es klingt dann so: „Frau Sowieso, kannst *du* bitte mal Kasse machen". Manchmal ist das Leben auch eine Komödie. Im europäischen Barock-Zeitalter war man sich dessen im Übrigen sicher. Bei *Caldéron* oder *Lope de Uega* liest man über das Leben als einen Traum, als ein Theaterspiel, als Allegorie des *theatrum mundi.*

Goffman wurde von einer soziologischen Theorie beeinflusst, die im wesentlichen George Herbert Mead zugeschrieben wird. Mead lehrte von 1894 bis 1931 an der University of Chicago. Sein *Symbolischer Interaktionismus* erklärt, wie Menschen durch soziale Prozesse zu ihrer Identität gelangen (vgl. Blumer, 1978). Da die Theorie eine Vielzahl von späteren Theorien und Ansätzen angeregt hat, sollen ihre Kernannahmen kurz referiert werden.

In unserem Alltag sind wir ständig in irgendwelche Situationen eingebunden, die uns ein aktives Handeln abverlangen. Wie wir uns verhalten, das hängt nun davon ab, welche *Bedeutung* wir den Dingen und Personen, denen wir begegnen, beimessen. Diese Bedeutung entsteht im Prozess der Sozialisation. Die Bedeutung wird erlernt. Entscheidend dabei sind *signifikante Symbole,* wie Gesten und Sprache, welche die interagierenden Personen austauschen. So kommt es beispielsweise auch, dass eine bestimmte Körperform im eigenen Kulturkreis höher geschätzt wird als eine andere Körperform: in unserem Kulturkreis eben schlank statt dick.

In einem definierten sozialen Umfeld herrscht eine gewisse Übereinstimmung in Bezug auf die Bedeutung der Dinge. Wir müssen lernen, die Symbole richtig zu deuten, um in einer Situation angemessen zu handeln. Das kennt jeder Sporteleve, der – in einer Sportart oder Sportszene neu – anfänglich gegen die meist implizite Etikette verstößt, da er die Bedeutung der „Dinge" noch nicht vollständig entschlüsselt hat. Wir müssen also wissen, was es ist, was der Interaktionspartner tut, welche Absichten er damit verknüpft, und was er dementsprechend von uns erwartet. Je nach Absicht und Kontext können nämlich identische Symbole unterschiedliches bedeuten.

Von *Herbert Rosendorfer* stammt die amüsante Geschichte des chinesischen Mandarins *Kao-tai* aus dem 10. Jahrhundert, der sich mittels einer Zeitmaschine in das München des 20. Jahrhunderts versetzt. Der Mandarin deutet die Geschehnisse in seiner neuen Umgebung auf der Folie seiner früheren Erfahrungen, und er handelt prompt erwartungswidrig. So ähnlich wird es auch Fürst *Pückler-Muskau* ergangen sein, als er, Festlandeuropäer, erstmals mit den merkwürdigen Verhaltensweisen konfrontiert wurde, die vom englischen Landadel als *sports* bezeichnet wurden. In Trendsportarten sind heute ähnliche Phänomene zu beobachten. Da wird *Rap*, *Hip-Hop* oder *Grunge* gespielt; Bewegungen heißen *sliden*, *free ride*, *carven* oder *jibben*. Man trifft sich an oder in der *Half Pipe* und überwindet *obstacles*; und das alles ist dann *cool* oder *geil* (vgl. Lamprecht & Stamm, 1998). Nur dem Eingeweihten erschließt sich anfänglich der Code. Der Außenstehende hat Mühe, die Bedeutung der Dinge korrekt zu entschlüsseln.

Die „Dinge" korrekt zu deuten, setzt voraus, sich in die Gedanken und die Erwartungen eines Interaktionspartners oder einer Gruppe zu versetzen. Meads *taking the role of the other* hat Konsequenzen für einen selbst. Wir antizipieren nicht nur das Verhalten der anderen, wir sehen uns selbst auch aus der Sicht der anderen. Es entsteht ein „Me", ein Bild, das der andere von uns hat.

Da wir meistens mit mehreren Bezugspersonen interagieren und das auch noch in verschiedenen Rollen, als Vater, als Lehrer, als Untergebener, als Freund usw., gibt es immer auch mehrere „Me". Die Integration dieser „Me" zu einem einheitlichen Selbstbild und die Verknüpfung mit dem „I", einem Konzept von der eigenen Person, das nicht auf die anderen zugreift, führt zum „Self" oder zur Ich-Identität.

In einem Sonderheft der *Zeitschrift für Sozialpsychologie* aus dem Jahre 1997 berichten Staudinger und Greve (1997) bezugnehmend auf James (1890), Cooley (1902: „looking glass self") und Mead (1934), dass das Selbst ohne sozialen Kontext nicht entstehen und nicht verstanden werden kann. Insbesondere wichtige Personen, die so genannten signifikanten Anderen sind für die Definition unseres Selbst bedeutsam.

Stichwort: Symbolischer Interaktionismus

Begriff. Ein Begriff der mit dem Namen *Cooley, Blumer* und *Mead* verknüpft ist. Symbolischer Interaktionismus steht für die grundlegende Annahme, dass Bedeutungen, die wir den Personen und Dingen in unserer Umgebung beimessen, aus der Interaktion mit anderen Personen entstehen.

Bedeutung. Der Symbolische Interaktionismus macht zunächst deutlich, dass unsere soziale Umgebung nicht als eine feste Ordnung existiert, die uns zu einem definierten Handeln zwingt, sondern dass soziale Realität gestaltet und verändert wird. Dieses geschieht im Prozess der sozialen Interaktion. Im Werk von Mead steht zusätzlich die Konstruktion der Identität im Vordergrund. Personen und deren Umgang mit den Dingen korrekt zu deuten, setzt voraus, sich in die Gedanken der Interaktionspartner zu versetzen. Dadurch entsteht ein Bild, von dem wir denken, dass andere dieses von uns besitzen (dem Me). Die Integration der diversen Me, die durch die Interaktion mit wechselnden anderen entstehen, und die Verknüpfung mit dem eigenen Bild (dem I), führt zur Ich-Identität (dem *Self*).

Wichtige Literatur
Blumer, B.H. (1969). *Symbolic Interactionism*. Hillsdale, NJ: Erlbaum.
Cooley, C. H. (1902). *Human nature and social order*. New York: Scribners.
Mead, G. H. (1968). *Geist, Identität und Gesellschaft*. Frankfurt/M.: Suhrkamp.

1.2 Personale und soziale Identität

Die Kernaussagen des Symbolischen Interaktionismus unterstreichen die Wichtigkeit, die soziale Interaktionen für das Bild haben, das der Einzelne von sich entwirft. Viele Jahre nach Mead (1934) hat der Sozialpsychologe *Henri Tajfel* (1978) eindrucksvoll gezeigt, wie wenig erforderlich ist, um Identitätsbildungsprozesse auszulösen, die dann schließlich zu einer Unterscheidung von uns und anderen führen.

Eine der Kernaussagen seiner Theorie besteht in Folgendem: Das Selbstkonzept – die Identität – einer Person besitzt zwei Aspekte. Der Erste betrifft
die *personale Identität*, welche die Meinungen, Einstellungen usw. der Person
über eigene Merkmale wie z. B. Fähigkeiten und Fertigkeiten beinhaltet. Zum
Beispiel, wenn Sie der Meinung sind, dass Sie Statistikaufgaben gut bewältigen, ist dies Teil Ihrer personalen Identität. Dieses Beispiel stammt aus dem
akademischen Bereich. Ein Teil der personalen Identität könnte aber auch
sein, wenn Sie der Überzeugung sind, Ihnen würde es sehr gut gelingen, Kontakt zu anderen Menschen aufzunehmen. Dieses Beispiel würde man eher dem
nichtakademischen, also hier sozialen Bereich zuordnen.

Shavelson, Hubner und Stanton (1976) schlugen vor, dass sich das Selbstkonzept einer Person – das sich im Sinne von Tajfel (1978) nur auf die
personale Identität bezieht – global in einen akademischen Teil und einen
nicht-akademischen Teil trennen lässt. Diese Unterteilung hat zu erheblicher
Forschungsaktivität geführt.

Zum Beispiel zeigten Marsh und Shavelson (1985), dass sich der aka-
demische Teil u. a. in ein verbales Selbstkonzept (z. B. bzgl. Deutsch, Eng-
lisch) und in ein mathematisches Selbstkonzept (z. B. die Überzeugung, Statistikaufgaben lösen zu können) differenzieren lässt. Den nicht-akademischen
Teil des Selbstkonzepts kann man, so Shavelson et al. (1976), in den sozialen,
emotionalen und physischen Bereich differenzieren. Für den Sport ist gerade
der letzte Aspekt von besonderer Bedeutung. Hier geht es darum, wie Personen sich bezüglich ihrer körperlichen Aspekte selbst einschätzen. Wohlge-
merkt: Es geht nicht darum, ob diese körperlichen Aspekte tatsächlich vorhanden sind, sondern es geht darum, wie sich eine Person in diesem Bereich
wahrnimmt und bewertet, mithin also ihr Selbstkonzept bezüglich ihrer körperlichen Aspekte strukturiert.

Marsh und Redmayne (1994) schlugen in ihrem hierarchischen Konzept
des physischen Selbstkonzepts vor, dieses in eine globale Komponente,
nämlich die allgemeine körperliche Leistungsfähigkeit, und fünf spezifische
Komponenten einzuteilen. Diese sind (1) Ausdauer, (2) Kraft, (3) Koordination, (4) Flexibilität und (5) die körperliche Erscheinung.

Wir wollen dies nicht weiter vertiefen. Wer aber weiter lesen möchte:
Einen ausgezeichneten Überblick erhält man bei Fox (1997). Soviel zunächst
zur personalen Identität und deren Verästelungen.

Die *soziale Identität* einer Person ist der zweite Aspekt in Tajfels (1978)
Theorie. Diesen Teil des Selbstkonzepts leitet eine Person aus ihrem Wissen
über die eigene Zugehörigkeit zu einer oder mehreren sozialen Gruppen ab.
Die Frage, wer man ist, beantwortet man häufig unter der Verwendung sozi-

aler Kategorien. Tajfels (1978) eigentliches Thema ist die *soziale Identität* und diesen Aspekt wollen wir daher auch hier vertiefen.

Die beiden Autoren dieses Lehrbuches beispielsweise sind Männer, der eine ist zudem Mitglied im Fanclub einer Handball-Mannschaft, den Kieler Zebra-Sprotten, der andere ist noch Hundebesitzer. Beide sind sie Hochschullehrer, das aber an verschiedenen Universitäten. Es gibt also Merkmale, in denen sich die beiden Autoren gleichen (Männer, Hochschullehrer) und andere, in denen sie sich unterscheiden (Fan, Hundebesitzer, Universität). Soziale Identität leitet sich aus der Mitgliedschaft zu Gruppen ab.

Da sich die meisten Menschen gerne positiv beurteilen, entsteht beim Zusammentreffen von Gruppen etwas, was Tajfel (1978) als die „Herstellung positiver Distinktheit" bezeichnet hat:

Die eigene Gruppe wird gegenüber anderen Gruppen aufgewertet, die andere Gruppe dagegen abgewertet (*Intergruppendiskriminierung*; vgl. Tajfel & Turner, 1979; siehe bereits Sherif, 1966). Dazu braucht es nicht viel.

Im *Paradigma der minimalen Gruppen* konnten viele Forschungsarbeiten belegen, dass sich einander wildfremde Menschen, die man zufällig zwei Gruppen zuordnete, veranlasst sahen, Distinktheit herzustellen. Gab man ihnen beispielsweise die Möglichkeit, Belohnungen zu verteilen, dann ließen sie den Mitgliedern der eigenen Gruppe mehr zukommen als den Mitgliedern der Fremdgruppe. Sie fanden auch die Mitglieder der Eigengruppe sympathischer und sich selbst ähnlicher.

Eines der klassischen Experimente zu diesem Phänomen stammt von Tajfel und Kollegen (Tajfel, Flament, Billig & Bundy, 1971). Sie fragten eine Gruppe von Schülern nach ihren Geschmacksvorlieben für Bilder von *Paul Klee* oder *Wasilij Kandinski*. Je nach ihren Vorlieben ordneten sie die Schüler zwei getrennten Gruppen zu und forderten sie danach auf, nach eigenem Gutdünken, verschiedenen Schülern der beiden Gruppen Geldbeträge zuzuweisen. Die personale Identität der Geldempfänger blieb den Schülern verborgen, die Gruppenzugehörigkeit der über Ziffern anonymisierten Empfänger aber war bekannt. Wie sich zeigte, wiesen die Schüler den Mitgliedern der Eigengruppe höhere Beträge zu als den Schülern der Fremdgruppe. Sie bevorzugten also ihre Eigengruppe, obwohl es dafür keinen objektiven Anlass gab. Die bloße Gruppenzuordnung löste also eine Bevorzugung der Eigengruppe aus. Und da allein schon die bloße Gruppenzugehörigkeit als minimale denkbare Bedingung zu solchen Effekten führen kann, nennt man das experimentelle Vorgehen gemeinhin das *minimale Gruppenparadigma*.

Intergruppenvergleiche – so sollte deutlich geworden sein – nutzen wir also auch zur Erhöhung unserer Selbstwertschätzung. Im Extremen werden

solche Tendenzen zur Grundlage rassistischer und ethnischer Vorurteile oder
führen gerade im Sport zu brutalen Auseinandersetzungen von Fangruppen
(siehe Näheres im Kapitel 10 zu Zuschauern).

In Tajfels Verständnis konstruiert eine Person ihre soziale Identität auf der
Grundlage von Zuordnungen zu sozialen Kategorien. Wesentlich ist dabei die
Identifikation mit dieser Kategorie. Das bedeutet, dieser Kategorie gegenüber
positiv eingestellt zu sein und die Merkmale der Kategorie als Merkmale des
Selbstkonzepts zu übernehmen (vgl. Wagner, 1994).

Es liegt auf der Hand, dass sich dieser Sachverhalt im positiven wie im
negativen Sinne auch für die Beeinflussung von Verhalten nutzen lässt. Bevor
wir darauf im Kapitel 2 auf die *Einstellungen* und deren Einfluss auf das Verhalten eingehen, werfen wir zunächst aber noch einen Blick auf andere Erklärungsansätze zur sozialen Identität.

Neben Tajfels Ansatz sind nämlich mindestens zwei weitere Erklärungsansätze erwähnenswert (vgl. Diehl, 1990): einer stammt von Brewer (1991),
der andere von Turner (1985).

Turners *Theorie der Selbstkategorisierung* schreibt die *Theorie der sozialen Identität* von Tajfel fort. Denn es ist doch so, dass Menschen nicht ständig als Mitglieder eines Vereins, der Abteilung eines Vereins, als Skater oder
als Streetballer, also als Mitglieder einer bestimmten Gruppe auftreten, sondern sich auch als individuelle Persönlichkeiten präsentieren. Nur, wann
machen wir das eine, wann das andere, und was ist verantwortlich, dass wir
das eine tun und das andere lassen?

In Tajfels Ansatz finden wir zwar den Hinweis, *soziale Identität* sei für
das Handeln zwischen Gruppen verantwortlich und die *personale Identität* für
das interpersonale Verhalten, also das individuelle Verhalten zwischen Personen. Wann die eine und wann die andere Identität benützt wird, das wissen
wir damit aber noch nicht (siehe für eine weitergehende Beschäftigung auch
Hogg, 1996). Das hängt davon ab – sagt Turner –, welche Merkmale in einer
Situation salient sind, also hervorspringen.

Zwei Basketballspieler etwa, der eine beispielsweise von *Alba Berlin*, der
andere von *Telebaskets Bonn*, die eingeladen werden, vor Trainingswissen-
schaftlern über das Trainingssystem im Basketball zu diskutieren und dabei
unterschiedliche Positionen über die Wichtigkeit von einzelnen Trainingsme-
thoden vertreten, stellen sich als Individuen dar und werden auch als solche
wahrgenommen. Werden sie bei diesem Symposium auf dem Podium mit
zwei Athleten der Leichtathletik konfrontiert, dann könnten sie von den anwesenden Personen trotz aller Differenzen in ihren Positionen zur Trainingsmethode auch zur Kategorie der Sportspieler zusammengefasst werden.

Salient in der Situation ist also einmal die Differenz zwischen Sportspieler und Individualsportler und im anderen Falle die zwischen dem Verfechter von Trainingsmethode A und dem der Trainingsmethode B. Die Entscheidung, ob die personale oder die soziale Identität dominiert, hängt nach Turner von den Kontextfaktoren ab, in denen Personen beobachtet werden. Würden etwa unsere beiden Basketballspieler von einem der anwesenden Wissenschaftler in ihrer Funktion als Sportspieler angesprochen und nicht als Verfechter der Trainingsmethode A oder B, dann würden sie sich auch selbst, trotz des Bemühens um eine Unterscheidung ihrer Positionen, als ähnlich wahrnehmen. Jeder kennt dieses Phänomen: Zwei Personen streiten sich, eine dritte Person versucht zu schlichten, was tun die Streithähne (oder -hühner), sie verbünden sich gegen die dritte Person. Ihre Differenzen erfahren im neuen Kontext eine andere soziale Bedeutung.

Turners *Theorie der Selbstkategorisierung* noch einmal etwas abstrakter: Selbstkategorisierung findet auf unterschiedlichen Hierarchieebenen statt. Im Vergleich zu anderen Spezies nimmt sich ein Individuum als ein Mensch wahr, unterhalb dieser Ebene als Mitglied einer Gruppe von Menschen, etwa als ein Mann oder als eine Frau und auf der untersten Ebene der Hierarchie schließlich als ein einzigartiges Individuum. Jeder Vergleich hilft bei der Definition der menschlichen, der sozialen oder der personalen Identität. Der Kontext, die situative Bedingung, legt fest, welche der Selbstkategorien bevorzugt wird. Hinzu kommen die gerade vorhandenen Bedürfnisse und die persönliche Lerngeschichte einer Person (zu einer Kritik der Annahmen von Turner siehe u. a. Arnscheid, 2000).

Was in der *Theorie der Selbstkategorisierung* von Turner der soziale Kontext entscheidet, das verantwortet in der *Theorie der optimalen Distinktheit* von Brewer ein motivationaler Prozess: Die Balance zwischen dem Bedürfnis, in der Gruppe unterzutauchen (*Assimilation*) und dem Bedürfnis, sich als einzigartig darzustellen (*Differenzierung*). Bette hat dieses Phänomen in einem Aufsatz im *Spectrum der Sportwissenschaft* 1993 beschrieben. Es ist die in modernen Gesellschaften beobachtbare Tendenz zur Individualisierung, die letztlich aber doch in der Gruppenzugehörigkeit mündet. Keupp schreibt dazu 1995 in *Psychologie heute,* „Der Preis hoher Selbstbestimmung (...) führt zu einer Nachfrage nach verbindlichen sozialen Netzwerken, die Zugehörigkeit und Lebenssinn herstellen". Und Beck (1997, S. 19) bringt das Ganze auf die kurze Formel: „Wer für sich lebt, muss sozial leben".

Die von Brewer beschriebenen Bedürfnisse nach *Assimilation* und *Differenzierung* wirken gegeneinander. Je mehr eine Person ihre Individualität betont, desto stärker wächst in ihr das Bedürfnis nach sozialer Identität und je mehr die Person depersonalisiert wird, desto mehr verspürt sie das Bedürfnis, ihre personale Identität zu betonen. Aus diesem sich gegenseitig verstärkenden Widerstreben der beiden Bedürfnisse erwächst letztlich ein Streben nach *optimaler Distinktheit,* die erreicht ist, wenn sich beide Bedürfnisse die Waage halten.

Für Tajfel war es wesentlich, dass die gewählte Gruppe positiv wertgeschätzt werden konnte (siehe dazu auch Stahlberg, Osnabrügge & Frey, 1985). Für Brewer ist dieses nachrangig. Das entscheidende Charakteristikum der gewählten Gruppe ist für sie die Distinktheit, unabhängig von den bewerteten Folgen der Gruppenzugehörigkeit. Das müssen viele Eltern schmerzvoll erfahren, wenn sich ihre Kinder als Mitglied einer Gruppe zu erkennen geben, deren Ziele und Verhaltensweisen in der Öffentlichkeit eher negativ konnotiert sind, etwa den Punks.

Um die in Teilen widersprüchlichen, in anderen Teilen aber auch komplementären theoretischen Kernannahmen zu integrieren, sind noch weitere wissenschaftliche Studien erforderlich. Wir halten für das Erste fest: Trotz aller in modernen Gesellschaften beobachtbarer Tendenzen, sich als Individuen mit einer je eigenen Identität zu präsentieren, ist es den meisten von uns wichtig, auch in der Gruppe „abzutauchen" und sich damit über die Merkmale der gewählten Gruppe zu definieren. Tajfel erklärt dieses über das Streben nach einem positiven Selbstbild, Turner macht den Kontext verantwortlich, und Brewer nimmt an, dass Personen motiviert sind, zwischen dem Differenzierungs- und Assimilationsbedürfnis eine Balance zu finden.

1.3 Selbstdarstellung

Vieles von dem, was wir beabsichtigen, wenn wir uns einer Gruppe zuordnen oder auch von anderen abgrenzen, wenn wir uns in spezifischer Art und Weise kleiden oder benehmen oder wenn wir uns eine bestimmte Art des Sprechens oder des Bewegens aneignen, hat mit Selbstdarstellung zu tun. Mit Goffman haben wir dies bereits angedeutet. Auch die Sozialpsychologie hat sich dieses Themas angenommen (vgl. Mummendey, 1995).

Wenn man sportliche Aktivitäten beobachtet, gewinnt man bei manchen Personen den Eindruck, es käme ihnen gar nicht so sehr auf das Sporttreiben an sich an, sondern darauf, in ihrer Umgebung einen bestimmten Eindruck zu erzeugen. Da benutzen Tennisspieler und Spielerinnen, die mit Mühe die Grundschläge beherrschen, Rackets, die nur André Agassi schwingen könnte.

Da fahren Wintersportler in mondänen Skiorten Ausrüstungen auf ihrem PKW spazieren, ohne diese jemals selbst zu nutzen. Wieder andere schließen sich einem Golfclub an und sind kaum in der Lage, drei Kilometer ohne Atem-Beschwerden spazieren zu gehen.

Die Personen, die hier beispielhaft stehen, betreiben *Eindruckssteuerung* (*impression-management*). Das kann auf verschiedene Art und Weise geschehen. Wie im Spielsport kann man eine Strategie entwickeln, wie man langfristig einen gewünschten Eindruck erweckt, oder man kann in einer Situation eine Taktik wählen, um kurzfristig zu seinem Ziel zu gelangen.

Tedeschi, Lindskold und Rosenfeld (1985) haben versucht, eine umfassende Taxonomie von Strategien und Taktiken der Selbstdarstellung vorzulegen. Hieran ist viel Kritik geübt worden, und es liegt bis heute kein überzeugender und allgemein akzeptierter Ordnungsversuch vor. Aufgegriffen wurde die von Tedeschi et al. (1985) vorgeschlagene Unterscheidung von *assertiven* und *defensiven* Strategien und Taktiken.

Assertiv ist eine Selbstdarstellung, wenn „auf Angriff gespielt wird", defensiv, wenn jemand eher darauf aus ist, seine Verteidigung aufzubauen. Mummendey (1995) hat vorgeschlagen, zusätzlich *positive* und *negative Techniken* zu unterscheiden. Unter positiver Selbstdarstellung ist zu verstehen, wenn sich eine Person selbst aufwertet, unter negativer Selbstdarstellung, wenn sie sich selbst herabsetzt.

In der Tabelle 1 findet sich ein Vierfelderschema, das aus den Dimensionen assertiver und defensiver Selbstdarstellung einerseits und positiver und negativer Selbstdarstellung andererseits konstruiert wurde. In den Zellen des Schemas sind einige Techniken zu finden, die auch im sportlichen Kontext beobachtbar sind. Das Schema ist in gewisser Hinsicht willkürlich. Es beansprucht auch nicht, dass sich die beispielhaft genannten Techniken eindeutig nur einer Kategorie zuordnen und jeweils eindeutig trennen lassen. Es kann aber auf den Ideenreichtum verweisen, den auch Sportler entwickeln, um eine von ihnen bevorzugte Identität zu signalisieren. Einige davon – *birging* (*BIRG=Basking in reflecting glory), blasting* und *Cutting of reflected failure (CORF)* – werden wir im Kapitel 10 zum Zuschauerverhalten noch vertiefen.

Tabelle 1:   Selbstdarstellungstechniken (vgl. Mummendey, 1995).

	assertiv	*defensiv*
positiv	*Eigenwerbung betreiben*	*Self-Handicaping*
	• Die eigenen Fähigkeiten anpreisen	• Eine Verletzung vorschieben
	Hohe Ansprüche signalisieren	*Schwierigkeiten signalisieren*
	• Eine teure Ausrüstung verwenden	• Vor dem Wettkampf sagen: „Der Gegner hat sich verstärkt oder er hat einen Lauf"
	Über Prominenten-Kontakte aufwerten	
	• Basking in reflected glory („Sich im Ruhme anderer sonnen")	
	Hoher Status und Prestige	
	• Einem exklusivem Club beitreten	
negativ	*Andere Abwerten*	*Entschuldigen*
	• Blasting	• „Ich bin noch neu in diesem Sport"
	Sich von Verlierern abwenden	*Understatement*
	• Cutting off reflected failure (CORF)	• „Im Vergleich zu *Air Jordan* bin ich höchstens sechstklassig"
	Rechtfertigen	
	• „Ich musste in der ersten Hälfte gegen den Wind spielen"	

An dieser Stelle soll ein kurzer Ausflug in zwei interessante Theorien erfolgen, die geeignet erscheinen, einige typische Verhaltensweisen zu erklären, die auch im Kontext sportlicher Betätigung zu beobachten sind. Sie unterstreichen erneut den Einfallsreichtum, den Personen haben, um anderen Personen gegenüber einen von ihnen gewollten Eindruck zu hinterlassen. Es ist dieses die *Theorie der Symbolischen Selbstergänzung* von Wicklund und Gollwitzer (1982) und das Konzept des *self-monitorings* von Snyder (1974).

Die Kernannahme der Theorie der Symbolischen Selbstergänzung geht davon aus, dass Personen bestrebt sind, durch ihr Verhalten Ziele zu erreichen, die ihrer Selbstdefinition entsprechen. Eine solche – sehr globale – Selbstdefinition könnte etwa lauten: „Ich bin ein erfolgreicher Mensch." Personen, die diesem Ziel verpflichtet sind, werden alles unternehmen, um ihrer sozialen Umgebung zu zeigen, dass sie auch tatsächlich erfolgreich sind.

Sie tun dieses durch Gesten, durch verbale Äußerungen, durch Verhaltensweisen und durch den Erwerb von Gegenständen, die von der relevanten Bezugsgruppe mit dem Vorhandensein von Erfolg assoziiert werden. Die Personen unternehmen selbstsymbolisierende Handlungen.

Das Bemühen um Selbstsymbolisierung ist umso stärker, je mehr die Person bei nüchterner Selbstbewertung feststellen muss, dass sie auf einem für sie wichtigen Gebiet weniger erfolgreich ist, als sie gerne erscheinen möchte. Sie verschafft sich dann alternative Symbole und sucht Situationen auf, um ihre eigenen Defizite zu kaschieren. Mit der oben genannten globalen Selbstdefinition könnte sie etwa einem exklusiven Golfclub beitreten, sie könnte ihre Skiferien in einem mondänen Skiort verbringen, sich die neuesten Skimodelle kaufen und diese in einem exklusiven Wagen mit Breit-Reifen, Allrad-Antrieb und Autotelefon spazieren fahren.

Da „Selbstsymbolisierer" ihre soziale Umgebung nur als Publikum nutzen und nicht wirklich daran interessiert sind, ob das, was sie symbolisieren auch tatsächlich in ihrem Sinne verstanden wird, laufen sie früher oder später Gefahr, lächerlich zu erscheinen.

Self-monitors (Selbstüberwacher) sind demgegenüber geschickter. Sie prüfen sehr genau, welche Ausdrucksweisen Gesten und Symbole andere in sozialen Situationen einsetzen. Sie passen sich der jeweiligen Situation an, indem sie ihr Verhalten an den Anforderungen ausrichten, die von der jeweiligen Bezugsgruppe definiert werden. Dies geht sogar soweit, dass self-monitors Fragebögen so ausfüllen, dass diese als self-monitors nicht mehr erkannt werden können, wenn die Situation es nahe legt (Strauß, Clausen & Möller, 1997). Snyder (1974) fasst *self-monitoring* als eine Neigung auf, hinsichtlich derer sich Personen unterscheiden lassen.

Er sieht im Selbstüberwacher eine Person, der an sozialer Anerkennung gelegen ist und die ein Gespür dafür besitzt, sich so zu verhalten, wie das andere von ihr erwarten. Das kann grundsätzlich auf zwei Arten geschehen. Einmal kann eine Person bemüht sein, dadurch akzeptiert zu werden, dass sie positiv geschätzte Eigenschaften, Verhaltenswiesen und Einstellungen zeigt und äußert (*positives self-monitoring*). Zum anderen kann sie bemüht sein, negativ eingeschätzte Eigenschaften, Verhaltensweisen oder Einstellungen zu meiden (*negatives self-monitoring*).

Gewinnt beispielsweise ein an einer Karriere orientierter Jungmanager den Eindruck, es sei für ihn vorteilhaft, eine bestimmte Sportart auszuüben, weil diese auch von seinen Vorgesetzten betrieben wird, dann wird er dieses auch dann tun, wenn er eigentlich andere sportliche Vorlieben hat. Sportliche Betätigung erfüllt hier die Funktion der Imageförderung und der sozialen Anerkennung. Nimmt er an, dass seine Vorgesetzten der Auffassung sind, Risikosportler seien Hasardeure, denen man auch im Geschäftsleben lieber keine Verantwortung übertragen sollte, so wird er seine Vorlieben für das Drachenfliegen entweder verschweigen oder er wird das Drachenfliegen aufgeben.

Selbstüberwachung kann auch das Phänomen der Körperdistanzierung erklären, das u. a. in einigen Gelehrten-Milieus oder aber – in anderer Weise – bei Punks zu beobachten ist. Was nämlich jeweils als positiv oder negativ zu gelten hat, hängt vom Kontext und von der Gruppe ab, in der man Anerkennung sucht. Selbstüberwacher passen sich den Anforderungen dieser Milieus an und stellen ihr Verhalten in Übereinstimmung mit den Erwartungen, die das von ihnen geschätzte Publikum an sie stellt.

Mit einer allgemeinen, nicht spezifisch sozialpsychologischen, sondern sportpsychologischen Fragestellung haben u. a. Martin und Anshel (1995) die Wirkungen von positivem und negativem self-monitoring bei der Lösung einer motorischen Aufgabe überprüft. Deren Experiment belegt einen Vorteil des positiven gegenüber dem negativen self-monitoring bei komplexen Aufgaben.

Die beiden theoretischen Ansätze erklären das bei vielen Personen beobachtbare Bemühen, sich in das rechte Licht zu rücken, u. a. indem sie ihren Körper attraktiv gestalten. Sport und damit ein am Körper orientiertes Verhalten ist offensichtlich gut geeignet, nach selbstbezogenen Zielen in sozialen Beziehungen zu streben. Regelmäßige sportliche Aktivität „hält in Form" und bringt eine Person einem sozial wertgeschätzten Körper-Ideal näher. Es reicht im Übrigen, dass die Person dieses glaubhaft findet und es ist zunächst nicht entscheidend, dass sich die gewünschten körperlichen Wirkungen auch tatsächlich einstellen. Nicht alles, aber manches, was bei Personen als deren Identität erscheint, ist geschickte Inszenierung, ist also letztlich die Spiegelung einer sozialen Rolle.

Mummendey und Mielke (1989) zeigen in einer Studie an Leistungssportlern, dass insbesondere Individualsportler in Befragungen dazu neigen, jene Persönlichkeitseigenschaften zu betonen, von denen sie vermuten, dass andere erwarten, dass Personen, die derart intensiv Sport treiben, bestimmte Eigenschaften haben müssten.

Was erwartet man denn? Man erwartet sie ausgeglichen, leistungsbereit, belastbar und zielstrebig. Genau so stellen sie sich denn auch dar.

Stichwort: Impression Management

Begriff. In der sozialpsychologischen Literatur steht der Begriff für das Bemühen von Personen, einen Eindruck auf andere Personen zu machen, der sie konsistent in ihren Einstellungen und in ihrem Verhalten erscheinen lässt.

Bedeutung. Mummendey (1995, S. 111) hat die Kernannahmen der Theorie auf einen Satz verdichtet: „Individuen kontrollieren (beeinflussen, steuern, manipulieren etc.) in sozialen Interaktionen den Eindruck, den sie auf andere Personen machen". Ihrer Umgebung wollen sie zeigen, dass sie tatsächlich so sind, wie sie gerne gesehen werden möchten. Dazu benutzen sie Techniken, die das Vorhandensein typischer Eigenschaften nahe legen. Eine neuere Theorie dazu ist die *Theorie der symbolischen Selbstergänzung.* Selbstsymbolisierer ignorieren die Bedürfnisse ihrer sozialen Umgebung insofern, als sie nicht daran interessiert sind, ob das, was sie symbolisieren möchten, auch tatsächlich so wahrgenommen wird. Sie benutzen gleichsam die soziale Umgebung für die Inszenierung. Eine Interaktion mit der Situation findet dagegen im *self-monitoring* statt. Self-monitors prüfen genau, was in der jeweiligen Situation gefordert ist und richten dann ihre Einstellungen und ihr Verhalten danach aus.

Wichtige Literatur
Mummendey, H.-D. (1995). *Psychologie der Selbstdarstellung* (2. Aufl.). Göttingen: Hogrefe.
Snyder, M. (1974). The self-monitoring of expressive behavior. *Journal of Personality and Social Psychology, 30,* 526-537.
Wicklund, R. A. & Gollwitzer, P. (1982). *Symbolic self completion.* Hillsdale, NJ: Erlbaum.

2. Ich treibe zwar keinen Sport, aber ich finde Sport gut!

Vor vielen Jahren startete der *Deutsche Sportbund* (DSB) eine Kampagne, die mit verschiedenen Plakaten für ein Sporttreiben im Sportverein geworben hat. Etwa gleichzeitig begann die *Bundeszentrale für Gesundheitliche Aufklärung* (BZgA) mit einer Kampagne gegen den Gebrauch von Drogen. Während prominente Sportler und Sportlerinnen in der Drogen-Kampagne mit einer vergleichsweise inhaltsleeren Aussage *„Keine Macht den Drogen"* in Verbindung gebracht werden, sind auf den Werbeplakaten des DSB unbekannte Jugendliche zu sehen und die durch eine rhetorische Frage provozierte Aussage, dass man im Sportverein Freunde und Vorbilder findet: *Wo sind Vorbilder auch Freunde?*

Aus sozialpsychologischer Perspektive betrachtet, zielen beide Plakate darauf ab, Einstellungen zu einem Verhalten zu beeinflussen, um auf diesem Wege ein erwünschtes Verhalten (also keine Drogen zu konsumieren bzw. Sport im Verein zu treiben) herbeizuführen.

Die Anti-Drogen-Kampagne der BZgA wendet sich direkt an die durch Drogen gefährdeten Jugendlichen und jungen Erwachsenen, während die Pro-Vereins-Kampagne des DSB zwei Zielgruppen im Auge hat: Kinder und Jugendliche, die im Verein Freunde finden können und Eltern, die ruhigen Gewissens davon ausgehen dürfen, dass diese Freunde eine „gute" Gesellschaft sind, eben positive Vorbilder.

Aus Jugendstudien wissen wir, dass Plakat-Botschaften nur bedingt überzeugend sind (vgl. Jugendwerk der deutschen Shell, 1997). Die erwünschte Wirkung der Pro-Vereins-Kampagne dürfte sich bei Jugendlichen nur mühsam einstellen, behaupten wir. Warum dies so ist, wollen wir in diesem Kapitel aus einer grundsätzlichen Perspektive beleuchten.

Wir wollen etwas von den Bedingungen berichten, die vorhanden sein müssen, damit sich Einstellungsänderungen vollziehen können. Und wir wollen natürlich auch darauf eingehen, ob diese Einstellungen denn auch tatsächlich das Verhalten beeinflussen. Denn tun sie es nicht, so kann man an der Wirkung von Werbebotschaften generell zweifeln.

Einstellungen sind als sozialwissenschaftliches Konstrukt bereits sehr alt. 1918 haben Thomas und Znaniecki mit Hilfe *Sozialer Einstellungen* erklärt, warum sich Bauern polnischer Herkunft in Europa und USA unterschiedlich verhalten. Im Laufe der folgenden Jahre haben sich viele Forschergruppen mit dem Einstellungskonstrukt befasst. Sie haben dabei eine Fülle unterschiedlicher Konzepte hinterlassen. Diese lassen sich in die beiden Modellklassen der *Ein-* und *Dreikomponenten-Modelle* ordnen.

Für Rosenberg und Hovland (1960) bestehen Einstellungen aus drei Komponenten; einmal aus einer *emotional-affektiven* Komponente, die sich beispielsweise in Aussagen wie den Folgenden wieder findet: „Ich mag Schwimmen"; „Ich liebe es, im Tiefschnee zu fahren"; „Sport finde ich gut"; „Joggen ist doof". Wird die letztgenannte Aussage nur geringfügig verändert und lautet „Joggen *macht* doof" – was inhaltlich zwar falsch ist –, dann drückt sich darin aber die *kognitive* oder die Meinungskomponente von Einstellungen aus.

Das gilt auch für Aussagen wie: „Sport erhält gesund" oder „Sport ist etwas für Jugendliche und nicht für Senioren". Meinungen müssen nicht zutreffend sein; entscheidend ist, in welchem Ausmaß eine Person von ihrer subjektiven Zuschreibung überzeugt ist. Man darf annehmen, dass diese Überzeugungsstärke maßgeblich die Stärke der dritten Einstellungskomponente beeinflusst. Diese drückt Verhaltensbereitschaften aus und wird als *konnative* Komponente bezeichnet.

Andere Autoren wie Fishbein und Ajzen (1975) oder Petty und Cacioppo (1986) bevorzugen statt des Drei- ein Einkomponenten-Modell von Einstellungen. Sie unterscheiden Meinungen, die eine Person über ein Objekt, eine andere Person oder ein Verhalten hat, von den Verhaltensabsichten (der so genannten Intention) oder dem tatsächlich gezeigten Verhalten.

Meinungen können sehr verschieden sein. Sie können Tatsachen enthalten, können früheres Verhalten im Nachhinein rationalisieren, können ideologische Postulate oder auch Glaubensbekenntnisse darstellen. Je nachdem, welcher Art die Meinung ist, sind sie leichter oder schwerer zu verändern.

Rokeach (1968) verdanken wir eine Typologie von Meinungen, aus der drei beispielhaft herausgegriffen werden sollen:

- Ursprüngliche Meinungen
- abgeleitete Meinungen
- unwesentliche Meinungen.

Ursprüngliche Meinungen basieren auf Erfahrungen, die Personen mit Objekten, Personen oder einem Verhalten gemacht haben. Dabei gibt es Meinungen, in denen verschiedene Personen nahezu vollständig übereinstimmen. Beispielsweise werden die meisten Menschen der Auffassung zustimmen, dass dieser Text dem Bereich *Sachbuch* und nicht dem Bereich der *Belletristik* zu zuordnen ist.

Daneben existieren aber auch Meinungen, die nicht von allen anderen geteilt werden. Dass Gerätturnen stets schmerzvolle Erfahrungen verursacht, dem werden nicht alle zustimmen. Ursprüngliche Meinungen sind im Falle der vollständigen Übereinstimmung zwischen Personen kaum, aber auch im Falle nicht vollständiger Übereinkunft nur äußerst schwer zu verändern.

Einfacher ist es dagegen mit den beiden nächsten Typen von Meinungen. Wenn Autoritäten, zu denen man gemeinhin auch Wissenschaftler zählt, verkünden, Sporttreiben fördere die Gesundheit, und wenn man sich dieser Auffassung anschließt, dann besitzt man eine *abgeleitete Meinung*.

Wenn jemand davon überzeugt ist, Radfahren mache keinen Spaß, dann besitzt er eine *unwesentliche Meinung*. Dieser Meinungstyp repräsentiert willkürliche Vorlieben oder Geschmackspräferenzen. Sie sind *unwesentlich*, weil deren Änderung in aller Regel die übrigen Meinungen und Überzeugungen einer Person unbeeinflusst lässt.

Abgeleitete und unwesentliche Meinungen lassen sich über verschiedene Strategien ändern. Entweder, indem logische Argumente das schwächste Glied der Vorannahmen einer Meinung angreifen. Im Falle der abgeleiteten Meinung unseres Beispiels könnte diese Argumentation etwa lauten: „Durch sportliche Aktivität verletzen sich jährlich Tausende von Personen mehr oder minder schwer und tragen einen Sportschaden davon". Um die unwesentliche Meinung zum Radfahren zu ändern, könnte man das Gegenteil erfahrbar machen. So könnte man eine Radtour mit netten Leuten veranstalten, bei blauem Himmel und angenehmen Temperaturen, die schließlich in einem Biergarten endet. Wer dann immer noch der Meinung ist, Radfahren mache keinen Spaß, der wird auch einer differenzierten Argumentation kaum zugänglich sein.

Einstellungen stehen im eindimensionalen Modell also für Meinungen oder Überzeugungen, an denen wir um so mehr festhalten, als es sich um ursprüngliche Meinungen handelt.

Wozu nutzt dieses Wissen? Betrachten wir dazu noch einmal die beiden Werbekampagnen: (1) *gegen Drogen* der BZgA und (2) *für Vereinssport* des DSB.

Im ersten Fall soll durch die Verknüpfung mit Autoritäten, also der bekannten Sportler, mit der Aussage *Keine Macht den Drogen!* die Meinung vermittelt werden, dass Drogengebrauch und sportliche Spitzenleistung unvereinbar sind, und dass diejenigen, die eine positive Einstellung zu den abgebildeten Stars haben, auch eine entsprechende, in diesem Falle negative Einstellung zum Drogenkonsum haben müssten.

Im zweiten Fall wird die Botschaft übermittelt, Sportvereine seien eine Gemeinschaft, in der Kinder und Jugendliche Freundschaften knüpfen können und Vorbilder finden, deren Verhalten nachahmenswert sei. Die eigentliche Absicht beider Botschaften besteht darin, über die Einstellungen Einfluss auf ein erwünschtes Verhalten zu nehmen, dieses Verhalten zu stabilisieren oder zu ändern.

2.1 Einstellungen und Verhalten

Icek Ajzen (z. B. 1991) verdanken wir eine Theorie, die den Zusammenhang von Einstellungen und Verhalten verdeutlicht: *Die Theorie des geplanten Verhaltens* (TPB).

Einstellungen sind in dieser Theorie als Tendenz zu verstehen, ein Einstellungsobjekt (Personen, Gegenstände, Nationalitäten, Ideen, Verhalten) positiv oder negativ zu beurteilen. Auf Verhalten bezogen bedeutet das, die Konsequenzen, welche durch die eigene Ausführung einer bestimmten Tätigkeit hervorgerufen werden, positiv oder negativ zu bewerten.

Es geht also nicht darum, Verhalten im Allgemeinen zu beurteilen (z. B. Sporttreiben finde ich, ist gut oder ist schlecht), sondern es geht um das eigene Verhalten und dessen Konsequenzen (z. B. dass *ich* Sport treibe und dadurch Freunde gewinne, das finde *ich* gut oder schlecht). Fishbein und Ajzen (1975) unterscheiden vier Aspekte, mit denen sich ein Verhalten näher bestimmen lässt:

(1)   *action* oder die Spezifität des Verhaltens,

(2)   *target* oder die Zielgerichtetheit des Verhaltens,

(3)   *context* oder der situative Kontext, in dem das Verhalten ausgeführt wird und

(4)   *time* oder der spezifische Zeitpunkt, zu dem das Verhalten gezeigt wird. In einer Reihe von Studien konnte gezeigt werden, dass Einstellungen sich um so eher eignen, ein Verhalten vorherzusagen, je stärker die Einstellungen und das Verhalten im Hinblick auf die vier Aspekte übereinstimmen.

Man spricht vom *Korrespondenzprinzip* (vgl. Eagly & Chaiken, 1993). Stimmt jemand der Aussage zu, dass er es gut findet, sich jeden Mittwoch um 18.00 Uhr (*time*) einem Lauftreff seines Sportvereins (*context*) anzuschließen, um mit walking (*action*) seine Fitness zu steigern (*target*), dann wird man diese Person vermutlich auch häufig zu dieser Gelegenheit antreffen. Man muss sie deswegen aber nicht auch im Schwimmbad oder beim Radtreff finden.

Wichtig für die Verhaltensvorhersage aus gemessenen Einstellungen ist somit die Beachtung des Korrespondenzprinzips. Bejaht jemand die Aussage, Sporttreiben fände er gut, dann kann das vielerlei bedeuten, es sagt aber noch nichts darüber aus, ob sich die betreffende Person selbst sportlich betätigt,

beziehungsweise – und das u. a. interessiert in der Theorie des geplanten Verhaltens – die Absicht hat, dieses in absehbarer Zukunft zu tun.

Verhaltensabsichten sind „kognitive Vorläufer" oder proximale Bedingungen für ein Verhalten; sie gehen diesem also voraus, und sie werden ihrerseits von drei Determinanten beeinflusst:

(1)   von der *Einstellung* gegenüber dem Verhalten,
(2)   von der *subjektiven Norm* und
(3)   von der *wahrgenommenen Verhaltenskontrolle.*

Die *Theorie des geplanten Verhaltens* bringt diese Bedingungen in einen
funktionalen Zusammenhang, der in der Abbildung 1 vereinfacht gezeigt wird
(vgl. Schlicht, 2001). In diesem Modell sind Einstellungen, subjektive Norm
und wahrgenommene Verhaltenskontrolle so genannte Prädiktoren. Mit ihnen
gelingt es, die Kriterien *Intention* (Verhaltensabsicht) und *Verhalten* vorherzusagen.

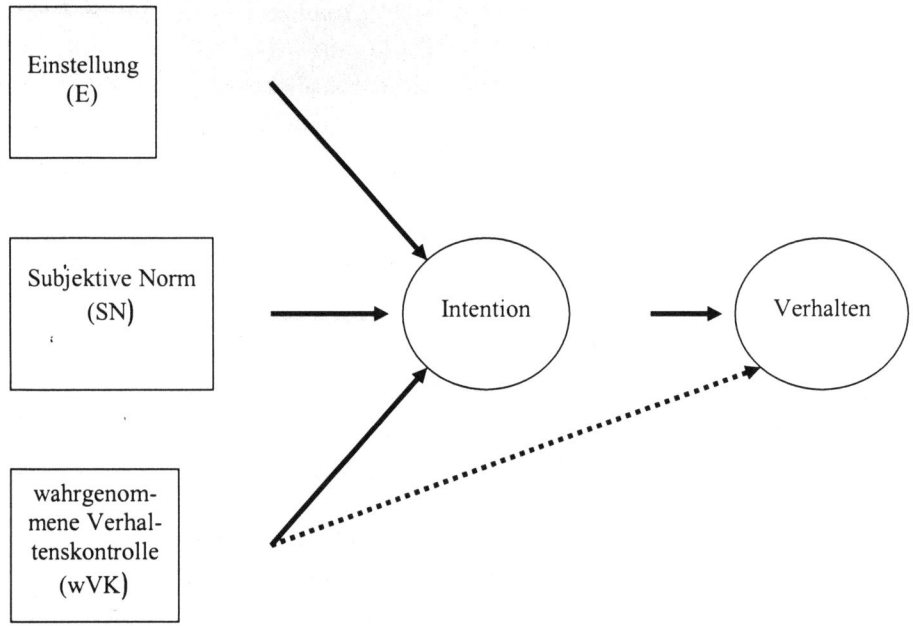

Abbildung 1: Theorie des geplanten Verhaltens.

Einstellungen (E) bilanzieren die Meinungen einer Person, dass das in Frage stehende Verhalten zu bestimmten Konsequenzen führt, die wiederum als positiv oder negativ zu beurteilen sind. Etwa in der Form: „... dass ich zu einem bestimmten Zeitpunkt eine definierte Sportart ausübe, das stabilisiert meine Gesundheit, das gibt mir Gelegenheit Freunde zu treffen, aber das kostet mich Zeit und das finde ich gut beziehungsweise schlecht".

Die *Subjektive Norm* (SN) verdeutlicht das Bemühen und die Bereitschaft, sich so zu verhalten, wie man annimmt, dass dies andere von einem erwarten. Die subjektive Norm bilanziert also die Meinungen einer Person, dass andere – subjektiv mehr oder weniger wichtige – Personen erwarten, sie solle sich in bestimmter Weise verhalten oder dieses unterlassen.

Auch hier ein Beispiel: „Meine Freundin erwartet, dass ich jetzt endlich etwas gegen meine mäßige Kondition tue oder, sie sieht es nicht gerne, wenn ich jeden Tag einige Stunden im Fitnessstudio zubringe". Ob sich derartige Erwartungen auf die Intention auswirken, hängt von der Bereitschaft ab, diesen Erwartungen entsprechen zu wollen oder sich diesen zu widersetzen.

Das Konzept der *wahrgenommenen Verhaltenskontrolle* (wVK) trägt dem Sachverhalt Rechnung, dass häufig Umstände eintreten können, die einen daran hindern, Absichten zu realisieren. Es kann an den eigenen Fähigkeiten und Fertigkeiten mangeln oder an Zeit und Gelegenheiten.

Man kann auch von anderen Personen gehindert werden. Die wahrgenommene Verhaltenskontrolle bilanziert das Ausmaß, in dem eine Person davon überzeugt ist, in der Lage zu sein, mögliche Barrieren zu überwinden und sich wie beabsichtigt zu verhalten.

Das Konzept ähnelt damit der *Selbstwirksamkeit* von Bandura (1986). Selbstwirksamkeit ist eine Erwartung an das eigene Verhalten; die Erwartung nämlich, durch eigenes Vermögen ein bestimmtes Ergebnis hervorbringen zu können. In unserem Beispiel sollte die Verhaltensabsicht, einen bestimmten Sport zu treiben, um so wahrscheinlicher gefasst werden, je mehr die Person davon überzeugt ist, dass sie selbst die positiven Effekte des Sporttreibens (in unseren Beispielen: Gesundheit, soziale Kontakte) verursachen kann.

Das Konzept der Verhaltenskontrolle reicht weiter als das der Selbstwirksamkeit, weil es neben den eigenen Fähigkeiten und Fertigkeiten einer Person auch Barrieren in den Blick nimmt. Eindeutig geklärt ist die Differenz der beiden Konstrukte aber nicht (vgl. Maddux & Rogers, 1993).

In der Gesundheitsverhaltens-Forschung haben Schwarzer und Renner (2001) unterschieden zwischen einer Selbstwirksamkeit, die auf das Verhalten (*action self-efficacy*) und einer, die auf die Überwindung von Barrieren abzielt (*coping self-efficacy*). Eine solche Unterscheidung erscheint uns wichtig, weil

es Personen gibt, die sich durchaus zutrauen, ein bestimmtes Verhalten zu pla-
nen oder auch durchzuführen, dieses aber nur unter idealen Bedingungen
verwirklichen, wenn sich ihnen also keine Hindernisse in den Weg stellen. Für
eine differenzierte Erörterung von Konstrukten der wahrgenommenen Kontrolle kann Biddle (1999) herangezogen werden.

Die wahrgenommene Verhaltenskontrolle soll sich nach Ajzen und
Madden (1986) einmal direkt und zum anderen indirekt auf das Verhalten auswirken. Direkt, indem Personen mit hoher wahrgenommener Verhaltenskontrolle auch dann ein Verhalten fortsetzen, wenn Probleme auftreten (z. B. ein-
setzender Regen während des Walkings), während Personen mit niedrig aus-
geprägter wahrgenommener Verhaltenskontrolle das Verhalten wahrscheinlicher abbrechen. Indirekt soll sie sich auswirken, indem Personen, die überzeugt sind, Barrieren überwinden zu können, auch eher eine Verhaltensabsicht
bilden.

Die drei Bedingungen der Verhaltensabsicht *Einstellungen, subjektive
Norm* und *wahrgenommene Verhaltenskontrolle* sind im Modell additiv verknüpft.

Um eine Verhaltensabsicht, also eine Intention, zu bilden, müssen also
nicht alle drei Prädiktoren maximal ausgebildet sein. Anders formuliert: Selbst
wenn eine Person nicht annimmt, dass andere ein bestimmtes Verhalten von
ihm erwarten (SN), kann sie die Absicht haben, demnächst mit diesem Verhalten zu beginnen, wenn sie sich von diesem Verhalten eine positive Konsequenz (E) verspricht und der Überzeugung ist, die notwendigen Voraussetzungen zu haben (wVK), um das gewünschte Verhalten durchzuführen.

Die Theorie des geplanten Verhaltens hat einige Studien angeregt, die sich
mit sportlicher Betätigung als gesundem Verhalten befassen. In diesen wird
gefragt, ob die zu einem Zeitpunkt gemessene Einstellung, die Subjektive
Norm und die wahrgenommene Verhaltenskontrolle, die zu einem späteren
Zeitpunkt gemessene Verhaltensabsicht und das tatsächliche körperlich-sport-
liche Verhalten vorhersagen.

Fuchs (1997) hat die Befunde dieser Studien zusammengefasst, und
Hagger, Chatzisarantis und Biddle (2002) haben die bislang vorliegenden
Ergebnisse meta-analytisch integriert. In den meisten Arbeiten, über die dort
berichtet wird, gelingt es, durch die gemessene Einstellung die Intention
vorherzusagen. Das gilt auch für die wahrgenommene Verhaltenskontrolle,
nicht aber für die Subjektive Norm.

Übrigens: Die Metaanalyse ist ein statistisches Verfahren, bei dem mehrere Studien, die an verschiedenen Stichproben zu einem Thema durchgeführt
wurden, zu einer Gesamtaussage integriert werden (vgl. Schlicht, 1999a).

In einem leistungs- statt einem gesundheitsbezogenen Sportkontext hat Arnscheid (2000) die Theorie in seiner Dissertation geprüft. Probanden waren Spieler der Basketball-Bundesliga. Während die meisten Studien entweder den Einfluss der Prädiktoren auf die Verhaltensintention oder auf das Verhalten überprüfen, hat Arnscheid (2000) als Kriterium sowohl die Intention, also die Verhaltensabsicht, als auch das tatsächlich gezeigte Verhalten gewählt (in diesem Fall spricht man von einem *umfassenden Modelltest*).

Einstellungen wurden in der Studie von Arnscheid (2000) auf zwei Arten operationalisiert. Zum einen wurden die Spieler gefragt, für wie wahrscheinlich sie es hielten, in den nächsten Spielen eine Leistung zu erbringen, die ihnen hohes Ansehen in der Öffentlichkeit bringt, auf die sie stolz sein können oder die ihnen eine gute Verhandlungsbasis für Vertragsverhandlungen sichert. Sie wurden also nach der Meinung zu ihrem individuellen Verhalten und den dadurch bezweckten Konsequenzen befragt.

Zum anderen wurde die Einstellung gegenüber einer hohen Mannschaftsleistung gemessen. Hier wurde gefragt, für wie wahrscheinlich es die Spieler halten, durch eine gute Mannschaftsleistung bestimmte Konsequenzen zu erzielen (z. B. eine starkes Wir-Gefühl, Stolz auf die Mannschaft).

Die Intention (Kriterium I) bezog sich auf die Absicht des Spielers, so gut zu spielen, dass er in den folgenden Spielen durchschnittlich mindestens 30 Minuten eingesetzt wird.

Mit dem statistischen Verfahren der *Strukturgleichungsanalyse* kann Arnscheid (2000) den Einfluss der Einstellung zur individuellen Leistung, der Subjektiven Norm und der wahrgenommenen Verhaltenskontrolle auf die Intention nachweisen.

Ein Spieler, der erwartet, dass er durch seine eigene Leistung erwünschte Konsequenzen herbeiführt; der erwartet, dass Presse, Familie, Coach und Mitspieler von ihm eine positive Leistung erwarten, und der erwartet, dass es von seinem Vermögen abhängt, die gewünschte Leistung zu erbringen, der fasst auch die Verhaltensabsicht, gut zu spielen.

Die Einstellung zur Gruppenleistung wirkt sich interessanterweise in zweierlei Hinsicht aus. Einmal bedingt eine positive Einstellung zur Mannschaftsleistung in beträchtlichem Maße die Einstellung zur individuellen Spielleistung: Spieler, die eine positive Einstellung zur Mannschaftsleistung äußern, tun dieses auch im Hinblick auf ihre eigene Leistung. Zum anderen wirkt sich eine positive Einstellung zur Mannschaftsleistung aber negativ auf die tatsächliche Spielleistung aus (Verhalten).

Arnscheid (2000) erklärt das mit der Tatsache, dass Einsatzzeit im Basketball (hier Kriterium II) eine knappe Ressource ist, um die Mannschaftsspieler miteinander konkurrieren. Anders formuliert: Wann immer die „starting five" auf dem Feld steht, bleiben die restlichen Spieler auf der Bank. Eine positive Einstellung zur Mannschaftsleistung könnte nun bedeuten, dass der betreffende Spieler seine Ambitionen zu Gunsten der Mannschaft zurücksteckt, seine individuellen Ziele also den kollektiven Zielen unterordnet (vgl. Weldon & Weingart, 1993).

Stichwort: Einstellungen

Begriff. Einstellungen drücken Wertungsdispositionen gegenüber Objekten, Subjekten oder einem Verhalten aus. Je nach Konzeptualisierung beinhalten sie eine oder drei Komponenten: (1) eine *kognitive* Komponente, die Meinungen über das Einstellungsobjekt wiedergibt, (2) eine *affektive* Komponente, die Bewertungen ausdrückt und eine (3) *konnative* Komponente, die für Reaktions- oder Verhaltenstendenzen steht. Einstellungen sind geeignet, das Verhalten dann vorherzusagen, wenn sie in vier Aspekten mit dem Verhalten korrespondieren: im Kontext (*context*), in der Zeit (*time*), im Ziel (*target*) und in der Spezifität des Verhaltens (*action*).

Bedeutung. Eine Arbeitsgruppe um Ajzen und Fishbein hat eine Reihe von Modellen konstruiert, mit der es gelingt, den funktionalen Zusammenhang von Einstellungen und dem Verhalten zu erklären.
Die *Theorie des geplanten Verhaltens* postuliert einen direkten Zusammenhang zwischen dem Verhalten und der Verhaltensabsicht. Die Intention wiederum ist eine direkte Folge der Einstellungen, der subjektiven Norm und der wahrgenommenen Verhaltenskontrolle. Diese drei Konstrukte sind in der Theorie additiv verknüpft, also wechselseitig kompensierbar.
Einstellungen bilanzieren die Meinungen einer Person über das in Frage stehende Verhalten, die Soziale Norm bilanziert die Erwartungen signifikanter Bezugspersonen und die Bereitschaft, sich diesen zu unterwerfen.
Die wahrgenommene Verhaltenskontrolle schließlich bilanziert das Ausmaß an Überzeugungen, zu einem in Frage stehenden Verhalten fähig zu sein und mögliche Barrieren überwinden zu können.

Wichtige Literatur
Ajzen, I. (1991). The theory of planned behavior. *Organizational Behavior and Human Decision Processes*, *50*, 179-211.
Eagly, A. H. & Chaiken, S. (1993*). The psychology of attitudes.* Fort Worth, FL: Harcourt Brace.

2.2 Einstellungsänderung

Mit der *Theorie des geplanten Verhaltens* liegt eine taugliche und an Variablen sparsame Theorie vor, die deutlich macht, dass Sportverhalten in unterschiedlichem Kontext über Einstellungen vorherzusagen ist. Für die beiden Werbekampagnen des DSB und der BZgA lässt sich feststellen, dass die hinter den Kampagnen stehende Absicht, Einstellungen zu ändern, um das Verhalten zu beeinflussen, begründet ist. Man darf tatsächlich davon ausgehen, auf diese Weise auch das Verhalten beeinflussen zu können. Aber, wie gelingt dies im Allgemeinen am besten? Die neuere Sozialpsychologie hat sich mit drei Varianten befasst (vgl. z. B. Cialdini, 1997):

(1)   mit der bloßen Objektdarbietung,

(2)   mit Überzeugungs- oder persuasiver Kommunikation und

(3)   mit der Erzeugung von einstellungsdiskrepantem Verhalten.

Zajonc (1968) hat experimentell nachgewiesen, dass oft schon die bloße Konfrontation mit einem Einstellungsobjekt ausreicht, um eine negative Einstellung zu einem Objekt in eine positive Einstellung zu ändern. Man kann diese Methode auch als die direkte Strategie der Einstellungsänderung bezeichnen.

Persuasive Kommunikation – mit der wir uns näher befassen wollen – gehört demgegenüber zu den indirekten Strategien. Persuasive Kommunikation nennt man das Bemühen, argumentativ auf andere Personen einzuwirken und sie so zu überzeugen, eine erwünschte Einstellung zu übernehmen. In einer Vielzahl von Experimenten zeigt sich, dass derjenige, der Einstellungen verändern will, der Kommunikator also, um so erfolgreicher ist, je glaubwürdiger er in den Augen derjenigen erscheint, welche die Botschaft erhalten. Letztgenannte nennt man die Rezipienten (zusammenfassend Aronson, 1994). Mitunter kommt es aber gar nicht auf die Stichhaltigkeit der Argumente an. Es reicht, dass ein vertrauenswürdiger Prominenter oder ein sachkundiger Experte für ein Verhalten oder ein Objekt wirbt.

So wie die BZgA früher mit *Jürgen Klinsmann* oder *Stefanie Graf* und *Nils Schumann* (alle vertrauenswürdig) für Drogenabstinenz geworben hat. Oder, wie – in früheren Kampagnen – der DSB mit *Christian Neureuther, Rosi Mittermaier* oder *Willi Wülbeck* (vertrauenswürdig und sachkundig) für das Ausdauerlaufen geworben hat.

Petty und Cacioppo (1986) sprechen von der *peripheren Route der Überredung,* wenn die Argumente unwichtiger sind als die Vertrauenswürdigkeit des Kommunikators. Diese Route eignet sich v. a. dann zur Einstellungsänderung, wenn Rezipienten entweder nicht fähig oder nicht willens sind, sich intensiv und sorgfältig mit den Inhalten einer Argumentation zu befassen. Die

Informationen werden dann nicht detailliert analysiert und hinsichtlich ihres Zutreffens abgewogen. Sie werden vielmehr *heuristisch* verarbeitet (vgl. Eagly & Chaiken, 1993) und wirken entweder verstärkend auf eine bereits geänderte Einstellungstendenz, oder sie wirken auf Grund der Identifikation mit dem Kommunikator. Einstellungsänderungen, die daraus folgen, sind selten dauerhaft, und sie können auch kaum verlässlich vorhergesagt werden.

Für dauerhafte und verlässliche Änderungen ist es besser, man trifft auf Personen, die motiviert und fähig sind, sich mit den Argumenten für ein Verhalten intensiv zu befassen. Bei diesen Personen folgt die Informationsverarbeitung der *zentralen Route der Überredung*. Hierbei kommt es auf die Überzeugungskraft der Argumente an. Die Rezipienten investieren Zeit und Mühe, um sich mit der Stichhaltigkeit der Argumente auseinander zu setzen. Ihre Informationsverarbeitung erfolgt nicht heuristisch, sondern systematisch. Für denjenigen, der überreden möchte, den Kommunikator also, ist dies nicht in jedem Falle von Vorteil. Löst die Botschaft nämlich überwiegend negativ getönte Gedanken aus, dann mindert intensives Nachdenken über die Argumente (die sogenannte *Elaboration*) die Überzeugungswirkung. Es kommt sogar zu *Reaktanzeffekten*. Das sind letztlich paradoxe und unerwünschte Wirkungen. Statt beispielsweise eine vorhandene Einstellung zu ändern, wird diese noch verstärkt.

Das mussten eine Weile resigniert all jene zur Kenntnis nehmen, die für Kampagnen verantwortlich zeichneten, die u. a. Jugendliche davon überzeugen sollten, gesundheitsriskantes Verhalten zu unterlassen. Mit erhobenem Zeigefinger, verteerten Lungenpräparaten und Bildern von scheußlich entstellten Raucherbeinen oder amputierten Gliedmaßen, hoffte man Schüler und Schülerinnen in den 1970er-Jahren vom Rauchen abzuschrecken. Die Kampagnen waren weitgehend erfolglos, wie man heute weiß (zusammenfassend Barth & Bengel, 1998). Häufig, wenn Menschen sich in ihrer Entscheidungsfreiheit eingeengt fühlen oder keinen Ausweg aus ihrer Situation sehen, neigen sie zu paradoxen Reaktionen: Sie verstärken nämlich das schädliche Verhalten. Wie Leppin (1994) zeigen konnte, betrifft dies insbesondere Jugendliche.

Aus dem von Petty und Cacioppo (1986) vorgestellten *Modell der Elaborationswahrscheinlichkeit* lassen sich die Faktoren benennen, die beeinflusst werden müssen, um die Akzeptanz einer Überredung zu steigern. Dieses sind die *Motivation*, den Argumentationen zuzuhören, die *Fähigkeit*, vorgetragene Argumente zu entschlüsseln und die *Überzeugungsstärke* der Argumente. Diese drei Variablen sind multiplikativ verknüpft.

Wenn also jemand hoch motiviert ist, ihm aber das Verständnis für die vorgetragenen Inhalte der Überredung fehlt, dann nutzt die differenzierteste

Argumentation nichts. Genauso ist es, wenn zwar jemand die Inhalte verstehen könnte, aber nicht im Geringsten geneigt ist, sich diese anzuhören. Für eine vertiefte Auseinandersetzung mit dem Thema der Persuasion sei auf das Lehrbuch über das Überzeugen von Cialdini (1997) verwiesen.

Argumente haben aber nicht nur einen Informationsgehalt, der verstanden werden will und soll, sie wirken auch emotional. Ein guter „Überreder" erzeugt vor allem positive Gedanken, um auf der zentralen Route der Persuasion erfolgreich zu sein. Das *Modell der Elaborationswahrschein-lichkeit* von Petty und Cacioppo (1986) sieht Stärke und Richtung einer Einstellungsänderung abhängig von (1) der Intensität, mit der ein Rezipient über die vorgetragenen Argumente nachdenkt (Elaboration).

Die Elaboration nimmt – das wissen wir nun aus den bereits genannten Faktoren – zu, je aufmerksamer und je befähigter der Rezipient ist, der Argumentation inhaltlich zu folgen. Und sie ist abhängig (2) von den positiven oder negativen Gefühlen, die durch die Argumente provoziert werden. In der Tabelle 2 sind die wesentlichen Kernaussagen der Theorie in einem vereinfachten Schema dargestellt.

Tabelle 2:   Vereinfachtes Schema zur zentralen und peripheren Route der Informationsverarbeitung.

Ist der Rezipient:	*dann folgt auf der zentralen Route*	*dann folgt auf der peripheren Route*
hoch motiviert und verfügt über hohe Fähigkeiten	• Argumente wichtig • dauerhafte Einstellungsänderung • Einstellungsänderung stabil gegenüber Gegenargumenten • wahrscheinlich auch Verhaltensänderung	• Argumente ohne relevante Wirkung
unmotiviert und hat geringe Fähigkeiten	• Argumente ohne relevante Wirkung	• Argumente unwichtig • Personenmerkmale des „Senders" relevant • kurzfristige Einstellungsänderungen • geringer Einfluss auf das Verhalten

Wenn also diejenigen, die überzeugt werden sollen, hoch motiviert sind und auch über genügend Sachverstand verfügen, um die vorgetragenen Argumente zu verstehen, dann sollte die Botschaft sorgfältig begründet werden. Sind die Rezipienten aber eher unmotiviert und nur wenig fähig, dann ist es besser, sich oberflächlicher, aber augenscheinlich plausibler Argumentation zu bedienen. In jedem Falle aber ist es für die persuasive Wirkung günstiger, wenn die vor-getragenen Argumente Gedanken mit angenehmem Inhalt provozieren.

Stroebe und Jonas (1996) haben darauf aufmerksam gemacht, dass das *Modell der Elaborationswahrscheinlichkeit* keine Information dazu bereit-stellt, welche Informationen denn positive oder angenehme Gedanken auslö-sen.

Fuchs (1997) gibt in seinem Buch *Psychologie und körperliche Bewegung* hierzu einige Hinweise. Er fragt, unter welchen Bedingungen Personen bereit sind, ihr passives Bewegungsverhalten aufzugeben, sich also motivieren las-sen, sportlich aktiv zu sein und wenn sie einmal damit begonnen haben, auch aktiv zu bleiben.

Er hat 1.372 Personen im Alter zwischen 18 und 80 Jahren dreimal im Abstand von sechs Monaten befragt. Ermittelt wurden die Sportaktivität, die Absicht Sport zu treiben und verschiedene Variablen, die sich auf die Konse-quenzen des Sporttreibens, auf die eigenen Kompetenzen, auf Anfälligkeiten gegenüber Erkrankungen (Vulnerabilität) sowie auf sozio-emotionale Zustän-de beziehen.

Die Auswahl dieser Kognitionen begründet sich auf Theorien zum Gesundheitsverhalten, u. a. auch auf die *Theorie des geplanten Verhaltens*. Diese Variablen gelten – wie oben benannt – als Prädiktoren, mit denen die Kriterien Sportintention und Sportverhalten vorhergesagt werden sollen.

Tatsächlich gelingt Fuchs (1997) eine Vorhersage nur für einen Teil seiner Stichprobe; nämlich für die Gruppe der über 40-jährigen Personen. Diese werden zum Sporttreiben motiviert, wenn es gelingt, ihnen zu ver-mitteln, dass sie in der Lage sind, Barrieren zu überwinden, die sie daran hin-dern könnten, sportlich aktiv zu werden. Solche Barrieren sind zum Beispiel Zeitmangel, fehlende Sportpartner, eine interessante Fernsehsendung, die Familie, die einen in Anspruch nimmt oder schlechtes Wetter. Wenn jemand davon überzeugt ist, dass er trotz dieser Hindernisse ein Verhalten zeigen wird, dann kann man von ihm annehmen, dass er sich selbstwirksam wähnt. Dieses Konstrukt wurde bereits erläutert.

Seine Bedeutung soll dennoch noch einmal kurz skizziert werden. Selbst-wirksamkeit, Kompetenzerwartung, Verhaltenskontrolle sind einander äh-nelnde Konstrukte. Sie stehen für die persönliche Überzeugung, ein in Frage stehendes Verhalten auch tatsächlich ausführen zu können. Einmal muss man glauben, man besitze die dazu erforderlichen Fähigkeiten, Fertigkeiten und Kenntnisse. Zum anderen muss man davon überzeugt sein, dass der „willige Geist das schwache Fleisch" dominiert, dass man sich also über Hindernisse hinwegsetzen kann.

Niedrige Barriereerwartungen sind also eine positive Kognition, die „Überreder" bei ihrem Gegenüber erzeugen müssen. Sie sind aber nur *eine* Kognition. Die Botschaft muss auch relevant sein. Um die Gruppe der über 40-jährigen Personen vom Sporttreiben zu überzeugen, kommt man offensichtlich nicht umhin, sie auf die Anfälligkeit, auf das persönliche Risiko, eine ernsthafte Erkrankung zu erleiden, aufmerksam zu machen.

Wie sagt doch der Volksmund? „Angst macht Beine." Sofern sie nicht lähmt, trifft dieses zu. Man muss nämlich einen Ausweg sehen, die drohende Katastrophe durch das beabsichtigte Sporttreiben abwenden zu können. Wenn die Botschaft der Anfälligkeit aber als Ausweglosigkeit gedeutet wird, kann das bereits beschriebene Phänomen der *Reaktanz* entstehen.

In einer älteren Motivationstheorie zum Gesundheitsverhalten, dem *Health-Belief-Modell* von Becker (1974), unterstützen darüber hinaus *cues to action* (Hinweisreize) die Änderung des Verhaltens. Solche Hinweisreize können u. a. den persönlichen Lebensumständen einer Person entstammen. Sie erzeugen eine innere Spannung – manchmal Bedrohung, manchmal Unzufriedenheit –, diese Umstände zu ändern. Fuchs (1997) nennt sie *Änderungsdruck*.

Die Altersgruppe der über 40-Jährigen verspürt diesen Druck, wenn sie wieder einmal feststellen muss, dass der Rücken vom ständigen Sitzen schmerzt, dass der Bauchumfang zunimmt oder wenn sie den Fahrstuhl vorziehen muss, um nicht durch das Treppensteigen außer Atem zu geraten und den Eindruck zu erwecken, sie „baue bereits ab." *Es muss sich etwas ändern*, ist also eine dritte Kognition, die sich aus der persuasiven Kommunikation ergeben sollte, um Einstellungen zum Sporttreiben zu ändern.

Inaktive Personen des mittleren und höheren Lebensalters lassen sich demnach davon überzeugen, sportlich aktiv zu werden, wenn die Argumente so gewählt werden, dass Barriereerwartungen niedrig ausfallen, moderate Gefühle der Bedrohung erzeugt werden, ein Ausweg offen bleibt und Änderungsdruck entsteht. Wagner (2000) hat in ihrer Dissertation noch weitere Variablen benannt, die beeinflusst werden müssen, um Personen an das Sportverhalten zu binden. Darunter ist v. a. auch das Gefühl zu nennen, der Gruppe, mit der man gemeinsam Sport treibt, anzugehören.

In einem allgemeinen Sinne soll noch einmal die Werbekampagnen des DSB („Sport im Sportverein") und der BzgA („Sport gegen Drogen") eingegangen werden. An fünf fiktiven Personen soll durchgespielt werden, wie die Kampagnen wirken könnten. Dabei lehnt sich die Tabelle 3 an Petty, Baker und Gleicher (1991) an, die sich in ihrem Beispiel auf einen Werbespot *Just say no* einer Antidrogenkampagne bezogen haben (siehe auch Jonas, Eagly & Stroebe, 1994).

Tabelle 3:   Mögliche Reaktionen auf einen Werbespot des DSB und der BzgA.

Person	A	B	C	D	E	A
Wissen	nichts	Personen, die im Verein Sport betreiben, gewinnen dort Freunde, die Vorbilder sind.				Eine bekannte Person sagt, man solle Drogen keine Macht geben.
Kognitive Reaktion auf die Botschaft	irrelevant	Aber man braucht heute keine Vorbilder mehr.	Andere brauchen Freunde, ich habe schon welche.	Freunde und Vorbilder sind wichtig, um Ziele im Leben zu erreichen.		Steffi Graf rät vom Drogenkonsum ab.
		Die Information ist für mich nicht wichtig.		Freunde kommen und gehen	Freunde muss man suchen.	Ich mag Steffi Graf.
Einstellung				Ich mag Freunde, aber sie kommen von selbst.	Ich mag Freunde und muss sie aktiv suchen.	Ich mag keine Drogen, sie sind schädlich.
Verhalten				Kein Anschluss an Verein.	Anschluss an Verein.	
Person	A	B	C	D	E	A

Person A versteht das Werbeplakat des DSB nicht, ist auch nicht motiviert, darüber nachzudenken und befasst sich daher auch nicht weiter damit. Sie sieht später an der Bushaltestelle das Plakat der Antidrogen-Kampagne. Für Steffi Graf empfindet sie Sympathie und ändert darauf hin möglicherweise eine bis dahin ambivalente Einstellung zum Konsum illegaler und legaler

Drogen. Ihre Meinung: Steffi Graf nimmt keine Drogen, denn Drogen sind offensichtlich für Spitzenleistungen schädlich. Die so erzeugte Einstellungsänderung bleibt aber in aller Regel ohne Konsequenz für das eigene Verhalten. Was tun die *Personen B* und *C*? Beide Personen verstehen die Plakatbotschaft der Vereinswerbung des DSB und setzen sich mit dem Argument, dass Vereine die Möglichkeit bieten, Freunde zu finden, die zugleich als Vorbilder dienen können auseinander.

Person B denkt, in der heutigen Gesellschaft mit ihren Tendenzen zur Individualisierung muss jeder seinen eigenen Weg wählen. Vorbilder kann es dabei keine geben. *Person C* ist Mitglied einer kirchlichen Jugendgruppe und hat dort eine Menge von Freunden. Für *B* und *C* ist die Botschaft des Plakats also irrelevant.

Anders dagegen für *D* und *E*. Beide Personen gelangen zwar zur Auffassung, dass Freunde und Vorbilder wichtig sind, um Lebensziele zu erreichen; sie gelangen aber zu unterschiedlicher Auffassung, was die Gewinnbarkeit von Freunden betrifft.

Person D denkt, Freunde kommen und gehen. Sie möchte zwar Freunde haben, meint aber, diese nicht aktiv gewinnen zu können.

Person E denkt demgegenüber, dass sie Freunde haben möchte und sie gelangt zur Einstellung, diese aktiv suchen zu müssen. Nur diese Person zeigt schließlich auch das erwünschte Verhalten. Sie schließt sich einem Sportverein an.

Welche Determinanten sind es denn nun, die Jugendliche – wie im Falle von *Person E* – zum Sporttreiben motivieren?

Die beispielhaft angeführte Werbekampagne des DSB hat ja gerade diese Gruppe im Auge. Auch zu den Bedingungen jugendlicher Sportmotivation liegen inzwischen umfangreiche Erkenntnisse vor.

Sie entstammen zwei Survey-Studien mit großen Stichproben, einmal aus den Städten Berlin und Bremen (vgl. Fuchs, 1989; Fuchs, Semmer, Lang & Okonek, 1987) und zum anderen aus Luxemburg und Trier (Steffgen & Schwenkmezger, 1995). Darüber hinaus gibt es eine stattliche Anzahl von Arbeiten von Baur, von Brettschneider oder von Brinkhoff (vgl. u. a. Baur 1997; Baur & Brettschneider, 1994; Brinkhoff, 1997). Wer Jugendliche von sportlicher Aktivität überzeugen möchte, so erfährt man aus den Befunden dieser Arbeiten, der muss positive sozio-emotionale Erwartungen wecken und die Gewinne für Figur und Aussehen herausstellen. Jugendliche Sportaktivität ist im Wesentlichen durch soziale und körperbezogene Erwartungen motiviert (siehe dazu auch Mrazek & Hartmann, 1989). Tatsächlich werden derartige Erwartungen durch das Sporttreiben auch erfüllt.

Das Bild vom eigenen Körper fällt bei sportaktiven Jugendlichen positiver aus als bei den inaktiven Jugendlichen (vgl. u. a. Mrazek & Hartmann, 1989). In einer Studie von Späth und Schlicht (2000) wurden 177 adoleszente Jugendliche nach verschiedenen Aspekten ihres Selbstkonzepts gefragt, darunter auch das Körperbild als eine bewertende Komponente der Selbsteinschätzung. Auf Grund ihrer sportlichen Aktivität ließen sich die Jugendlichen in Gruppen ordnen. Die Analyse der Ergebnisse zeigt, dass die sportaktiven Jugendlichen Aspekte ihres Körperselbst positiver beurteilen als inaktive und gering aktive Jugendliche, und dass sie mehr auf ihr Äußeres achten (siehe dazu auch Burrmann, Krysmanski & Baur, 2002).

Wie sich die direkte und die indirekte Strategie der Einstellungsänderung in der schulischen Praxis für die Änderung von sozialen Einstellungen von Schülern verwerten lassen, zeigt eine Studie, die Schlicht, Bläse und Schmitz (1998) durchgeführt haben. Probanden waren dort Schüler und Schülerinnen eines Gymnasiums. Drei achte Klassen haben zum Ende des Schuljahres teilgenommen. Die Klassen wurden vor einem sechswöchigen Projektzeitraum nach sozialrelevanten Einstellungen befragt.

Hierzu wurde ein Fragebogen verwendet, auf dem die Schülerinnen und Schüler ihre Meinung zu verschiedenen Verhaltensweisen in unterschiedlichen Situationen nennen konnten: beispielsweise, einem anderen Schüler zu helfen, einem ungerecht auftretenden Lehrer entgegen zu treten, sich gewalttätig zu verhalten.

Die Schülerinnen und Schüler wurden dann nach ihrer Intention gefragt, wie sie sich in ähnlichen Situationen zukünftig verhalten wollen. Die eine Klasse hatte normalen Unterricht. Die zweite Klasse erhielt während der sechs Wochen zusätzlich einen Sportunterricht, in dem Situationen so arrangiert wurden, dass der Umgang mit anderen Schülern, gegenseitiges Helfen, Rücksichtnahme u. ä. erfahrbar gemacht wurde (direkte Einstellungsänderung).

Die dritte Klasse schließlich erhielt die vollständige Behandlung (Treatment): Der auch hier geänderte Sportunterricht wurde zusätzlich mit dem Deutschunterricht thematisch verbunden. Die im Sport erfahrenen Situationen wurden reflektiert, in Rollenspielen und über Textanalysen nachbearbeitet und dadurch die Elaboration angeregt (zentrale Route der Persuasion).

Da Klassen ein sogenanntes *captive audience* darstellen, darf man davon ausgehen, dass die Schüler sich den vorgetragenen Argumenten nicht einfach entziehen können. Sie mussten sich mit ihnen auseinandersetzen, auch wenn die Motivation einzelner Schülerinnen und Schüler nicht in jedem Falle hoch war. Im Anschluss an die sechs Wochen wurden die Schüler(innen) erneut mit demselben Fragebogen nach ihren Einstellungen und ihren Intentionen befragt.

Am Ende des Schuljahres häufen sich Benotungen, werden die achten Klassen an den Gymnasien in Baden Württemberg vor die Wahl gestellt, sich für eine bestimmte Fächerorientierung zu entscheiden und die Ferien stehen bevor.

Das alles sind keine günstigen, aber es sind alltagsnahe Bedingungen für ein Interventionsprojekt. Die Befunde der Studie sind trotz dieser Erschwernisse und ob des kurzen Interventionszeitraums von sechs Wochen denn auch ein wenig überraschend. Sie sind nichtsdestotrotz ermutigend. Die Einstellungen zum Sozialverhalten waren nach Abschluss der Intervention in allen Klassen negativer als vor der Intervention. In der Klasse mit dem vollständigen Treatment konnte aber die Verschlechterung „gebremst" werden. Die Werte zum ersten und zum zweiten Befragungszeitpunkt unterschieden sich in dieser Klasse nicht überzufällig. Die Veränderung war in diesem Sinne positiver als in den beiden anderen Klassen. Die Intention, sich zukünftig sozial akzeptabel zu verhalten, war nach Abschluss der Intervention in der Klasse mit dem vollständigen Treatment stärker ausgeprägt als in den beiden Vergleichsklassen.

Stichwort: Persuasive Kommunikation

Begriff. Der Begriff steht für das Bemühen einer Person, eine andere Person argumentativ von einer bestimmten Position zu überzeugen.

Bedeutung. Im Zusammenhang mit Kampagnen, die versuchen, die Einstellungen von Personen zu verändern, hat persuasive Kommunikation einen wesentlichen Stellenwert.
Von McGuire (1972) stammt ein Prozessmodell der Überredung, das die wesentlichen Schritte für eine große Überzeugungsstärke enthält: Die Person muss (1) *aufmerksam* sein, sie muss (2) die Argumente *verstehen* können, sie muss (3) diese schließlich *akzeptieren* und (4) einmal geändert, muss sie die neuen Einstellungen *beibehalten* und endlich (5) muss sie sich auch entsprechend der neuen Einstellungen *verhalten*. Die Wahrscheinlichkeit jedes einzelnen Schrittes ist dabei proportional zum Produkt der vorangehenden Schritte. Kann die Person etwa die Argumente trotz hoher Aufmerksamkeit nicht verstehen, so ist der dritte Schritt höchst unwahrscheinlich.
Petty und Cacioppo (1986) haben ein *Modell der Elaborationswahrschein-*

---

lichkeit vorgeschlagen, das es ermöglicht, die Richtung und die Stärke der Einstellungsänderung aus zwei Variablen vorherzusagen: (1) aus der Intensität, mit der eine Person über die vorgetragenen Argumente nachdenkt *(Elaboration)* und (2) aus den positiv respektive negativ bewerteten Reaktionen, die von den Argumenten ausgelöst werden. Die Elaboration wiederum wird von der Aufmerksamkeit und der Fähigkeit bestimmt, die Argumente verstehen zu können.

Sind beide Voraussetzungen nicht erfüllt, werden Informationen heuristisch verarbeitet oder wirken auf der Grundlage von Verstärkungseffekten. Petty und Cacioppo (1986) nennen dieses die *periphere Route* der Informationsverarbeitung. In der *zentralen Route* setzt sich die Person dagegen intensiv mit den vorgetragenen Argumenten auseinander.

Wichtige Literatur

Cialdini, R. (1997). *Die Psychologie des Überzeugens*. Bern: Huber.

Petty, R. E. & Cacioppo, J. T. (1986). The elaboration likelihood model of persuasion. In L. Berkowitz (Ed.), *Advances in experimental Social Psychology* (Vol. 19). Orlando, FL: Academic Press.

Persuasion, die wir bis jetzt besprochen haben, ist aber nur eine der indirekten Varianten der Einstellungsänderung. Einstellungen ändern gelingt auch, wenn man in den Gedanken einer Person Widersprüche erzeugt. Das ist ebenfalls eine indirekte Strategie. Wir kommen also nun zur dritten Möglichkeit der Änderung von Einstellungen, die wir am Beginn dieses Abschnitts aufgeführt hatten. Wir kommen also zur Erzeugung einstellungsdiskrepanten Verhaltens.

Wenn es gelingt, jemanden dazu zu veranlassen, etwas zu tun, was seiner Überzeugung widerspricht, dann entsteht eine *Dissonanz*. Dissonanztheorien zählen zu den klassischen Theorien der Sozialpsychologie. Von Festinger (1957) stammt die *Theorie der kognitiven Dissonanz*. Die Kernannahme ist, dass Menschen bemüht sind, Beziehungen zwischen einzelnen Gedanken oder zwischen den Gedanken und ihrem Verhalten anzustreben, die sich einander nicht widersprechen, die also in konsonanter Beziehung zueinander stehen.

Festzustellen etwa, dass Bewegungsmangel das relative Risiko einer koronaren Herzerkrankung erhöht, und gleichzeitig körperlich inaktiv zu sein, das ist eine dissonante Information. Diese erzeugt eine innere Spannung, die darauf drängt, Konsonanz herzustellen. Und was wird zuerst geändert? Das Verhalten oder die Einstellung? Grundsätzlich wird das Merkmal geändert, das den geringsten Änderungswiderstand aufweist.

Die Person wird entweder nach Informationen suchen, die für den inaktiven Lebensstil sprechen: „Mein Großvater wurde 90 Jahre alt und hat niemals Sport betrieben". Die Person kann aber auch einfach die dissonanten Kognitionen verdrängen, vergessen, ignorieren. Sie könnte natürlich auch ihr Verhalten ändern. Aber dies wird sie nicht ohne weiteres verändern, denn schließlich ist der Änderungswiderstand hier am größten. Leichter ist es, die Kognitionen zu verändern. Nur wenn die Fakten für das gesundheitliche Risiko des bewegungspassiven Verhaltens so erdrückend sind, etwa weil eine Krankheit droht oder schon eingetreten ist, und damit der Änderungswiderstand sinkt, ist eine Verhaltensänderung wahrscheinlicher.

Zur Theorie der kognitiven Dissonanz gibt es zahlreiche experimentelle Studien (vgl. z. B. Frey & Gaska, 1993), die entsprechende Effekte, meistens im Zusammenhang mit dem Konzept des Änderungswiderstandes, zeigen können. Ein Beispiel sind die Versuche zur erzwungenen Einwilligung (*forced compliance*). Das klassische Experiment dazu haben wir im nachfolgenden Kasten aufgeführt.

Stichwort: Kognitive Dissonanz

Begriff. Bereits in den 1950er Jahren schlug *Leon Festinger* diesen Begriff vor. Dissonanzen bezeichnen sich gegenseitig widersprechende Informationen, etwa wenn eine Person eine bestimmte Einstellung hat, sich aber nicht entsprechend dieser Einstellung verhält.

Bedeutung. Die durch die sich widersprechenden Informationen entstehende Dissonanz wird als unangenehm erlebt und erzeugt eine Motivation, die Dissonanz zu beseitigen. Die *Theorie der kognitiven Dissonanz* sagt vorher, dass Personen in diesem Falle entweder ihre Einstellungen dem Verhalten anpassen, das Verhalten ändern oder nach Informationen suchen, die Konsonanz entstehen lassen. In so genannten *forced-compliance*-Experimenten wird künstlich ein einstellungsdiskrepantes Verhalten „erzwungen".

Eines der klassischen Experimente stammt von Festinger und Carlsmith (1959). Probanden eines eigentlich sehr langweiligen Experiments sollten nach dem Versuch einer anderen Person, einem Komplizen des Versuchsleiters, erzählen, dass das Experiment sehr interessant gewesen sei.

Wenn der Proband 20 Dollar, also eine hohe Belohnung, dafür erhielt, änderte später der Proband nicht seine eigentliche Meinung über das Experiment. Aber: Probanden, die nur 1 Dollar dafür erhielten, dass sie jemand anderem erzählten, dies Experiment sei sehr unterhaltsam gewesen (obwohl es das gar nicht war), änderten ihre eigentliche Meinung und waren später tatsächlich der Ansicht, das Experiment sei interessant gewesen.

Wichtige Literatur
Festinger, L. (1957). *A theory of cognitive dissonance.* Stanford, CA: University Press.
Frey, D. & Gaska, A. (1985). Die Theorie der kognitiven Dissonanz. In D. Frey & M. Irle (Hrsg.), *Theorien der Sozialpsychologie* (S. 275-326). Bern: Huber.

Ein anderer Effekt ist das sogenannte *effort justification*. Ein Verhalten wird für Menschen ganz besonders attraktiv, wenn der Aufwand ganz besonders groß war oder ist und man sich freiwillig für diesen Aufwand entschieden hat („Wahlfreiheit"). Ein Beispiel aus dem Leben gegriffen: Angenommen, Sie gehen ins Kino, schauen sich zum ersten Mal einen bestimmten Film an und haben dafür 5 € Eintritt bezahlt. Nun stellen sie sich vor, sie hätten den gleichen Film zum ersten Mal gesehen und dafür 10 € bezahlt.

Die Theorie der kognitiven Dissonanz würde vorhersagen, dass sie den Film im letzteren Fall viel attraktiver beurteilen würden als im ersten Fall. Warum? Denken Sie daran: Sie haben sich freiwillig entschieden, einen Film unter teureren Bedingungen, also mit höherem Aufwand zu schauen. Jede Dissonanz („Eigentlich finden Sie den Film schlecht", aber „Sie haben hohen Aufwand betrieben") kann nur noch durch die Änderung der Kognition vermieden werden. Das Geld haben sie ja schon bezahlt; eben *effort justification*.

Das nächste Beispiel illustriert intensiver die Effekte der *Wahlfreiheit*. Betrachten wir zum besseren Verständnis einen gar nicht so unwahrscheinlichen Fall. Immer wieder sind Stimmen zu vernehmen, die fordern, man solle sportliche Betätigung, die in den Verdacht geraten ist, ein v. a. orthopädisch-traumatologisches Risiko zu bergen (z. B. Skilaufen, Drachenfliegen) mit einer finanziellen Sonderabgabe belegen, um die Krankenkassen nicht auch noch für das riskante Freizeitvergnügen einer Minderheit zahlen zu lassen (vgl. Bock, 1999).

Nehmen wir einmal an, es gäbe eine entsprechende Rechtsverordnung. Letztlich wäre damit die Absicht verbunden, dass die Sonderabgabe zu einem Unterlassen des riskanten Sporttreibens bei vielen Personen führt. Nehmen wir weiterhin an, das gelingt. Einige Personen hören mit riskantem Sporttreiben auf. Die Einstellungen dieser ehemals sporttreibenden Personen zu ihrem riskannten Verhalten – so dürfen wir unterstellen – sind aber wahrscheinlich nach wie vor positiv und es ist wahrscheinlich, dass die Personen „rückfällig" werden. Wann ändert nun die „Strafandrohung" (Risikoabgabe) auch die positive Wertschätzung des Verhaltens? Sie tut es umso mehr, je geringer die Höhe der Sonderabgabe ist. Denn nur bei einer geringen Sonderabgabe entsteht eine kognitive Dissonanz: Die Personen unterlassen dann ein eigentlich positiv wertgeschätztes Verhalten und verändern ihre Einstellung, obgleich die Strafe für einen Verstoß gegen die Verordnung – also das Beibehalten des sanktionierten Verhaltens – lediglich milde ausfallen würde.

Der Grund liegt darin, dass die Person nur bei geringer Belohnung oder Strafe den Eindruck hat, sie habe die volle Wahlfreiheit. Fällt die Abgabe demgegenüber hoch aus, dann werden die Personen ihre positiven Einstellungen beibehalten, aber dennoch mit dem Sport aufhören, weil sie es sich nicht leisten können, dafür auch noch Strafe zu zahlen. Die Person hat in dem Fall keine Wahlfreiheit und ändert dementsprechend ihre Kognitionen nicht.

Verlassen wir nun das Gebiet der kognitiven Dissonanz. Der Vergleich der Wirksamkeit der beiden ausführlicher besprochenen indirekten Strategien zur Einstellungsänderung (persuasive Kommunikation und kognitive Dissonanz) fällt zu Gunsten der persuasiven Kommunikation aus.

Anreize (Belohnungen wie Bestrafungen) funktionieren nur, wenn sie – im Falle einer Belohnung – wiederholt gegeben werden oder wenn – im Falle von Bestrafungen – über die Einhaltung des Gebotes gewacht wird.

Das erwünschte Verhalten ist, wie die Motivationstheorien (vgl. z. B. Rheinberg, 2002) sagen, unter *extrinsischer* Kontrolle. Stabiler ist ein Verhalten, wenn es um seiner selbst willen praktiziert wird, also unter *intrinsischer* Kontrolle steht. Das ist der Fall, wenn Personen vom Nutzen eines Verhaltens überzeugt sind und sich selbst als Urheber ihres Verhaltens sehen.

Von Letzterem handelt das nächste Kapitel: Nämlich von der Frage, wo wir die Ursachen unseres Verhaltens sehen, unter welchen Umständen die Erklärung von Ursachen geschieht und welche Konsequenzen dies nach sich zieht.

3. Die Welt erklären -
   die Welt simulieren

„Zuerst hatten wir kein Glück, und dann kam auch noch Pech dazu." Dies waren die berühmten Worte des Fußballers *Jürgen Wegmann*, genannt die Kobra, nach einem verlorenen Spiel seiner Mannschaft. Diese Ursachenerklärung (neudeutsch: Attribution) trägt zwar eine gewisse Widersprüchlichkeit in sich, aber: Es war immerhin ein Versuch, den Ausgang eines sportlichen Ereignisses zu erklären.

Die Attributionsforschung beschäftigt sich mit solchen und anderen Ursachenerklärungen und Begründungen von Ereignissen und Handlungen, die Menschen vornehmen, übrigens unabhängig von der Frage, ob die Ursachenerklärungen richtig oder falsch sind.

Wir können sicher davon ausgehen, dass Personen aus den ihnen vorliegenden Informationen Rückschlüsse auf zugrunde liegende Merkmale der handelnden Personen und/oder der jeweiligen Situation ziehen.

Der in die USA emigrierte Österreicher *Fritz Heider* (1944) gilt als Begründer der Attributionsforschung, und er war es als erster, der sich aus der Sicht der wissenschaftlichen Psychologie mit diesem Phänomen auseinander setzte.

Bereits in seinem Modell findet sich die Unterscheidung, ob persönliche (*Personkraft*) und situationale Ursachen (*Umweltkraft*) zur Erklärung von Ereignissen genannt werden. Persönliche Ursachen könnten nach Heider Anstrengung, Fähigkeit oder Intention sein. Zur Umweltkraft zählt er z. B. die Schwierigkeit der Aufgabe oder auch den Zufall.

Heiders Thema war die Personenwahrnehmung und Eindrucksbildung. Anders gesagt: Wie gelangen wir zu einem Urteil über uns wildfremde Personen? Verkürzt kann man sagen, indem wir beobachtetem Verhalten eine dahinter liegende Eigenschaft zuschreiben.

Die Attributionsforschung hat in den letzten Jahrzehnten einige Regeln ermittelt, mit denen Menschen die Welt erklären. Der Grund für diese Regelbildung ist einfach. Menschen neigen dazu, damit die Komplexität der Welt sie nicht überfordert. Einige Beispiele:

- Wenn wir meinen, dass sich eine Person stark bemüht, eine Aufgabe zu erledigen, unterstellen wir ihr Absicht und Anstrengung, zwei personale Attribute, also Merkmale, die wir der Person zuschreiben.
- Auch fähigen Personen unterstellen wir eine persönliche Verantwortung, auch dann, wenn sie versagen. In diesen Fällen schließen wir,

sie hätten sich nicht hinreichend bemüht. Das wissen Favoriten, deren „Sturz" vom Publikum mit Häme und Vorwürfen bedacht wird („Wie kann ein so teuer bezahlter Spieler sich so wenig anstrengen").

• Schließlich attribuieren wir auch auf Personenfaktoren, wenn ein Verhalten mit geringer Spezifität oder Besonderheit gezeigt wird, wenn sich also jemand in vielen Situationen ähnlich verhält. Im europäischen Fußball kommt es immer wieder zu Ausschreitungen der Fans (vgl. auch das Kapitel 10 über Zuschauer). Manche Beobachter kommen nun schnell, vielleicht zu vorschnell, auf den Gedanken, dass Fans immer aggressiv seien und sie absichtsvoll andere schädigen. Möglicherweise ist es aber bei genauer Betrachtung die Situation, die zu Aggressionen beiträgt, wie z. B. eine berittene oder martialisch ausgerüstete Polizei oder die Enge eines Stadions usw.

Wir wenden, wie Kelley (1972) in seinem so genannten Kovariationsmodell darlegt, solche Regeln nicht unabhängig voneinander an. Wir kovariieren sie, wie es in seinem Modell heißt. Ob wir also etwas einer Person oder den Umständen der Handlung und der Situation zuschreiben, hängt davon ab, wie wir es zueinander in Beziehung setzen können.

Diese Informationen können wir in die drei Bereiche *Konsens*, *Distinktheit* und *Konsistenz* sortieren. In Beziehung gesetzt, ergeben sich typische Informationsmuster und daraus resultierende Attributionen, die wir in Tabelle 4 zusammengefasst haben.

Tabelle 4:   Kovariationsmuster nach Kelley (1972).

Attribution auf...	Konsens	Distinktheit	Konsistenz
Person	Niedrig	Niedrig	Hoch
Reizgegebenheit	Hoch	Hoch	Hoch
Umstände	Niedrig	Hoch	Niedrig

Hoher Konsens liegt vor, wenn auch andere Personen sich im Hinblick auf die Reizgegebenheit ähnlich verhalten. Die Distinktheit ist hoch, wenn das Verhalten nur in dieser Reizgegebenheit gezeigt wird und die Konsistenz ist hoch, wenn sich das Verhalten auch bei früheren Gelegenheiten bei dieser Reizgegebenheit beobachten ließ. Sind alle drei Informationsaspekte hoch ausgeprägt, wird eher auf den Reiz als Verursacher des beobachteten Verhaltens attribuiert.

Von besonderer Bedeutung für den Sport sind die Arbeiten des Kaliforniers *Bernard Weiner* (vgl. z. B. 1974, 1985, 1986).

Anfang der siebziger Jahre formulierten Weiner und dessen Mitarbeiter und Mitarbeiterinnen (Weiner, Frieze, Kukla, Reed, Rest & Rosenbaum, 1971) eine *attributionale Theorie des Leistungshandelns*. Als Determinanten attributionaler Prozesse werden dabei die wahrgenommenen Ursachen von Erfolg und Misserfolg in Leistungssituationen betrachtet. Je nachdem, ob eine Person einen Erfolg oder einen Misserfolg auf die eigene Fähigkeit oder auf das eigene Bemühen bezieht, können sich unterschiedliche Konsequenzen, beispielsweise hinsichtlich des eigenen Anspruchsniveaus, ergeben.

Weiner et al. (1971) stellten ein zweidimensionales Schema mit vier resultierenden Feldern vor. Neben der *Lokationsdimension*, die es erlaubt, zwischen internalen (innerhalb) und externalen (außerhalb des Akteurs liegenden) Ursachenzuschreibungen zu unterscheiden, können Ursachen als zeitlich konstant (stabil) oder variabel eingeordnet werden. Diese zweite Dimension wird *Stabilität* genannt. Die resultierenden vier Felder beinhalten so genannte Ursachenfaktoren. Was kann man sich unter diesen Ursachenfaktoren vorstellen? Weiner et al. (1971) geben hier einige klassische Beispiele.

Fähigkeit wird als internaler und stabiler Ursachenfaktor, Anstrengung als internaler und variabler Ursachenfaktor verstanden. Aufgabenschwierigkeit ist der externale und stabile Faktor; Zufall gilt als externaler und variabler Ursachenfaktor. Verschiedentlich wurden sportspezifische Ausweitungen der Ursachenfaktoren vorgenommen. Tabelle 5 zeigt einen Vorschlag von Möller (1994a), in dem wir auch die Beispiele von Weiner et al. (1971) wieder finden.

Tabelle 5:   Sportspezifische Ursachenliste für das Vierfelderschema von Weiner (aus Möller, 1994a).

	stabil	*variabel*
internal	konstante eigene Anstrengung, Trainingsfleiß, eigene Fähigkeit, eigene Veranlagung, eigene Erfahrung	eigene momentane Anstrengung, psychische Verfassung, körperliche Verfassung, eigene Tagesform
external	konstante Anstrengung anderer, Trainingsfleiß anderer, Aufgabenschwierigkeit, generell überdauernde Trainings- und Wettkampfbedingungen, Fähigkeit anderer, Veranlagung anderer, Erfahrung anderer	momentane Anstrengung anderer, Glück, Pech, Zufall, momentane Aufgabenschwierigkeit, spezifische Wettkampfbedingungen, Tagesform anderer, körperliche und psychische Verfassung anderer

Später schlug Weiner (1979) neben der Lokation und der Stabilität als dritte Attributionsdimension die *Kontrollierbarkeit* vor. Darunter versteht er, ob die Person das Geschehen selbst beeinflussen konnte oder nicht. Der größte Teil der empirischen Forschung im Sport beschränkt sich jedoch auf die Dimensionen der Lokation und der Stabilität. Der Grund ist einfach: Die Kontrollierbarkeit korreliert nicht unerheblich mit der Lokationsdimension.

Dies hängt unter anderem damit zusammen, dass internale Attributionen häufig mit kontrollierbaren Attributionen zusammenfallen und externale Attributionen dementsprechend mit nicht-kontrollierbaren Attributionen in Zusammenhang gebracht werden.

3.1 Attributionsverzerrungen

Eine Vielzahl empirischer Untersuchungen und Alltagsbeobachtungen hat ergeben, dass Menschen nicht nach rein rationalen Kriterien Ereignissen Ursachen zuschreiben. Vielmehr lassen sich typische Attributionsmuster bzw. -verzerrungen erkennen.

Der *actor-observer-bias* (Jones & Nisbett, 1972) beispielsweise besagt, dass Akteure ihre eigenen Handlungsresultate häufiger mit situationalen Ursachen erklären. Beobachter erklären die Handlungsresultate anderer dagegen häufiger mit Ursachen, die dem Akteur zugeschrieben werden.

Für den Bereich des Sports sind insbesondere die selbstwertdienlichen beziehungsweise selbstwertschützenden Attributionsmuster interessant. Je nachdem, ob Personen einen Erfolg oder einen Misserfolg erlebt haben, verändern sich die Attributionsmuster. So werden positiv bewertete Ereignisse (selbstwertdienlich) eher auf internale und stabile Ursachen (wie die eigene Fähigkeit) zurückgeführt, um den eigenen Selbstwert zu erhöhen. Nach Misserfolg können zum Selbstwertschutz insbesondere externale und variable Ursachen ermittelt werden. Dieses Attributionsmuster wird häufig *self-serving-bias* genannt.

In verschiedenen Einzel- und Mannschaftssportarten stellte Iso-Ahola (1977) fest, dass Sportler Erfolge internal und Misserfolge eher external oder internal/ variabel (als mangelnde Anstrengung) erklärten. Bierhoff-Alfermann (1979) befragte Schwimmer nach ihrem Wettkampf. Sie konnte allerdings eher selbstwertschützende Attributionen nach Misserfolg finden als selbstwertsteigernde Attributionen nach Erfolg. Fiedler und Gebauer (1986) untersuchten Fußballspieler und ihre Attributionsverzerrungen. Sie stellten fest, dass der self-serving-bias in den Mannschaftsteilen in unterschiedlicher Stärke auftritt. Besonders stark tritt er bei Abwehrspielern auf.

Insgesamt sind insbesondere selbstwertdienliche Muster empirisch gut belegt. Darauf weisen eine Vielzahl von empirischen Studien, die Meta-Analyse von Mullen und Riordan (1988) sowie Überblicksarbeiten wie jene von Biddle, Hanrahan und Sellars (2001) oder Möller (1994a, b) hin. Dagegen führten Untersuchungen der Frage, ob Misserfolge aus Gründen des Selbstwertschutzes eher nicht-personalen, d. h. externalen Faktoren (wie Pech oder dem Wetter) zugeschrieben werden, zu nicht immer theoriekonformen Ergebnissen.

Insgesamt lässt sich aber die relativ einheitliche Befundlage darauf zurückführen, dass Beteiligte an sportlichen Wettkämpfen in besonderem Maße in das Geschehen involviert sind und Resultate in der Regel als selbstwertrelevant erlebt werden.

Nicht nur die Akteure, sondern auch die Beobachter sportlicher Leistungen unterliegen attributionalen Verzerrungen wie dem *self-serving-bias*, dies allerdings nur, wenn die Beobachter in irgendeiner Form involviert sind (wie z. B. Fans, Trainer). Dabei wird durch die involvierten Beobachter einem quasi *stellvertretenden* Bedürfnis nach Selbstwerterhöhung bzw. -schutz entsprochen.

Als involvierte Beobachter wurden bislang in attributionstheoretischen Studien vor allem Zuschauer, Fans und Sportjournalisten untersucht. Hier einige Beispiele:

Winkler und Taylor (1979; vgl. auch schon Mann, 1974) ermittelten bei Football-Fans zweier Kontrahenten eines Meisterschaftsspiels, dass Erfolge des eigenen Teams stärker internal attribuiert und für replizierbarer gehalten werden als für die konkurrierende Mannschaft.

Die Befragung von Ungar und Sev'er (1989) befasste sich mit den Ursachenerklärungen von kanadischen Probanden im Kontext des Doping-Skandals um den kanadischen Sprinter *Ben Johnson* während der Olympischen Spiele 1988. Die Probanden fungierten hier als über Identifikationsprozesse involvierte Beobachter.

Die Einnahme der Anabolika wurde hauptsächlich situational attribuiert, um – so die Autoren – den Athleten zu entlasten. Die Mehrzahl der Probanden war dementsprechend der Auffassung, Ben Johnson habe die Mittel ohne Wissen um ihre Wirkung genommen. Wenn aber Beobachter außerhalb Kanadas befragt wurden, wurde die Dopingeinnahme Ben Johnson vermehrt internal attribuiert. Ben Johnson wurde also dann eher die Verantwortung zugeschrieben. Man sieht: Der Standort ist wichtig für die Beurteilung ein und desselben Ereignisses.

Bisher vorliegende Untersuchungen über Attributionsmuster von Sportjournalisten ergaben in der Regel ebenso eine Tendenz zur quasi stellvertretenden Selbstwerterhöhung oder -erhaltung.

Lau und Russell (1984) beispielsweise analysierten in ihrer klassischen Untersuchung Zeitungsberichte über Baseball- und Footballspiele. Dabei wurden jeweils die Lokalzeitungen der beiden gegnerischen Mannschaften herangezogen, um Berichte aus der Gewinner- bzw. Verliererperspektive berücksichtigen zu können. Die Analyse ergab im Sinne eines self-serving-bias, dass Erfolge eher internal und Misserfolge eher external attribuiert wurden.

Möller und Strauß (1997a) untersuchten alle Attributionen von (ost- wie westdeutschen) Fernsehjournalisten während ihrer Livekommentierungen der Leistungen ost- und westdeutscher Sportler, die sie anlässlich der Olympischen Spiele 1988 und 1992 sowie während der Leichtathletikweltmeisterschaften 1991 (Strauß & Möller, 1996) erbrachten.

Besonders bemerkenswert war, dass westdeutsche Kommentatoren die Erfolge ostdeutscher (aber nicht westdeutscher) Sportler 1988 internal und deren Misserfolge external attribuierten. Dieses Attributionsmuster zeigte sich bei den westdeutschen Kommentatoren auch noch 1991 und 1992, obwohl – anders als 1988 – nunmehr ein gesamtdeutsches Team startete.

Diese Attributionsanalyse macht auch deutlich, dass auch nach der Deutschen Einheit 1990 in einem deutschen Team von westdeutschen Beobachtern (vermutlich nicht bewusste) Unterschiede hinsichtlich der Herkunft der Athleten gemacht wurden.

Stichwort: Attributionstraining

Begriff: Försterling (1985) schlägt vor, unangemessene Attributionsmuster durch ein systematisches Attributionstraining zu verändern.

Bedeutung: Größere Bedeutung hat diese Methode zurzeit im klinisch-psychologischen Bereich (Firth-Cozens & Brewin, 1988). Beispielsweise attribuieren depressive Menschen Misserfolge eher internal und stabil, etwa wenn sie Misserfolge stabil auf ihre eigenen Fähigkeiten beziehen. Dieses führt zu einer geringen Motivation, zukünftig herausfordernde Aufgaben zu bewältigen.

Attributionstrainings, z. B. nach Weiner (1986) vermitteln diesen Personen, nach Niederlagen nicht unangemessene Attributionsmuster zu verwenden. Beispielsweise sollte nach Misserfolgen eher variabel, z. B. auf mangelnde Anstrengung, attribuiert werden.

Försterling (1985) beschreibt konkrete Attributionstrainingsprogramme im klinischen Bereich. Im Leistungssport könnten Attributionsprogramme eingesetzt werden, um positive Leistungserwartungen von Athleten zu steigern oder zu erzeugen, und um damit auch deren Motivation für Training und Wettkampf zu steigern. Im Schul- und Gesundheitssport könnte dies ein Baustein sein, die Motivation zum Sporttreiben oder zu bestimmten sportlichen Aktivitäten zu steigern. Bislang gibt es aber nur wenige Studien im Sport zu Attributionstrainings.

Die bisherigen Ergebnisse sind allerdings ermutigend. Beispielsweise zeigten Orbach, Singer und Price (1999) mit Tennisanfängern, dass ein Attributionstraining zu verstärkten Kontrollierbarkeitsattributionen führte und daraus wiederum positive Emotionen und positive Leistungserwartungen resultierten.

Wichtige Literatur
Försterling, F. (1985). Attributional retraining: A review. *Psychological Bulletin, 98,* 495-512.

3.2 Was löst Attributionen aus, und welche kognitiven oder affektiven Folgen gibt es?

Schon die Erfahrung lehrt uns, dass nicht nach jedem Ereignis attribuiert wird. Der Gewinn einer schon längst erwarteten Meisterschaft löst vermutlich deutlich weniger Attributionen aus als der völlig überraschende Sieg eines Außenseiters. Verschiedene Studien konnten dies bestätigen (vgl. Biddle, Hanrahan & Sellars, 2001).

Dabei kann man davon ausgehen, dass Ursachenzuschreibungen vorgenommen werden, um erstens die Umwelt erklären zu können und zweitens zukünftige Misserfolge zu vermeiden. Drittens muss es sich um wichtige Ereignisse handeln, damit überhaupt der Aufwand des Nachdenkens über die Ursachen vorgenommen wird.

Die Notwendigkeit einer Erklärung gibt es besonders dann, wenn *erwartungswidrige Resultate* vorliegen. Sie zeigen an, dass die Gedanken von Personen kein adäquates Abbild tatsächlicher Geschehnisse sind. Sie lösen einen

Zustand kognitiver *Dissonanz* (vgl. Kapitel 2) aus, der als unbefriedigend erlebt wird. Besonders innerhalb der Attributionsforschung belegen viele Studien, dass ein intensiveres Nachdenken im Anschluss an erwartungswidrige Ergebnisse stattfindet (vgl. u. a. Kanazawa, 1992).

Ähnlich wie erwartungswidrige Resultate sind *negative Ergebnisse* eine Bedrohung für das kognitive Gleichgewicht. Sie zeigen an, dass z. B. ein Sportler seinen Gegner nicht beherrscht und geben Anlass, über Gründe und Ursachen der Niederlage nachzudenken. Es wird also ganz besonders nach *unerwarteten, negativen* bzw. *wichtigen Ereignissen* attribuiert.

Wenn attribuiert wird, hat dies auch entsprechende kognitive und emotionale Konsequenzen und auch Auswirkungen auf das zukünftige Verhalten.

Weiner (1986) hat dies in seiner attributionalen *Theorie der Motivation und Emotion* sehr genau beschrieben. Abbildung 2 gibt einen kleinen Ausschnitt wieder, der sich auf die Lokations-, Stabilitäts- und Kontrollierbarkeitsdimension bezieht.

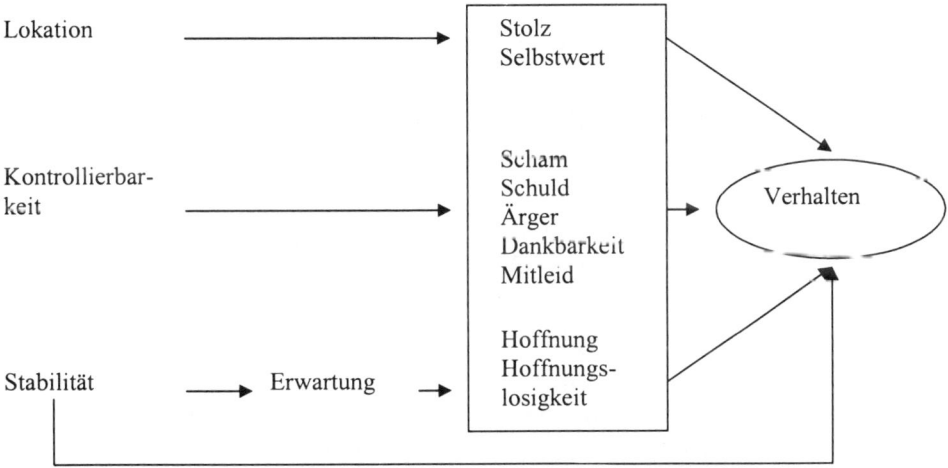

Abbildung 2:   Konsequenzen von Attributionen.

Dabei führen ganz besonders Attributionen auf der Lokalitätsdimension (internal vs. external) zu Emotionen wie *Stolz* bzw. sind besonders selbstwertrelevant.

Die Emotionen Scham und Schuld bzw. Ärger auf andere Personen, Dankbarkeit und Mitgefühl mit anderen entstehen häufig, wenn auf der Dimension Kontrollierbarkeit attribuiert wird. Kognitive Konsequenzen sind nach Attributionen auf der Lokalitätsdimension und auf der Kontrollierbarkeitsdimension nur selten.

Anders bei Attributionen auf der Stabilitätsdimension: Diese führen häufig zu kognitiven Konsequenzen, insbesondere zu Erwartungen über Erfolg oder Niederlage. Diese können dann ihrerseits wieder zu Emotionen der Hoffnungslosigkeit bzw. Hoffnung oder gleich zu entsprechenden Verhaltenskonsequenzen führen.

Zusammenfassend betrachtet: *Stolz* und ähnliche Emotionen werden durch Lokationsattributionen ausgelöst, *Scham* und *Schuld* sowie *Dankbarkeit, Mitgefühl* und *Ärger* auf andere Personen durch Kontrollierbarkeitsattributionen, während die Stabilitätsdimension erst über den Umweg der Erwartungsbildung Gefühle der *Ohnmacht* oder *Hoffnungslosigkeit* auslösen kann.

Grundsätzlich können diese *attributionsabhängigen* Emotionen wieder verhaltenswirksam werden, etwa indem neues Leistungsverhalten aufgebaut oder ein Verhalten nicht aufgenommen, aggressives oder aber auch Hilfeverhalten gezeigt wird.

Stellen wir uns eine Person vor, die Niederlagen stabil auf die eigenen Fähigkeiten attribuiert. Dies wäre für die Person erheblich selbstwertrelevant, natürlich wegen der Attribution auf die Lokationsdimension. Sie würde zukünftig keinen Erfolg erwarten (wegen der Attribution auf die Stabilitätsdimension) und eventuell Hoffnungslosigkeit erleben. Als Verhaltenskonsequenz könnte resultieren, dass die Person sich keiner weiteren Herausforderung stellt, z. B. in dem sie keinen Sport treibt, weil sie glaubt, sie sei nicht fähig dazu, etwa weil sie übergewichtig ist.

Schließlich weist Weiner (1986) darauf hin, dass, auch wenn nach einem Ereignis nicht attribuiert wird, es zu Verhaltenskonsequenzen (Hilfeverhalten, neues Leistungsverhalten) und auch zu so genannten *ergebnisabhängigen Emotionen* (Weiner, 1986) kommen kann. Falls das Ergebnis positiv war, reagiert die Person häufig mit Freude. Die Folge von negativen Ergebnissen, sofern nicht attribuiert wird, sind manchmal auch Trauer und Frustration.

3.3 Kontrafaktische Gedanken

Wir kennen im Alltag und im Sport auch Kognitionen, die eine gewisse Ähnlichkeit zu den Attributionen haben, die aber das Problem der Ursachenerklärung über die Simulation von gar nicht eingetretenen Ereignissen lösen. Man spricht in der Sozialpsychologie von kontrafaktischen Gedanken, die sich mit nicht eingetretenen Ereignissen befassen („What might have been"; z. B.

Roese & Olson, 1995): Personen beschäftigen sich mit den Bedingungen, die hätten vorhanden sein müssen, damit ein anderes Ergebnis als das Tatsächliche eingetreten wäre.

Ein Beispiel: Ein Handballspieler wählt beim 7m-Wurf die linke untere Ecke, der Torwart kann den Ball parieren. Ein nahe liegender kontrafaktischer Gedanke für den Werfer könnte beispielsweise sein: „Hätte ich doch nur einen Heber versucht, wäre der Ball ins Tor gegangen". Es werden also die Bedingungen aufgeführt, die, wenn sie vorhanden gewesen wären, zu einem anderen Ausgang geführt hätten. Kontrafaktische Gedanken werden zwar von realen Begebenheiten ausgelöst, sie beziehen sich aber auf die vorgestellten Bedingungen, die zu einem anderen Resultat geführt hätten. Im sozialpsychologischen Rahmen untersuchten erstmalig Kahneman und Tversky (1982) kontrafaktisches Denken.

Tabelle 6:   Simulationsheuristiken.

Simulationsheuristik	Beispiel
Vorhersagen	„Stell Dir vor, zwei deiner Freunde, spielen gegeneinander Schach. Welchen Ausgang erwartest du?"
Einschätzung der Wahrscheinlichkeit eines vorgegebenen Ereignisses	„Wie hoch schätzt du die Wahrscheinlichkeit ein, dass der VfL Bochum nächstes Jahr Deutscher Fußballmeister wird?"
Einschätzung bedingter Wahrscheinlichkeiten	„Stell dir vor, der SC Freiburg wird nächstes Jahr Deutscher Meister; wäre das gut oder schlecht für den Deutschen Fußball?"
Kontrafaktisches Denken	„Wie wäre die Leistungsentwicklung von Stefan Effenberg gewesen, wäre er nicht nach Wolfsburg gewechselt?"
Überprüfung der Ursächlichkeit	„Hätte die Nationalmannschaft auch ohne Kahn im Finale der WM gestanden?"

Sie zählen es zu den Simulationsheuristiken, die eine Variante der so genannten Urteilsheuristiken (siehe Kasten) sind. Mit Simulationsheuristiken sind im Allgemeinen kognitive Muster gemeint, die Personen helfen, neuartige

Gedanken zu entwickeln. In Tabelle 6 sind einige Simulationsheuristiken aufgeführt, die Kahneman und Tversky (1982) beschreiben.

Ähnlich wie bei den Attributionen gibt es auch verschiedene Dimensionen
kontrafaktischer Gedanken. Erstens sind sie unterscheidbar nach dem Aspekt
additiv und *subtraktiv*.

Additive Kontrafakten („Hätte ich mich intensiver vorbereitet, wäre das
Spiel besser gelaufen") zeichnen sich dadurch aus, dass zusätzliche Bedingungen benannt werden, die tatsächlich nicht vorhanden waren.

In subtraktiven Kontrafakten werden die Bedingungen, die zu einem bestimmten Ergebnis geführt haben, weggenommen und dann das Ergebnis si-
muliert („Hätte ich weniger gefaulenzt, wäre das Spiel besser gelaufen").

Es zeigt sich, dass nach Niederlagen vermehrt additive statt subtraktive
kontrafaktische Gedanken vorkommen. Roese (1994) fand beispielsweise,
dass Probanden, die additive kontrafaktische Gedanken produzierten, in einem
wieteren Durchgang einer Aufgabe bessere Leistungen erzielten als Probanden, die subtraktive Kontrafakten äußerten.

Die zweite Dimension betont die *Referenz* mit der Unterteilung selbst-
und fremdbezogener Gedanken. Wie Attributionen werden auch Kontrafakten
danach unterschieden, ob sie sich auf den Sportler selbst („Wenn ich nicht so
gut aufgeschlagen hätte, hätten wir das Tennisdoppel verloren") oder andere(s)
(„Wenn mein Partner nicht so schlecht aufgeschlagen hätte, hätten wir das
Tennisdoppel gewonnen") beziehen. Personen ändern meist selbstbezogene
Faktoren, wenn sie Erfolge, und fremdbezogene Faktoren, wenn sie Misserfolge mental ungeschehen machen (Roese & Olson, 1993)

Die dritte Dimension betrifft die *Gerichtetheit* kontrafaktischer Gedanken.
Sie können zum einen aufwärtsgerichtet (*upward counterfactuals*: „Hätte ich
mehr trainiert, wäre ich Olympiasieger geworden") und zum anderen abwärts-
gerichtet sein (*downwards counterfactuals*: „Hätte ich weniger trainiert, wäre
ich nicht noch Bronzemedaillengewinner geworden").

Aufwärtsgerichtete und abwärtsgerichtete Kontrafakten besitzen eine affektive Funktion. So kommt es nach aufwärtsgerichteten Kontrafakten eher zu
negativen Gefühlen wie deprimierter oder trauriger Stimmung.

„Upwards"-Kontrafakten gehen allerdings mit dem Versuch einher, Verhalten in der Zukunft zu verändern bzw. die Leistung zukünftig zu steigern.
Nach abwärtsgerichteten Kontrafakten entstehen dagegen positive Gefühle
wie Freude und gehobene Stimmung.

Sie dienen dabei eher der Selbstwerterhaltung bzw. -steigerung. Roese
(1994) konnte zeigen, dass Personen, die angeregt wurden, mehr aufwärtsgerichtete Kontrafakten zu generieren, häufiger von negativen Affekten berich-

ten, während Personen mit häufigeren abwärtsgerichteten Kontrafakten eher positive Affekte beschreiben.

Wegen der (theoretischen) Ähnlichkeit kontrafaktischer Gedanken mit attributionalen Kognitionen sind bislang auch die Studien und Ergebnisse zu den auslösenden Bedingungen kontrafaktischen Denkens an Untersuchungen angelehnt, die im Rahmen der Attributionsforschung durchgeführt wurden. So werden auch hier besonders nach erwartungswidrigen und negativen Resultaten kontrafaktische Gedanken gebildet.

Im sportrelevanten Kontext gibt es bislang noch wenige Studien. Möller und Strauß (1997b) konnten in einem sportrelevanten Szenario (ein Tennisspiel) zeigen, dass wegen der leichteren Verfügbarkeit Kontrafakten eher nach Erfolgen gebildet werden und Attributionen eher nach Misserfolgen.

Roese und Maniar (1997) belegen, dass Sportzuschauer von Footballspielen, die nach dem Spiel zu kontrafaktischem Denken angeregt wurden, auch einen größeren „hindsight bias" zeigten (also eine größere Tendenz, ein bestimmtes Ergebnis *schon immer* vorhergesagt zu haben).

Die vielleicht bekannteste Untersuchung im Sportbereich betrifft die Kontrafakten von Medaillengewinnern bei Olympischen Spielen (Medvec, Madey & Gilovich, 1995; vgl. zur Kritik aber auch Strauß, 2000). Sie fanden, dass olympische Bronzemedaillengewinner glücklicher aussehen als die Silbermedaillengewinner, jedenfalls kurz nach dem Wettbewerb und auf dem Siegerpodest. Dies ist ziemlich überraschend, schließlich haben Silbermedaillengewinner eine bessere Leistung als Bronzemedaillengewinner erbracht.

Medvec et al. (1995) begründen ihr Resultat mit den kontrafaktischen Gedanken der Medaillengewinner, die Einfluss auf ihre affektiven Reaktionen hätten. Die Begründung ist folgende:

Wie oben berichtet, werden affektive Reaktionen durch kontrafaktische Gedanken beeinflusst. Die Autoren nehmen daraufhin an, dass Silbermedaillengewinner eher *upward counterfactuals* bilden, die sich auf den Vergleich mit dem Goldmedaillengewinner beziehen: Der Silbermedaillengewinner war nur einen Schritt von einem neuen gewünschten Status entfernt. Der Bronzemedaillengewinner sollte sich eher mit dem vierten Platz vergleichen als mit dem Silbermedaillengewinner und damit eher *downwards counterfactuals* bilden: Mit der Bronzemedaille hat man gerade noch eine Medaille gewonnen.

So hat man denn die Wahl: Glücklich aber weniger erfolgreich oder ein bisschen erfolgreicher, dafür aber deprimierter. Nur die Olympiasieger bekommen alles: Erfolg und positive Stimmung (Strauß, 2000). Na ja: The winner takes it all.

Stichwort: Urteilsheuristiken

Begriff: Heuristiken bezeichnen vereinfachende Problemlöseroutinen. Der Begriff stammt von dem alten griechischen Wort *heureka* („Ich habs").

Bedeutung: Auf schnelle Art und Weise wird versucht, zu einer Lösung zu gelangen. Dies vereinfacht zum einen die Informationsverarbeitung, zum anderen können Heuristiken aber zu größeren Fehlern führen. Kahneman und Tversky (1982) haben vier Heuristiken unterschieden, die Menschen anwenden, um zu Urteilen zu gelangen. Übrigens: *Daniel Kahneman* hat im Jahre 2002 als erster Psychologe überhaupt für diese und viele anderer seiner Ideen den Nobelpreis für Wirtschaftswissenschaften erhalten.

Verfügbarkeitsheuristik: Wenn Informationen verfügbarer sind als andere, werden diese auch eher das Urteil beeinflussen. Z. B. werden Menschen die Wahrscheinlichkeit eines Flugzeugabsturzes höher einschätzen, wenn Medien verstärkt über einen zurzeit stattgefundenen Absturz berichten.

Repräsentationsheuristik: Personen und Objekte werden bestimmten Kategorien aufgrund ihrer Merkmale zugeordnet, wobei diese Zuordnung auf Grund oberflächlicher semantischer Zuordnungen geschieht. So wird eine unbekannte Person, die als aggressiv beschrieben wird, eher als Boxer denn als Lehrer eingeordnet, obwohl es mehr Lehrer als Boxer gibt, die Person also eher ein Lehrer sein dürfte.

Ankerheuristik: Urteile werden häufig in die Richtung eines vorgegebenen Ankers bzw. Standards abgegeben. Z. B. wenn Sie in einem Fragebogen zuerst gefragt werden, ob Sie ein Sportler sind, und danach Ihre Aktivitäten auflisten müssen, wird diese Beantwortung anders ausfallen, als wenn Sie zuerst die Aktivitäten aufführen müssen und dann beurteilen sollen, ob Sie ein Sportler sind.

Simulationsheuristik: Hier werden mentale Simulationen von realen Begebenheiten vorgenommen. Bekanntestes Beispiel einer Simulationsheuristik ist das kontrafaktische Denken (vgl. Tabelle 6).

Wichtige Literatur

Gigerenzer, G., Todd, P. M. & ABC Research Group (1999). *Simple heuristics that make us smart.* New York: Oxford University Press.

Kahneman, D., Slovic, P. & Tversky, A. (1982). *Judgment under uncertainity: Heuristics and biases.* Cambridge, UK: Cambridge University Press.

4. Ich mag Dich - Ich mag Dich nicht - Ich mag Dich ...

Der Deutsche Sportbund wirbt seit vielen Jahren mit den sozialen Möglichkeiten, die der Sport besonders im Verein bietet. Wir hatten im zweiten Kapitel schon darüber berichtet. Sporttreiben, gemeinsam mit anderen Personen, soll Freundschaften stiften. Und Freundschaften wiederum scheinen für die meisten Menschen wesentlich zu sein. Was passiert eigentlich, wenn Individuen eine regelmäßige Beziehung zu anderen Personen aufbauen; welche Voraussetzungen müssen gegeben sein, damit die Beziehung hält?

Menschen sind sozial orientierte Wesen, die bemüht sind, über soziale Interaktionen tiefere Beziehungen zu anderen Menschen aufzubauen. Zu diesem Zweck schließen sie sich beispielsweise einem Verein an oder besuchen regelmäßig eine Veranstaltung im Hochschulsport.

Wann sprechen wir von sozialen Interaktionen? Reicht es, wenn sich zwei Menschen zufällig im Stadion begegnen und der eine den anderen nach dem Namen eines Athleten fragt? Oder muss mehr dahinter stecken als der Austausch von Höflichkeiten?

Im Allgemeinen wird unter einer *sozialen Interaktion* tatsächlich jegliche Situation gefasst, in der zwei oder mehrere Personen wechselseitig miteinander kommunizieren: So etwa, wenn Person A nach dem Namen eines Spielers fragt und B diesen daraufhin nennt.

Für den Sozialpsychologen Forgas (1994) reicht das aber noch nicht, um von sozialer Interaktion zu sprechen. Er versteht darunter Begegnungen und Gespräche, die eine Mindestdauer aufweisen und in denen über persönliche Inhalte gesprochen wird. Der angedeutete Austausch von Informationen zwischen den Personen A und B wäre allenfalls ein oberflächlicher Sozialkontakt, über den sich dann schrittweise eine „echte Interaktion" entwickeln kann.

Man kommt sich näher, stellt fest, dass man ähnliche Einstellungen teilt, vergleichbare Bedürfnisse hat, und man enthüllt Stück für Stück etwas über sich selbst (z. B. die Vorliebe für italienisches Essen und schwedische Autos; vgl. Levinger & Snoek, 1972). Gegebenenfalls vereinbart man ein erneutes Zusammentreffen und beginnt damit eine soziale Beziehung.

Für Hinde (1992) ist die Regelmäßigkeit der sozialen Interaktion dafür das zentrale Kriterium. Sporttreibende, die sich allwöchentlich zur Gymnastik treffen oder die Mitglieder einer Mannschaft unterhalten in diesem Verständnis eine soziale Beziehung.

4.1   Soziale Beziehungen

Wie für viele andere in der Sozialpsychologie (u. a. Milardo, Johnson & Huston, 1982) ist das aber für unser Verständnis noch nicht hinreichend, um von einer *sozialen Beziehung* zu sprechen. Die Mitglieder einer Sportgruppe stehen – in einem engeren Verständnis – erst dann in einer sozialen Beziehung zueinander, wenn sie sich durch ihr Verhalten, ihre Gedanken, Gefühle und Erwartungen gegenseitig beeinflussen, wenn sie sich nicht nur sympathisch sind, sondern sich v. a. als emotional bedeutsam bewerten (vgl. Berscheid & Peplau, 1983).

Schellenberger (1981) fragte circa 300 jugendliche Leistungssportler nach Bedingungen, die ihre sportliche Leistung beeinflussen. An erster Stelle stehen gute Beziehungen zur Trainerin bzw. zum Trainer, gefolgt vom sozialen Rückhalt in der Familie. Hervorgehoben wurde auch die „gute Atmosphäre in der Sportgruppe".

Das sollten wir uns noch etwas näher anschauen. Denn nicht zuletzt wird behauptet, dass das sportliche Umfeld, sei es nun der Sportverein, der sich in der überwiegenden Mehrheit immer noch als Solidargemeinschaft begreift (vgl. Heinemann & Schubert, 1994) oder das kommerzialisierte Fitnessstudio die Entwicklung von sozialen Beziehungen begünstigen kann. Der Präsident des DSB Manfred von Richthofen formulierte 1995: „Sportvereine bieten gesellige Räume für Lebensfreude, Gesundheit, Demokratie und Solidarität. Hier treffen wir Freunde, hier erleben wir Heimat, hier wissen wir unsere Kinder in guter Hand" (1995, S. 6).

Ob dieses, was der Präsident des DSB für die Sportvereine behauptet, tatsächlich alles zutreffend ist, soll an dieser Stelle nicht weiter untersucht werden. Diese Frage beantworten Studien wie jene von Brettschneider und Kleine (2002) oder Hoffmann (2002).

Wichtig für das vorliegende Kapitel ist es zu klären, ob Sporttreiben günstige Bedingungen für die Aufnahme von sozialen Beziehungen gewährt. Bevor diese Frage geklärt wird, soll erörtert werden, welche Ratschläge man nun Personen geben kann, damit sie vorhandene günstige Bedingungen zum Erfolg nutzen können.

Werfen wir dazu zunächst einen Blick in die so genannte Ratgeberliteratur. Carnegie (1986) hat deutschsprachigen Leserinnen und Lesern in einem Buch mit dem Titel *Wie man Freunde gewinnt* die wesentlichen Tricks verraten:

- Sei freundlich,
- tue so, als ob du sie magst und dich für ihre Belange interessierst,
- signalisiere, dass du ihre Auffassungen teilst,
- lobe sie überschwänglich und erweise dich ihnen gefällig.

Wesentlich älter als die Ratschläge von Dale Carnegie, sind die Empfehlungen die uns Cicero in seinem Werk *Laelius. Über die Freundschaft* vermittelt hat (siehe Faltner, 1993):

- Verlange nur sittlich Gutes von deinen Freunden!
- Sei vorsichtig bei der Wahl deiner Freunde!
- Ziehe neue Freunde nicht den alten vor!
- Meide Übertreibungen!
- Freundschaft kennt keine Rang- und Standesunterschiede!
- Beurteile erst, liebe dann!
- Nie schmeicheln, sondern in Freundschaft mahnen und tadeln!

Vergleicht man beide Ratgeber, dann sind Widersprüche nicht zu übersehen. Während Carnegie etwa eine Strategie empfiehlt, die dem Partner schmeichelt, empfiehlt Cicero demgegenüber mehr Zurückhaltung. Bei der Lösung des Widerspruchs hilft uns die empirische Forschung der Sozialpsychologie.

Zu Beginn einer sozialen Beziehung sind die von Carnegie genannten Verhaltensweisen tatsächlich wirksame Voraussetzungen, um Freundschaften zu schließen.

Levinger und Snoek (1972) sehen mehrere Beziehungsstadien auf einem Kontinuum mit den Polen „gar kein Kontakt" und „Identität der Partner", an dem entlang sich Beziehungen entwickeln. In jedem Stadium des Beziehungskontinuums erleichtern einzelne Variablen den Übergang zum nächsten Stadium. Das Ganze ähnelt einem Hürdenlauf, allerdings nicht mit zehn, sondern im Wesentlichen mit vier „Hürden" (vgl. Aronson, 1994):

- räumliche, soziale und demographische Nähe,
- Einstellungsähnlichkeit,
- komplementäre Bedürfnisse,
- körperliche Attraktivität.

4.1.1 Nähe, Einstellungsähnlichkeit und komplementäre Bedürfnisse

Je näher sich Personen räumlich kommen, desto eher können sie sozial interagieren und verbale wie nonverbale Botschaften austauschen. Der Sportsoziologe Rittner (1985) hat hierauf hingewiesen: Mit seiner Duz-Kultur, mit dem Überwinden von körperlicher Distanz und den ritualisierten Formen des sozialen Umgangs begünstigt Sport die Bildung von sozialen Beziehungen. Soziale Beziehungen werden aber nicht nur von räumlicher, sondern auch von demographischer und sozialer Nähe begünstigt. Das sollten all jene beherzigen, die breitensportliche Aktivität auch dazu nutzen wollen, Kontakte aufzubauen.

Wir werden später noch sehen, dass das typische Setting des Sporttreibens, der Sportverein, in seinem traditionellen Zuschnitt von Sport vergleichsweise homogene Gruppen von Personen anspricht. Menschen mit Ähnlichkeit in sozialer Herkunft, im Status, im Alter und ihrer ethnischen Herkunft ziehen sich stärker an als Personen, die sich in diesen Variablen deutlich unterscheiden.

Das hat ganz entscheidend – aber nicht nur – mit der zweiten und dritten der genannten Sozial-Beziehungshürden, mit den Einstellungen und den Bedürfnissen zu tun: Soziale Milieus, Lebensstil-Gruppen oder Szenen sind zwar in modernen Gesellschaften nicht mehr alleine durch traditionelle, hierarchisch geordnete Klassenschranken definiert und getrennt. Sie sind aber dennoch häufig durch Alter und Bildungsstand geschieden. In sozialen Milieus herrschen ähnliche Lebensstile vor. Die Mitglieder der Milieus teilen gleiche Mentalitäten. Sie sind einstellungskongruent und bedürfniskomplementär.

Der Kultursoziologe Schulze hat dieses anhand von fünf Erlebnismilieus beschrieben. Milieus sind nach seiner Definition „Personengruppen, die sich durch gruppenspezifische Existenzformen und erhöhte Binnenkommunikation voneinander abheben" (1992, S. 174).

Zuordnungen zu Milieus sind weit stärker als in früheren Zeiten persönliche Wahlen, deren Bedeutung nicht zuletzt in der Absicht liegt, sich von anderen abzugrenzen. Im Zusammenhang mit der sozialen Identität hatten wir bereits den Begriff der Distinktion erwähnt, der dafür verwendet wird. Will man sich einem Milieu zuordnen, so muss man dessen Symbole und Zeichen entschlüsseln. Evidente (d. h. leicht wahrnehmbare) und signifikante (d. h. bedeutsame) Zeichen sind nach Schulze das Alter und die Bildung, daneben noch der Lebensstil.

Empirisches Material zeigt, dass Alltagsästhetik mit dem Alter wandert und mit der Bildung variiert. Wir alle teilen – zumindest im Groben – die Vorlieben und Bedürfnisse unserer Generation und unserer Bildungsklasse. Alter und Bildung sind bedeutsame Indizien, die uns veranlassen, den anderen interessant zu finden. Nun soll keineswegs unterstellt werden, Personen gleichen Alters und mit gleichem Bildungsgrad wiesen immer auch identische

Einstellungen auf, und sie strebten danach, identische Bedürfnisse zu befriedigen. Eine Vorbestimmtheit ist das sicherlich nicht, gleichwohl ist es wahrscheinlich.

Dabei geht es nicht um die Einstellungen zu Parteien oder zu vegetarischer Ernährung. Es geht auch nicht um Bedürfnisse wie Leistung oder nach sozialer Anerkennung. Vielmehr geht es um Alltagsorientierungen wie Ordnung, Ruhe und Harmonie auf der einen, Spannung, Risiko und Abwechslung auf der anderen Seite.

Costa, McCrae und Arenberg (1980) konnten zeigen, dass derartige Orientierungen im Lebenslauf erstaunlich stabil bleiben, und dass sie durch die Alterskohorte beeinflusst werden. Für das *Sensation-Seeking-Motiv*, das Risikoverhalten im Sport erklären kann, gibt es Belege, dass dessen Stärke mit dem Alter abnimmt (vgl. zu sensation-seeking Cohen, 1982; Zuckerman, 1983; zur Sportpartizipation siehe u. a. Rowland, Franken & Harrison, 1986).

Jugendliche etwa sind im Durchschnitt risikobereiter als ältere Menschen. Sie hören meistens auch die aus ihrer Sicht „fetzigere" und lautere Musik. Und sie betreiben auch häufiger Sportarten, die Gefühle von Angst-Lust, Schwindel und Geschwindigkeitserleben ausdrücken.

Soziale Beziehungen werden also begünstigt durch räumliche, demographische und soziale Nähe, durch Einstellungsähnlichkeit und Bedürfniskomplementarität.

4.1.2 Körperliche Attraktivität

Näher befassen wollen wir uns noch mit der körperlichen Attraktivität, der letzten Beziehungshürde, die oben genannt wurde. Man mag es gerne ignorieren, aber die empirischen Daten sind erdrückend (z. B. Henss, 1992): Es ist das Aussehen, die körperliche Attraktivität, die in einem frühen Stadium sozialer Beziehungen über die Aufnahme einer sozialen Beziehung entscheidet.

Was als körperlich attraktiv zu gelten hat, das ist sowohl historisch bedingt, hängt ab von Wertorientierungen sozialer Gruppen und Milieus, als auch von individuellen Geschmacksvorlieben. Der historische Wandel von Attraktivitätsmerkmalen lässt sich in der bildenden Kunst und in der Malerei beobachten.

Von der *Klassik* bis zur *Avantgarde* wandeln sich die Formen und Gestalten. Im Gegensatz zum zeitgenössischen Schlankheitsideal waren v. a. im Barock (1590-1720) Frauenakte üppig proportioniert.

Trotz persönlicher Vorlieben gelten in Gesellschaften also implizite Attraktivitätsnormen als verbindlich. Mit anderen Worten, es existiert ein „stilles Diktat" äußerlicher Erscheinung, mit dem Fitnessstudios ebenso werben wie Diätangebote und Beauty-Farmen. Attraktives Aussehen ist inzwischen nicht mehr nur eine Bedingung der Möglichkeit, die Aufnahme sozialer Beziehungen zu erleichtern; es ist zu einem Erfolgs- und Leistungsfaktor geworden. Die Gestaltung des Körpers beschäftigt mittlerweile vor allem Angehörige der Mittelschicht, mit der Konsequenz, dass zwar viele am sozial vermittelten Ideal scheitern, die Fitness- und Beauty-Branche aber prosperiert. In Jugendstudien, die sich mit dem Selbstkonzept von Jungen und Mädchen befassen, treten darüber hinaus einige bemerkenswerte Unterschiede zu Tage (z. B. Fuchs, 1989; Hartmann-Tews, 1991; Mrazek & Hartmann, 1989; zusammenfassend Menze-Sonneck, 1998).

Für Jungen ist die körperliche Leistungsfähigkeit eine zentrale Komponente ihres Körperkonzepts. Für Mädchen ist dieses weniger die Leistungsfähigkeit, sondern eher das Aussehen. Sie achten demnach auch stärker als diese auf ihr Äußeres und tun auch mehr dafür, dem (vermeintlichen) Ideal zu entsprechen. In Folge dieser differenten Gewichtung dominieren bei Jungen und Mädchen auch unterschiedliche Bewegungs- und Sportpraktiken. Verkürzt gesagt wird derjenige Sport aufgesucht, der am ehesten verspricht, die Erwartungen im Hinblick auf die Leistungsfähigkeit beziehungsweise das Äußere zu befriedigen. Wir kommen später in diesem Buch noch einmal auf sozial differente Bevorzugung von Bewegungsformen zurück.

Hier soll zunächst behandelt werden, wie sich die beobachtbare Betonung des Körpers erklären lässt. Durch die sozialpsychologisch fundierte Erkenntnis, dass Attraktivität soziale Beziehungen erleichtert, ist Körperorientierung ja noch nicht ausreichend erklärbar.

Erkenntnisse, die in der so genannten *social-cognition-Forschung* der Sozialpsychologie unter dem Etikett der *Personwahrnehmung* behandelt werden, können Hinweise geben.

Eine Erklärung liefern *Kontexteffekte*, die aus Theorien stammen, die sich mit dem Streben nach einer zufrieden stellenden Selbstdefinition befassen (siehe dazu das Kapitel 1 zur Identität).

Ein Kontexteffekt ist der *Hof-* oder *Halo-Effekt*. Er stellt eine von mehreren Verzerrungen dar, denen man oft unterliegt, wenn man sich einen Eindruck von anderen Personen bildet: Hat man einer Person einmal eine gute Eigenschaft zuerkannt, dann neigt man dazu, auch andere Merkmale der Person positiv zu beurteilen. Was als erstes an Personen wahrgenommen wird, das ist ihr Äußeres. Ist dieses attraktiv, dann steigt die Wahrscheinlichkeit, dass diese Person auch als intelligent, sozial kompetent, erfolgreich, gutmütig, hilfsbereit angesehen wird (vgl. Aronson, 1994). Man vertraut ihr sogar mehr als einer unattraktiven Person, was sich wiederum die Werbung zu Nutze macht.

In der einschlägigen Literatur ist zusammengetragen, welche Eigenschaften physisch attraktiven Personen zugeschrieben werden und wie sie davon profitieren: Sie gelten als sensibler, freundlicher, warmherziger, interessanter, stärker, entgegenkommender, bescheidener, geselliger und kompetenter. Man unterstellt ihnen einen positiven Charakter. Man gibt ihnen die besseren Arbeitsstellen, sie erhalten mehr Prestige und haben – infolge davon – das erfülltere Leben. Beim Hofeffekt beeinflusst also der Kontext, in dem wir unser Urteil fällen, das Gesamturteil erheblich.

Ein anderes Beispiel eines Kontexteffektes ist die *Assimilation*. Vereinfacht ausgedrückt: In der Nähe attraktiver oder prominenter Personen, erscheint auch die eigene Person attraktiver und prominenter (*boosting*). Das gilt im Falle der Attraktivität allerdings nur solange, wie der kontrastierende Attraktivitätsreiz nicht extrem ausfällt: Neben der „Supermaus" erscheinen selbst überdurchschnittlich attraktive „Mäuse" nur noch als graue „Mäuse". Man spricht in diesen Fällen vom *Kontrasteffekt* (vgl. dazu u. a. Schwarz & Bless, 1992).

Der amerikanische Sozialpsychologe *Robert Cialdini* verweist auf den Schriftsteller *Isaac Asimov* (1975), der schrieb „...und beweisen will man, dass man selbst besser ist als der andere. Wen auch immer man anfeuert, er steht letztlich für einen selbst; und wenn er gewinnt, gewinnt man selbst" (zit. nach Cialdini, 1997, S. 232).

Man spricht auch vom BIRGing-Phänomen. BIRG ist ein Akronym und steht für „*Basking-In-Reflected-Glory*" und stammt ebenfalls ursprünglich von Cialdini (Cialdini, Borden, Thorne, Walker, Freeman & Sloan, 1976). Hat die von den Fans verehrte Mannschaft oder der verehrte Sportler gewonnen, dann sonnen sich deren Anhänger im Lichte dieses Erfolges, und sie zeigen ihrer sozialen Umgebung, dass auch sie zu den Gewinnern gehören. BIRGing ist eine Selbstdarstellungsmöglichkeit. Wir haben darauf bereits im Kapitel 1 an der entsprechenden Stelle kurz hingewiesen. Und da es eine entscheidende Selbstdarstellungsmöglichkeit von Zuschauern ist, werden wir ganz ausführlich auch im Kapitel 10 darauf eingehen. Hier sei nur ein kleines illustrierendes Beispiel angeführt.

Einer unserer Kollegen erzählte uns die amüsante Geschichte eines Besuches eines Fußballspiels des VfB Stuttgart und des Hamburger Sportvereins (HSV) in der Saison 1997/98. Dieser Kollege, selbst kein ausgesprochener

Fußballfan, machte im Daimler-Stadion die Bekanntschaft eines neben ihm sitzenden Anhängers des HSV, der dieses zunächst nicht durch äußere Abzeichen zu erkennen gab. Wider Erwartungen zeigte sich der HSV den zu dieser Zeit stark spielenden Stuttgartern ebenbürtig und erzielte in der 19. Minute durch den Spieler *Schnoor* den Ausgleich zum 1:1. Daraufhin krempelte der Nachbar unseres Kollegen seine Hosenbeine hoch: Zum Vorschein kamen Kniestrümpfe in den Vereinsfarben des HSV.

Der HSV hat die Begegnung schließlich unglücklich mit 2:1 verloren, und uns ist nicht übermittelt, ob die Hosenbeine daraufhin wieder „abgewickelt" oder die Strümpfe gar ausgezogen wurden. Die Anekdote ist aber ein schönes Beispiel für das Bemühen, die eigene Person durch die Leistung der Eigengruppe positiv erscheinen zu lassen.

Sportliche Ereignisse lassen sich also zum Kontexteffekt nutzen. Will man Verzerrungseffekte wie die beschriebenen Kontexteffekte zum eigenen Vorteil nutzen, dann benötigt man Wissen über Prozesse der sozialen Informationsverarbeitung (zusammenfassend Felser, 1997) und der Eindruckssteuerung (Forgas, 1994). Gelingt es, die Erkenntnisse erfolgreich im Alltag zu verwerten, dann steigert das auch das Selbstwertgefühl. Man kann nämlich die Liste von Eigenschaften der als attraktiv geltenden Personen erweitern: Sie zeigen in sozialen Situationen ein selbstsicheres Auftreten, was sich wiederum auszahlt bei Wahlen, bei Bewerbungen und in Situationen, in denen sie Hilfe benötigen.

Dass sich Kontrasteffekte auch negativ auswirken können, wird im *Pygmalion-Effekt* deutlich. Pygmalion war nach *Ovids* Darstellung König von Kypros. Er verliebte sich in ein von ihm selbst geschaffenes Standbild einer Jungfrau. Und was im richtigen Leben nicht klappt, das konnte in der Mythologie durch Götterhilfe Wirklichkeit werden. Aphrodite half Pygmalion aus seiner Liebespein. Sie erweckte die Jungfrau zum Leben und wenn König und Jungfrau nicht verstorben sind, dann geschehen Dinge, die wir der Phantasie der Leser und Leserinnen überlassen.

Die klassische Studie zum Pygmalion-Effekt stammt von Rosenthal und Jacobson (1968). Sie zeigten, dass Schüler ihre intellektuellen Leistungen steigerten, wenn Lehrer es von ihnen erwarteten (vgl. Kapitel 10; Kasten *self-fullfilling-prophecy*).

Auf unangenehme Weise wird Pygmalions Traum aber auch im sportlichen Kontext Wirklichkeit. In einer Studie von Rejeski, Darracott und Hutslar (1979) wurde untersucht, ob sich vorgefasste Leistungserwartungen an Basketball-Jugendspieler auf die Art und Weise auswirken, wie sich Coaches im Training gegenüber den Spielern verhalten. Werden Jugendliche als weniger leistungsstark vor bewertet, dann werden sie stärker kritisiert und weniger gelobt als Spieler, von denen höhere Leistungen erwartet werden (siehe auch Alfermann, 1993; Treutlein, Janalik & Hanke, 1989).

Stichwort: Personwahrnehmung

Begriff. Ein in der *social cognition*-Forschung der Sozialpsychologie gebräuchlicher Begriff, der die Wahrnehmung der eigenen und anderer Personen betrifft. Im Zentrum stehen die personale und die soziale Identität.

Bedeutung. Die Art und Weise, wie wir andere Personen beschreiben, verrät oft mehr über unsere Einstellungen zu dieser Person, denn über die tatsächlichen Eigenschaften dieser Person. Unsere Beschreibungen werden von Erwartungen geleitet, die sich zu *impliziten Theorien* über die Persönlichkeit verdichten.

Diese Theorien enthalten schließlich unser gesammeltes Wissen über Menschen, unsere Hypothesen, wie Menschen sich verhalten werden. Wir verknüpfen bei der Beobachtung und Beschreibung anderer Personen einzelne beobachtbare Merkmale mit nicht beobachtbaren Eigenschaften, die wir dann den Personen zuschreiben. Personenwahrnehmung unterliegt vielerlei Verzerrungen, von denen der *Hof-Effekt* und die *Stereotypisierung* die Wesentlichen sind.

Die Auswirkungen derartiger Fehleinschätzungen können gerade im pädagogischen Kontext zu fatalen Konsequenzen führen. Der aus der griechischen Mythologie abgeleitete *Pygmalion-Effekt* steht beispielsweise für die Tat-sache, dass unsere Zuschreibungen unser Verhalten in eine definierte Rich-tung lenken.

Halten wir jemanden auf Grund äußerer Merkmale für sportlich unbegabt, dann könnte es auch sein, dass wir die betreffende Person so behandeln, dass sie sich nach einiger Zeit tatsächlich erwartungskonform verhält.

Wichtige Literatur
Forgas, J. P. (1994). *Soziale Interaktion und Kommunikation*. Weinheim: PVU.
Kelly, G. (1955). *The psychology of personal constructs*. New York: Norton

Fassen wir zusammen: Körperliche Attraktivität ist in unserer Gesellschaft, in der es – nach Auffassung von Individualisierungstheoretikern – entscheidend darauf ankommt, die richtigen sozialen Milieus zu wählen, um seine Chancen zu nutzen, eine öffentliche und weitgehend positiv bewertete Eigenschaft. Sie erfährt zurzeit in den meisten sozialen Gruppen und Milieus eine Wertschätzung, die den Einzelnen „bewegt", sich in „Form zu halten" (siehe dazu bereits Boltanski, 1976; Heinemann, 1999; Liebau, 1989).

Die positiven Wirkungen eines attraktiven Äußeren erklären die gestiegene Nachfrage nach Mitteln und Methoden zur Annäherung der individuellen Körpergestalt an das derzeit geltende soziale Ideal: schlank, fit und jugendlich. Angemerkt sei an dieser Stelle, dass der Umgang mit diesem Ideal Einflüssen vertikaler sozialer Stratifizierung unterliegt, worauf wir im Kapitel 8 zur sozialen Ungleichheit noch eingehen werden.

Merkmale, die soziale Beziehungen wahrscheinlicher machen, sind also geographische, demographische und soziale Nähe, Bedürfniskomplementarität und Einstellungskongruenz sowie körperliche Attraktivität. Sind alle diese Beziehungshürden überwunden, kann aus einer anfänglichen sozialen Interaktion schrittweise eine intensive soziale Beziehung entstehen, eine dauerhafte Verpflichtung wie wir sie unter Liebespaaren, Ehepaaren und besten Freunden kennen. Eine Beziehung aufgebaut zu haben, bedeutet aber noch nicht, sie auch dauerhaft zu stabilisieren. Davon zeugen u. a. die zunehmenden Scheidungsraten in Deutschland. Fast jede dritte Ehe wird inzwischen geschieden. Auch Sportfreundschaften werden nicht unbedingt auf Dauer geschlossen. Bei genauerer Betrachtung herrscht in Sportgruppen in aller Regel ein gehöriges Maß an Fluktuation.

Was also trägt dazu bei, dass man seine (beispielsweise) im Sport gewonnenen Freunde behält? *Austauschtheorien* liefern hierzu Hinweise.

4.2 Austauschtheorien

Austauschtheorien haben gemeinsam, dass sie eine ökonomische Argumentation bevorzugen und in ihnen Begriffe wie *Gerechtigkeit* und *Fairness* auftauchen.

Die Grundlage liefern Thibaut und Kelley (1959; siehe auch Kelley & Thibaut, 1978) mit ihrer Annahme, dass Personen nur dann in einer Beziehung bleiben, wenn sich dies auch lohnt, wenn sie also im Vergleich zu alternativen Verhältnissen einen Gewinn aus der Beziehung schöpfen.

In später modifizierten Annahmen der Theorie und in der von Hatfield, Utne und Traupmann (1979) vorgelegten *Equity-Theorie* steht der Wettbewerbsaspekt nicht mehr im Vordergrund. Die Partner streben hier vielmehr an, dass sich die Beziehung auch für den jeweils anderen Partner als lohnend erweisen soll.

Man kann abstrakt formulieren, dass eine soziale Beziehung bestehen bleibt, wenn beide Partner Interaktionsprodukte austauschen und dabei das Gefühl haben, dass die Relation zwischen dem erzielten Nutzen und den aufgewendeten Kosten jener Relation entspricht, die auch die Sozialpartner erreichen. Die auszutauschenden Interaktionsprodukte können materieller und symbolischer Art sein, eher konkret oder eher abstrakt, und sie können genereller und spezifischer Art sein.

Status etwa ist ein Produkt, das eher abstrakt, eher symbolisch und insofern spezifisch ist, als es an eine bestimmte Person gebunden ist. *Güter*, ein anderes Interaktionsprodukt sind demgegenüber materiell, konkret und eher generell denn spezifisch.

Weitere Interaktionsprodukte sind *Liebe, Informationen, Unterstützungen* und *Geld*. Nicht alle Produkte lassen sich als äquivalent im Austauschprozess betrachten. So lässt sich Geld nicht gegen Liebe tauschen. Selbst die Filmindustrie titelt in diesem Falle „Ein unmoralisches Angebot", wenn *Robert Redford* als John Gage eine Million Dollar für eine Liebesnacht mit der Hollywood-Schönen *Demi Moore* alias Diane Murphy bietet.

Gewinnt einer der Interaktionspartner den Eindruck, die Entlohnung sei im Vergleich zu der des Partners oder der Partnerin unangemessen, wird er prüfen, ob aus einer alternativen Beziehung mehr Nutzen zu ziehen ist. Bejaht er dies, so kann dieses das Ende der Beziehung bedeuten.

Bis zum endgültigen Bruch gibt es selbstverständlich noch einige Varianten. Eine davon wäre, die Unzufriedenheit zu äußern und damit den Versuch zu unternehmen, etwas zum Positiven zu verändern. Eine andere Variante besteht darin, abzuwarten in der Hoffnung, dass sich die Situation von selbst bessert. Die dritte Variante besteht schließlich darin, den Partner und die Beziehungsprobleme zu ignorieren, aus Loyalität die Dinge aber einfach weiterlaufen zu lassen.

Welche Variante am ehesten gewählt wird, hängt von mehreren Faktoren ab, die im Zusammenhang mit dem Phänomen des *Commitment* später in Kapitel 7 erläutern werden.

Im Sport, insbesondere im Profi-Sport, ist es aber nun gar nicht mal so ohne weiteres möglich, Beziehungen einfach aufzukündigen. Einmal geschlossene Verträge sind einzuhalten. Hier stellt sich dann die Frage, wie sich Unzufriedenheit mit der Beziehung auf die Leistung auswirkt. Aus der amerikanischen professionellen Baseballliga sind ältere Studien bekannt, die den *Equity-Effekt* auf die Leistung überprüft haben.

Lord und Hohenfield (1979) beobachteten 23 Spieler während der Saison 1976. Diese Spieler waren ohne Vertrag und wurden in der laufenden Saison schlechter bezahlt als in der vorangegangenen Saison. Im Vergleich zu den anderen Spielern ihrer Mannschaften mussten sie sich also unbillig behandelt fühlen.

In einem Teil der für das Baseball-Spiel typischen Leistungsvariablen (batting-average, home-runs, runs-batted) zeigten die Spieler mindere Leistungen. In den *runs-scored* bleiben die Leistungen dagegen konstant.

Ähnliche Befunde berichtet Harder (1991). Er untersuchte das Verhalten der so genannten *free agents*. Das sind Spieler, die sich auf die Liste der Spielereinkäufer setzen lassen, um für die kommende Saison lukrative Verträge zu schließen. In Erwartung der besser dotierten Verträge, mussten sich diese Spieler in der laufenden Saison also unter Wert oder ungerecht entlohnt sehen. Passen sie also ihre Leistung entsprechend an, spielen sie also schwächer? Sie tun dies, aber nur in jenen Leistungsvariablen, die für einen folgenden Vertragsabschluss weniger wesentlich sind. In den *home-runs*, die entscheidend für die Vertragsbedingungen sind, lassen sie dagegen nicht nach.

Als Quintessenz aus diesen Studien lässt sich formulieren, dass es nicht darum geht, alle Spieler identisch zu entlohnen, sondern vielmehr darum, eine Form zu finden, die dem Einzelnen das Gefühl vermittelt, dass er im Vergleich zu den anderen Spielern angemessen entlohnt wird.

Johns, Lindner und Wolko (1990) wenden Austauschtheorien auf das Problem des frühzeitigen Karriereabbruchs von Turnerinnen an. Die befragten 76 ehemaligen Sportlerinnen nannten als wesentliche Gründe für den Karriereabbruch die zeitliche Beanspruchung, Verletzungen, abnehmendes Interesse am Turnen und Einschränkungen, die durch das Verhalten der Trainerinnen und Trainer bedingt waren.

Gleichzeitig äußerten sie auch, dass sie ihren Sport geschätzt hätten, aber – bei einer verletzungsbedingten Unterbrechung ihrer Karriere – feststellen mussten, dass die so gewonnene Zeit ihnen bislang nicht gekannte Möglichkeiten bot, neue Hobbys zu entdecken oder einkaufen zu gehen.

Die Attraktivität dieser Alternativen erweist sich schließlich als der wesentliche Faktor, um den Karriereabbruch zu erklären. Zur Karriereentwicklung im Leistungssport und zur Rolle der Eltern und der Trainer kann bei Alfermann, Würth und Saborowski (2002) und Würth (2002) weiter gelesen werden.

Eine Studie aus der jüngeren Zeit, die sich mit dem Breitensport befasst, stammt von Wilhelm (1999). Die Fragestellung dieser Studie lautete: Lässt sich das Engagement für eine selbstorganisierte Sportgruppe (Volleyball-

Hobbymannschaften) aus der persönlichen Kosten-Nutzen-Bilanz vorhersagen. Als Kosten gelten die Mühen und Belastungen (z. B. Zeitaufwand), als Nutzen die persönlichen Vorteile, welche die einzelnen Sportler aus dem Sporttreiben ziehen. Die Ergebnisse der Studie zeigen zunächst einmal höhere Durchschnittskosten als Durchschnittsnutzen.

Beide, Kosten als auch Nutzen, wirken sich aber nicht auf das Engagement in der Gruppe aus. Erst die persönliche Kosten-Nutzen-Bilanz macht auf die Kosten aufmerksam, macht sie salient. Wenn eine Person etwa die Aussage „ich müsste für meine Leistung mehr Anerkennung erfahren, als ich bekomme" zutreffend findet, dann nimmt diese Person die Kosten, die mit der Gruppenmitgliedschaft verbunden sind, eher wahr.

Letztlich, so lässt sich mit Forgas (1994) festhalten, lassen sich intensive soziale Beziehungen nur dann beständig gestalten, wenn sich die Interaktionspartner dauerhaft bemühen, sich anzupassen und dafür zu sorgen, dass sich der jeweils andere gerecht „entlohnt" sieht. Auf den Gedanken, eine Kosten-Nutzen-Bilanz zu ziehen, kommt man solange nicht, wie man mit der Beziehung zufrieden ist.

5. Elf Freunde müsst ihr sein?!

Wir wollen das Thema der sozialen Interaktionen und Beziehungen in diesem Kapitel vertiefen und gleichzeitig aus einer anderen Sicht betrachten, nämlich aus der Sicht der Gruppenforschung und uns mit dem Gebilde *Gruppe* näher befassen.

Beeinflusst durch die Geschehnisse während des Naziregimes befasste sich der deutsche Psychologe *Kurt Lewin* (1948) mit der Dynamik von Gruppen und Gruppenprozessen. Er verstand die *Gruppe* als ein geschlossenes, eigenständiges Gebilde.

Eine Gruppe ist eine Ansammlung von mindestens zwei Personen. Die Mitglieder einer Gruppe besitzen ein gewisses Mindestmaß an wechselseitiger Abhängigkeit. Jedes Mitglied einer Gruppe ist sich bewusst, dass es weitere Mitglieder gibt. Zwischen den Mitgliedern gibt es soziale Interaktionen beziehungsweise Beziehungen, die allerdings auch ganz rudimentär entwickelt sein können wie zum Beispiel eine Chatgruppe im Internet.

Kurzum: Gruppen verfügen über eine eigene Qualität und Dynamik (Carron & Hausenblas, 1998), so dass es sich lohnt, darüber ein eigenes Kapitel zu schreiben.

5.1 Gruppenbildung

Die erste wichtige Frage, die wir behandeln wollen, ist: Wie entstehen eigentlich Gruppen?

Als wichtige, quasi minimale Vorbedingung ist der Selbstkategorisierungsprozess von Personen zu nennen. Wir sind am Beginn dieses Buches schon intensiv darauf eingegangen, nämlich bei der Behandlung der Entwicklung der eigenen Identität (vgl. Kapitel 1).

Erst die Selbstkategorisierung, also der Zuordnungsprozess des Selbst zu einer sozialen Kategorie, ermöglicht die Formation einer Gruppe (Turner, 1985): ich bin Sportler, ich bin Fußballer, ich gehöre zum FC Bayern München usw. Es existiert eine Vielzahl von sozialen Kategorien, die sich in ihrem Abstraktionsgrad erheblich unterscheiden können.

Es bedarf dann allerdings noch etwas mehr, damit sich eine Gruppe bildet. Die wechselseitige Bedürfnisbefriedigung der Mitglieder einer Gruppe – jedes Gruppenmitglied profitiert von der Bildung einer Gruppe –, das Eingehen von sozialen Interaktionen und Beziehungen (und wie einleitend gesagt, seien sie noch so rudimentär) ist essenziell für die Entstehung. Demnach sollte dann auch die wahrgenommene Ähnlichkeit des Einzelnen zu den Charakteristika der Gruppe (z. B. Gleichheit der Ziele) die Gruppenbildung fördern (vgl. Alfermann & Strauß, 2001)

Gruppen verändern und entwickeln sich und durchlaufen dabei mehrere Stadien. Dies stellt der Psychologe Tuckmann (1965) in seinem Phasenmodell dar. Tuckmann (1965) beschreibt fünf Phasen: *forming, storming, norming, performing* und *adjourning.* In Tabelle 7 sind die fünf Phasen näher beschrieben.

Tabelle 7:   Modell der Gruppenbildung nach Tuckmann (1965).

Phasen	*Charakteristika*
Forming *(Formierung)*	• Individuen • situative Unsicherheit • Kennenlernen • soziale Vergleiche werden gezogen • Anlehnung an den Gruppenführer/-leiter
Storming *(Sturm und Drang)*	• Untergruppen bilden sich • Verfolgen individueller Ziele • Konflikte zwischen den Spielern • Konflikte zwischen Leitern und Gruppenmitgliedern
Norming *(Normierung)*	• soziale Einheit bildet sich • Verfolgen gruppenbezogener Ziele • Toleranz, Kooperation • Entwicklung von Gruppennormen • Ausprägung eines Wir-Gefühls
Performing *(Aufgabenorientierung)*	• Gruppe besteht • Aufgabenorientierung • Akzeptanz der Rollen • gemeinsame Bewältigungsstrategien • gruppendienliche Attribution
Adjourning *(Auflösung)*	• Abschied wird genommen • Positive oder negative Beurteilung

In der Formierungsphase, also ganz zu Beginn, beschäftigen sich die Grup-penmitglieder mit Fragen der Unsicherheit, sie versuchen sich zurecht zu finden, sich einzuordnen: wie gut spiele ich, wie komme ich mit dem Gruppenleiter, im Sport häufig die Trainerin oder der Trainer, zu Recht usw.

Darauf folgt die Phase des „Sturm und Drangs", in der individuelle Ziele im Vordergrund stehen, in der es zu Auseinandersetzungen mit anderen Spielern oder dem Trainer kommen kann.

In der Normierungsphase, der dritten Phase, werden Gruppenziele ver-folgt, eine Mannschaft – im Sport eine typische Gruppenform – spielt zusam-men, kooperiert, es kann aber immer noch zu Problemen kommen.

Nach Weinberg und Gould (1999) kann die optimale Leistung erst er-bracht werden, wenn die Mannschaft sich in der *Performing*-Phase befindet. Spieler ordnen ihre individuellen Ziele denen der Gruppe unter und darüber hinaus entscheiden sie zum Wohle der Mannschaft, z. B. lassen sie sich aus-wechseln, wenn sie erkennen, dass ein anderer diese Position besser ausfüllen könnte.

Die von Tuckmann (1965) beschriebene letzte Phase „Adjourning", die Grup-penauflösung, ist für Sportmannschaften im Leistungssport häufig nicht relevant, es sei denn, man denkt an Fußballmannschaften, die auf Grund finan-zieller Engpässe aufgelöst werden müssen. Diese Phase ist eher im Freizeit- und Gesundheitssport wichtig.

Allison, Duda und Beuter (1991) haben diesen Gruppenprozess beispiel-haft an einer Gruppe mit weiblichen Gruppenmitgliedern beschrieben, die eine 324 km lange Himalaya Trekking-Tour absolvierte.

Sie finden neben den fünf genannten Stadien – die sie allerdings mit an-deren Etiketten belegen – noch ein weiteres Stadium, das sie als *confrontation* bezeichnen und in dem Gruppenkonflikte offen ausbrechen.

Betrachtet man Freizeit- und Fitnessgruppen, leistungssportorientierte Mann-schaften usw., so werden Gruppen häufig nicht neu gegründet, vielmehr vollzieht sich ein stetiger Wechsel. Einige Mitglieder „steigen aus", verlassen die Gruppe (*drop-out*), andere kommen hinzu. Nicht alle Phasen des Modells werden dann wieder neu durchlaufen. Beispielsweise kann eine neue Spielerin sich zwar mit den bestehenden Normen identifizieren, hat jedoch Schwierig-keiten mit der ihr zugewiesenen Rolle, sie sitzt immer auf der Bank.

Die Gruppe muss sich dann mit Elementen aus der *storming*- als auch *norming*-Phase auseinandersetzen. Die Dynamik in der Gruppenbildung äußert sich darin, dass neue Mitglieder oder andere Faktoren möglicherweise die Struktur der bestehenden Gruppe verändern. Auseinandersetzungen zwischen den unterschiedlichen Parteien, Untergruppenbildungen, Veränderungen in den Normen und Rollenzuteilungen können die Folge sein.

Wichtig am Phasenmodell von Tuckmann (1965) ist, dass Gruppen zur Findung ihrer Identität unterschiedliche Prozesse durchlaufen, die nicht statisch, sondern dynamisch sind. Äußere Faktoren, z. B. Ausscheiden eines Gruppenmitglieds, können eine Mannschaft auseinanderreißen, aufgestellte Verhaltensregeln oder Rollenzuschreibungen in Frage stellen.

5.2 Die sozialen Beziehungen und der Zusammenhalt von Gruppenmitgliedern

Wir wollen nun einen Blick auf das Geschehen innerhalb von Gruppen werfen und uns mit den Beziehungen der Gruppenmitglieder untereinander beschäftigen.

Jakob L. Moreno war einer der ersten Wissenschaftler, der sich mit den Beziehungen von Gruppenmitgliedern intensiv befasste. Moreno war ein in die USA emigrierter österreichischer Psychotherapeut, der in den 1930er Jahren die Methode der *Soziometrie* erfand (1937). Damit konnte er das Ausmaß beurteilen, mit denen Personen einander zugeneigt sind.

Zuncigung zu zeigen ist wesentlich, um soziale Beziehungen aufzubauen. Im Aufbau von sozialen Beziehungen scheint ein menschliches Grundbedürfnis zu existieren, das in älteren Motivationstheorien als *need-of-affiliation* (Murray, 1938) beschrieben wurde.

Der Verhaltensforscher Eibl-Eibesfeld (1998) sieht in sozialen Beziehungen sogar grundständige menschliche Dispositionen. Als soziale Wesen streben wir nach Anschluss an andere Menschen, aber wir fühlen uns nicht von allen Menschen gleichermaßen angezogen. Einige Personen sind uns bereits nach der ersten Begegnung sympathisch und wir sind gerne in deren Nähe. Andere wiederum veranlassen uns noch nach Jahren, die Straßenseite zu wechseln oder uns einer anderen Laufgruppe anzuschließen.

Einmal beruhen solche Sympathien und Antipathien auf Gegenseitigkeit, das andere Mal sind sie einseitig.

Morenos Methode versetzt uns in die Lage, die in einer Gruppe vorhandenen positiven und negativen Beziehungen strukturell zu beschreiben. Sein Verfahren ist elegant und einfach. Man bittet beispielsweise jedes Mitglied einer Gruppe auf einem Blatt Papier anzugeben, mit welchem anderen Mitglied der Mannschaft oder Gruppe man während eines Trainingslagers am

liebsten das Zimmer teilen möchte oder auch gerne außerhalb des Sports zusammen sein will.

Die Präferenzbeziehungen der Mitglieder werden graphisch durch Pfeile
verschiedener Strichstärke verdeutlicht. Ein dicker Strich (——) steht etwa für
eine intensive Bevorzugung der anderen Person, eine dünner Strich (—) für
Sympathie oder Akzeptanz. Sind die Striche an ihren Enden mit Doppelpfeilen
(↔) versehen, dann signalisieren sie eine gegenseitige Beziehung; fehlt ein
Pfeil (→), dann handelt es sich um eine einseitige Beziehung.

Man erhält so einen visuellen Eindruck von der Sozialstruktur der Mannschaft oder Gruppe und von den individuellen Affiliationspräferenzen der
Gruppen- oder Mannschaftsmitglieder.

Allerdings bleibt diese Einschätzung eindimensional und spiegelt deshalb
das tatsächliche Geschehen in einer Gruppe nur eingeschränkt wider.

Die Abbildung 3 zeigt dies an einem fiktiven Beispiel eines – sagen wir –
Schwimmteams, die angeben sollen, neben wem sie gerne auf der Busfahrt
zum Wettkampf sitzen würden.

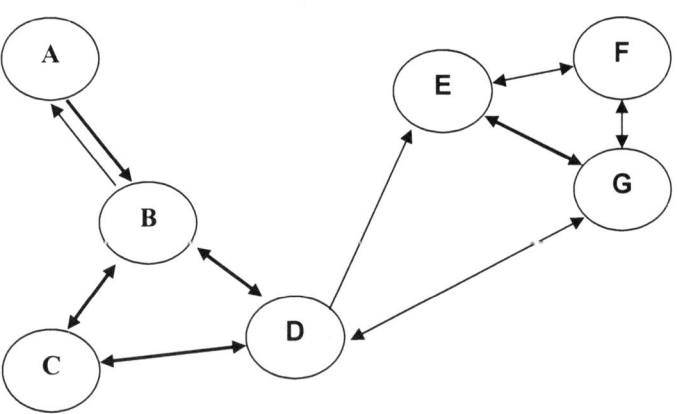

Abbildung 3:   Soziogramm von 7 fiktiven Personen (A – G).

So bestehen zwischen den Teammitgliedern B, C und D intensive wechselseitige Bevorzugungen, ebenfalls zwischen E und G. Das Verhältnis von G
und F als auch von F und E ist zwar wechselseitig, beruht aber „lediglich" auf
Sympathie und Akzeptanz. Zwischen D und E besteht nur ein einseitiges von
Sympathie geprägtes Verhältnis, das von D ausgeht. Ein weiteres Ungleich-
gewicht wird in Abbildung 3 deutlich und zwar zwischen A und B. Während

A die Person B bevorzugt und sonst keinerlei Beziehungen zu anderen Team-mitgliedern hat, verweist der dünne Pfeil von B auf A lediglich auf Akzeptanz. In der Folge von *Moreno* hat es nicht an Vorschlägen gefehlt, dieses einfache Verfahren zu verfeinern und das Ausmaß von Wahl und Ablehnung statistisch zu quantifizieren.

Der Sportpsychologe Eberspächer (1979, 1993) hat die diversen Verfahren detailliert beschrieben.

Eine raffiniertere Technik ist die *Multidimensionale Skalierung* (Jones & Young, 1972). Die Mitglieder einer Gruppe beurteilen einander nicht mehr nur auf einer Dimension, sondern auf mehreren Dimensionen, also *multidimensional*: beispielsweise hinsichtlich ihrer Ähnlichkeit, ihrer Kompetenz, ihrer Kreativität oder anderer für Sportgruppen relevanter Aspekte. In einer komplexen geometrischen Darstellung werden die Beurteilungsdaten in einem mehr-dimensionalen Raum gruppiert und geben so Aufschluss über die Nähe beziehungsweise die Distanz der einzelnen Gruppenmitglieder im Hinblick auf die erfassten Dimensionen.

Die einzelnen Beziehungen zwischen den Gruppenmitgliedern sind wichtig, um die sogenannte *Kohäsion einer Gruppe* zu bestimmen, nämlich den Gruppenzusammenhalt (vgl. z. B. Carron, Widmeyer & Brawley, 1985). Wir wollen an dieser Stelle ein wenig näher darauf eingehen, weil dies ein besonders wichtiges Konzept innerhalb der sportbezogenen Gruppenforschung ist.

Carron et al. (1985) unterscheiden zwei Dimensionen, die Ausdruck des Zusammenhalts einer Gruppe sind: In der ersten Dimension wird zwischen einer *individuellen* und einer *gemeinschaftlichen* Perspektive unterschieden. Die individuelle Perspektive beschreibt, wie stark das Zugehörigkeitsgefühl des Einzelnen zur Gruppe ist, während die gemeinschaftliche Perspektive die Wahrnehmung der Zusammengehörigkeit in der gesamten Gruppe meint.

In der zweiten Dimension, und dies ist für unsere Zwecke hier wichtiger, unterscheiden Carron et al. (1985) zwischen *aufgabenbezogener* und *sozial-bezogener* Kohäsion. Eine hohe aufgabenbezogene Kohäsion drückt sich darin aus, dass die Gruppenmitglieder bereit sind, mit aller Anstrengung das gleiche Ziel zu verfolgen. Bei der sozialbezogenen Kohäsion steht das gemeinsame Erleben, freundschaftliche Beziehungen und ähnliches im Vordergrund und nicht die Zielbezogenheit der Gruppe.

Zur Messung der beiden Dimensionen entwickelten Carron et al. (1985) einen Fragebogen (*Group Environment Questionnaire*, GEQ). Der GEQ hat große Beachtung gefunden und die Mehrzahl der amerikanischen Studien arbeitet mit diesem Inventar. Für den deutschsprachigen Raum hat der Sport-

wissenschaftler Wilhelm (2001) eine empirisch überprüfte deutsche Überset-
zung des GEQ vorgelegt.

Stichwort: Kohäsion

Begriff: Etymologisch geht der Begriff auf das lateinische Wort *cohersus*
zurück und meint zusammenhalten, festhalten. *Carron* (1982, S. 124)
betrachtet Kohäsion als „dynamische[n] Prozess, der sich im Bestreben einer
Gruppe widerspiegelt, zusammen zu halten und zum Zweck der Erreichung
ihrer Ziele und Zwecke vereint zu bleiben" (Alfermann & Strauß, 2001, S.
93).

Bedeutung: Kohäsion beschreibt den Zusammenhalt, die Widerstands-
fähigkeit der Gruppe gegenüber gruppenauflösenden Tendenzen. Sie wird
historisch als die wichtigste Gruppenvariable angesehen. Im Zentrum der
Forschungen steht dabei der Einfluss des Gruppenzusammenhalts auf die
Effektivität, die Leistung der Gruppe.

Wichtige Literatur
Carron, A. V. & Hausenblas, H. A. (1998). *Group dynamics in sport.* Mor-
    gantown, WV: FIT.
Wilhelm, A. (2001). *Im Team zum Erfolg.* Lengerich: Pabst

5.2.1 Kohäsion und Leistung

Wir wollen uns nun fragen, inwieweit die Kohäsion einer Gruppe dazu
beträgt, die Gruppenleistung zu fördern oder zu hemmen und welcher Aspekt
der Kohäsion, der sozialbezogene oder der aufgabenbezogene dafür verantwortlich ist.

Um dies zu illustrieren, machen wir einen Zeitsprung in das Jahr 1954. In
diesem Jahr, am 4. Juli 1954, wurde die Bundesrepublik Deutschland in Bern
Fußball-Weltmeister, zum ersten Mal. *Josef (Sepp) Herberger*, Trainer der
Nationalelf von 1936-1964, gilt in allen Biographien und Würdigungen als
einer der wesentlichsten Urheber des Erfolges.

Einer seiner Biographen, Jürgen Leinemann, berichtet 1997 aus den Aufzeichnungen von Sepp Herberger, in denen er unter anderem über die Gründe
des überraschenden Erfolgs nachdenkt. In diesen Aufzeichnungen wird immer

der Zusammenhalt der Mannschaft als notwendige Bedingung für das erfolgreiche Abschneiden beschrieben, und dass sich dieser Zusammenhalt während des Turniers und in der Vorbereitungszeit in dem kleinen Schweizer Ort Spiez ergeben hat. Leinemann (1997, S. 325) zitiert: „Drei Wochen Spiez sind drei Wochen Hohes-Lied bester Kameradschaft". Dies ist der Nachwelt als der „Geist von Spiez" erhalten geblieben.

Dazu passend wird Herberger der allseits bekannte Satz zugeschrieben: *Elf Freunde müsst ihr sein.* Mit diesem Satz soll der Erfolg eines Teams mit dessen Zusammenhalt erklärt werden. Dahinter verbirgt sich die Annahme, dass Konflikte innerhalb einer Mannschaft zu Störungen auf dem Spielfeld führen können und dass der soziale Zusammenhalt in einer Mannschaft leistungsfördernd sei.

Es sollte hier hinzugefügt werden, dass dieser Satz gar nicht ursprünglich von Sepp Herberger stammt, sondern sich wohl erstmals 1920 in einem Buch „Theorie, Technik, Taktik" des Fußballtrainers *Richard Girulatis* wiederfinden lässt. Dies berichtet jedenfalls die Frankfurter Allgemeine Sonntagszeitung vom 23. Juni 2002 und zitiert aus dessen Buch: „Die elf Spieler jeder Mannschaft muss engste Freundschaft miteinander verbinden, dann werden Erfolge nicht ausbleiben. Elf Freunde müsst ihr sein, um Siege zu erringen" (S. 19).

Eine entgegengesetzte Position bezog *Karl Adam,* der ehemalige Nationaltrainer der deutschen Rudermannschaft. Der Ratzeburger Ruderprofessor, wie er genannt wurde, hat sich mit der Psychologie des Ruderns befasst (z. B. 1973, 1977).

Er betreute den legendären deutschen Achter, der erstmals 1960 in Rom olympisches Gold gewann. Seiner Meinung nach müssen Binnenkonflikte nicht unbedingt Ursache für Leistungseinbußen sein. Gruppenstrukturen und -leistungen seien eher unabhängig von einander zu sehen (Adam, 1977).

Als „Aggressionsmacher mit Flüstertüte" bezeichnet, provozierte er sogar Auseinandersetzungen im Team, wenn er es für nötig hielt und ihm der „Biss" im Team fehlte.

Schaut man sich die sportwissenschaftliche Literatur zum Thema „Gruppen im Sport" näher an, findet man beide Positionen in den Arbeiten des Sportsoziologen *Günther Lüschen* (z. B. 1964) und des Sportphilosophen *Hans Lenk* (z. B. 1966), selbst Olympiasieger mit dem Ruderachter von 1960 und Schüler Adams.

Nach Lüschen (1964) führen eine starke Gruppenbindung und hohe Binnenintegration zu hohen Mannschaftsleistungen. Lenk (1966) behauptet dagegen, dass eine hohe Leistung auch unabhängig vom Zusammenhalt der

Gruppe erbracht werden kann und unter Umständen Konflikte in Mannschaften auch leistungsfördernd sein können. Übrigens: Sehr lesenswerte theoretische Reflexionen über das Thema der Konflikte in Sportspielmannschaften und deren Management findet man bei Thiel (2002).

Selbstverständlich haben beide Trainer, Sepp Herberger und Karl Adam, wesentlich differenzierter gearbeitet und nach wesentlich komplexeren Leitlinien gehandelt (vgl. z. B. Leinemann, 1997).

Gleichwohl: Wenn wir diese holzschnittartig vorgetragenen Positionen mit der eingangs gemachten Differenzierung in sozialbezogene und aufgabenbezogene Kohäsion von Carron et al. (1985) vergleichen, stellen wir fest, dass in ihnen nur die Facette der sozialbezogenen Kohäsion thematisiert wird.

Während der Spruch „Elf Freunde müsst ihr sein" besonders eine positive soziale Kohäsion in den Vordergrund stellt, wird mit der Forcierung von Konflikten, wie sie Karl Adam thematisiert, eine negative soziale Kohäsion thematisiert; nicht aber der Aspekt der aufgabenbezogenen Kohäsion, der, wie wir gleich noch sehen werden, im Leistungssport besonders wichtig ist.

Wie sehen die Forschungsergebnisse zu dieser Frage aus? Führt eine höhere sozialbezogene oder aufgabenbezogene Gruppenkohäsion zu besseren Gruppenleistungen?

In einer Metaanalyse werten Mullen und Copper (1994) 66 Studien zum Thema Kohäsion und Leistung aus. Zwar erbrachten 92 % der Untersuchungen einen bedeutsamen Vorteil für den Einfluss der Kohäsion auf die Leistung der Gruppen. Der Effekt ist jedoch nur schwach und er bezieht sich hauptsächlich auf die aufgabenbezogene Kohäsion. Die soziale Kohäsion hatte dagegen keinen Einfluss auf die Leistungen.

Carron, Coleman und Wheeler (2002) kritisieren an dieser Metaanalyse, dass auch andere als Sportgruppen einbezogen wurden und damit die Übertragbarkeit der Befunde auf Sportgruppen eingeschränkt sei. Sie führen eine eigene Analyse durch, in der sie 164 Effektgrößen aus 46 Studien mit Sportgruppen integrieren. Sie finden deutlich höhere Zusammenhänge zwischen Kohäsion und Leistung als Mullen und Copper (1994).

Sie fanden aber keinen eindeutigen Hinweis, dass nur die Kohäsion die Leistung beeinflussen würde. Genauso gut gibt es Hinweise, dass die Leistung die Kohäsion beeinflusst, etwa in dem besonders positive Leistungen den Gruppenzusammenhalt fördern. Dieses Ergebnis kann sehr gut an den Resultaten einer Studie von Carron und Ball (1976) illustriert werden. Sie untersuchten in einer Längsschnittstudie den Zusammenhang von Leistung und Kohäsion bei Hockeyspielern (vgl. Abbildung 4).

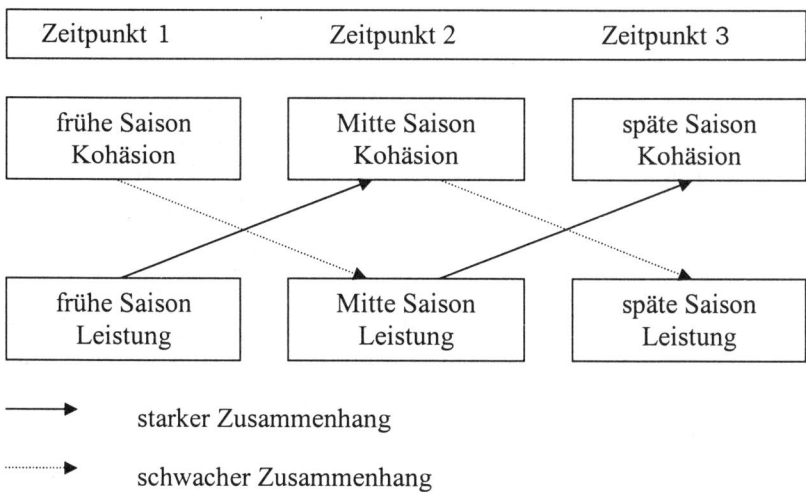

starker Zusammenhang

schwacher Zusammenhang

Abbildung 4: Zusammenhang zwischen Kohäsion und Leistung bei Hockeyspielern (Carron & Ball, 1976).

Am Anfang, in der Mitte und am Ende der Saison wurden die Leistung und die Kohäsion des Teams erfasst. Es zeigt sich, dass insbesondere die Leistung die Kohäsion beeinflusst.

Eine Veränderung in der Leistung führt also zu einer Veränderung im Zusammenhalt. Der Einfluss der Kohäsion auf die Leistung kann auch beobachtet werden, ist aber deutlich schwächer ausgeprägt.

Aus dem Satz von Girulatis aus dem Jahre 1920 „Elf Freunde müsst ihr sein", müsste nach dieser Studie also eher werden: „Aus erfolgreichen Sportlern werden 11 Freunde!" So einfach ist es nun aber auch nicht, wie die Ergebnisse der Studien zeigen. Es liegt eher nahe, ein Wechselspiel von Kohäsion und Leistung anzunehmen. Wir können eher vermuten, dass ein größerer Zusammenhalt die Leistung verbessert und dass bessere Leistungen die Mannschaft zusammenbringt.

Wilhelm (2001) kann in verschiedenen empirischen Studien zeigen, dass gerade in Mannschaftssportarten, also in Sportarten in den eine hohe Wechselbeziehung zwischen den Sportlern bestehen muss, die Ausprägung der aufgabenbezogenen Kohäsion wesentlich für die Leistungen der Mannschaft ist. Die sozialbezogene Kohäsion bewirkt bestenfalls eine gute Ausgangsbedingung.

Fassen wir zusammen: Ein positiver bedeutsamer Zusammenhang von Leistung und (aufgabenbezogener) Kohäsion besteht also insbesondere, wenn die Interaktion zwischen den Sportlern wesentlich für die Gruppenleistung ist, ein Ergebnis übrigens, dass auch Carron et al. (2002) in ihrer oben erwähnten Metaanalyse fanden. Hinzuzufügen ist, dass Carron et al. (2002) auch einen Zusammenhang bei Koaktionsaufgaben fanden, also bei Aufgaben, bei denen Personen in einer Gruppe jeweils das Gleiche durchführen müssen und sich in der Regel koordinieren müssen (wie zum Beispiel beim Rudern).

Spätestens nun ist es angebracht darauf hinzuweisen, dass Sepp Herberger nicht nur die sozialbezogene Kohäsion im Blick gehabt hat. Die vielen Mythen, die sich um die Nationalmannschaft aus dem Jahre 1954 ranken, lassen zwar darauf schließen und werden natürlich mit griffigen Umschreibungen wie dem „Geist von Spiez" oder mit „Elf Freunde müsst ihr sein" unterstützt.

Aber richtig ist, dass Herberger die sozialbezogene wie auch die aufgabenbezogene Kohäsion betont hat. Beispielsweise zitiert Leinemann (1997, S. 325f.) aus seinen Notizen, in denen er das „stolze Gefühl der Verpflichtung gegenüber der Aufgabe und gegenüber den Kameraden" beschreibt.

Und Karl Adam und seine Position der Schürung von Binnenkonflikte zur Steigerung der Gruppenleistungen? Uns ist keine ernstzunehmende empirische Studie bekannt, die diese Sichtweise untermauern würde.

5.2.2 Kohäsion und Wohlbefinden

Wie sieht es mit anderen Variablen wie Zufriedenheit und Wohlbefinden aus. Unter welchen Umständen werden auch andere Variablen als die Leistung wie das Wohlbefinden, die Stimmungen oder auch die Dropout-Rate von der Kohäsion beeinflusst?

Meistens wurden diese Variablen in Freizeit- und Gesundheitssportgruppen untersucht. In diesem Kontext scheint die Wahrnehmung der Gruppe als eine soziale Gemeinschaft entscheidend für die Aufrechterhaltung der sportlichen Aktivität zu sein.

Wagner (2000) hat in diesem Zusammenhang eine interessante empirische Studie vorgelegt. In zwei Sportprogrammen (10-wöchig und einjährig) wurden die Teilnehmer und Teilnehmerinnen zu ihrer sportlichen Aktivität, zu ihrem Zusammengehörigkeitsgefühl, ihrer Zuneigung und ihrer aufgabenbezogenen Kohäsion befragt.

Zu Beginn des Programms war die aufgabenbezogene Kohäsion von Bedeutung für die weitere Teilnahme. Sahen die Teilnehmer ihre sportlichen beziehungsweise gesundheitlichen Ziele als nicht verwirklichbar bzw. wurde auch die Gruppe diesbezüglich als heterogen wahrgenommen, so war ein

Austritt vorprogrammiert. Die soziale Kohäsion war erst in der zweiten Programmhälfte für die Aufrechterhaltung der Sportteilnahme von Bedeutung.

Dies ist plausibel, wenn man bedenkt, dass Gruppen sich erst formieren müssen. Für den Einzelnen ist nicht immer sofort erkennbar, ob er sich unter diesen Menschen wohl fühlen wird oder nicht (vgl. Wagner, 2000). Sozialbezogene Gruppenkohäsion kann man auch durch entsprechende Programme fördern.

Dies zeigten u. a. Carron und Spink (1993) sowie Estrabrook und Carron (1999). Mit ihren Programmen zeigten sich bessere Werte im individuellen sozialen Zugehörigkeitsgefühl, und die Teilnehmer gingen regelmäßiger zu ihren Übungsstunden. Darüber hinaus blieben sie auch insgesamt länger dabei (vgl. im Überblick Paskevich, Estabrook, Brawley & Carron, 2001).

Insgesamt umfasst das Programm fünf Prinzipien, die eine Gruppe entwickeln muss und die bei genauer Betrachtung den ersten vier Phasen des Phasenmodells von Tuckmann (1965) zuzuordnen sind:

• Zuweisung von Gruppenrollen,
• Gefühl der Besonderheit entwickeln,
• Entwicklung von Gruppennormen,
• Maßnahmen des Verzichts zugunsten der Gruppe,
• Entwicklung von Interaktion und Kommunikation.

Die Botschaft, die uns all diese Studien zur Kohäsion vermitteln, ist relativ eindeutig. Wenn es um die Leistung geht, ist es insbesondere die aufgabenbezogene Kohäsion, die einen, allerdings nur schwachen Einfluss besitzt. Wenn es um das Wohlbefinden und um die Stimmung in einer Gruppe geht, ist es – insbesondere wenn sich die Gruppe schon gebildet hat (siehe Wagner, 2000) – die sozialbezogene Kohäsion, die die Zufriedenheit und das Wohlbefinden fördern kann.

5.3 Gruppenaufgaben

Im Sport lassen sich Gruppen hinsichtlich ihrer aufgabenbezogenen Besonderheiten (Aufgabentypen) differenzieren. Systematiken liegen unter anderem von Carron (1990) entlang der Formen der Zusammenarbeit von Gruppenmitgliedern (unabhängig, koagierend, interagierend, proagierend-reagierend) und von Steiner (1972) entlang der Aufgabenstruktur (additiv, kompensatorisch, konjunktiv) vor. Alfermann und Strauß (2001) gehen darauf aus-

führlich ein und geben zahlreiche sportbezogene Beispiele. In Tabelle 8 ist die
Einteilung von Steiner (1972) wiedergegeben.

Tabelle 8:   Klassifikation von Aufgabentypen, Formen der Zusammenarbeit
             und Mannschaftssportarten (vgl. Alfermann & Strauß, 2001, S.
             93).

Aufgabentyp nach Steiner	Mannschafts-leistung	Formen der Zusammenarbeit	Beispiele
Additiv	Addition der individuellen Beiträge	Unabhängig	Mannschafts-wettkämpfe im Bowling, Reiten
Kompensatorisch	Durchschnitt der Einzelleistungen, -urteile	Unabhängig	Turnen, Rhythmische Sportgymnastik
Konjunktiv und nicht unterteilbar	Gesamtleistungen aller Gruppen-mitglieder	Koagierend	Rudern, Kanu, Tauziehen
Konjunktiv und unterteilbar	Gesamtleistungen aller Gruppen-mitglieder	Interagierend	Fußball, Basketball, Handball
Konjunktiv und unterteilbar	Gesamtleistungen aller Gruppen-mitglieder	Proagierend-reagierend	Baseball, Soft-ball, American-Football

So unterscheiden sich die Sportarten Rudern und Fußball unter anderem im
Grad der notwendigen Interaktion zwischen den Teammitgliedern. Während
im Rudern alle hintereinander in einem Boot sitzen und koagieren, also darauf
achten, dass sie im gleichen Rhythmus schlagen oder ziehen, müssen im
Fußball Absprachen getroffen werden, wer sich freiläuft, wer angespielt wird,
wer das Tor schießen soll. Die Leistung ergibt sich aus der Interaktion der
Mitglieder.
     Rudern und Fußball werden als konjunktive Aufgaben bezeichnet. Die
Gesamtleistung ergibt aus der Leistung aller Sportler im Rahmen einer abhän-
gigen Zusammenarbeit. Der Unterschied liegt in der Trennbarkeit der Leis-

tungen. Während beim Rudern alle die gleiche Aufgabe ausführen und damit koagieren, müssen die Spieler im Fußball interagieren.

Im Gerätturnen hingegen müssen die Teammitglieder nicht interagieren (sieht man von einfachen Absprachen und Rückmeldungen ab), um die Gruppenleistung herzustellen. Die Form der Zusammenarbeit der Teammitglieder ist vollkommen unabhängig voneinander. Die Einzelleistungen werden ermittelt und der Durchschnitt der Leistungen bildet die Mannschaftsleistung. Gerätturnen gehört nach Steiner (1972) zu den kompensatorischen Sportarten.

Kommunikation zwischen den Mitgliedern ist im Prinzip nicht notwendig, um gute Leistungen zu erbringen. American-Football entspricht dem gleichen Aufgabentyp wie Fußball, allerdings besteht eine stärkere Arbeitsteilung. Die Aufgaben der Sportler sind spezieller und somit wird auch die Anzahl der Mitglieder größer. Eine Abstimmung zwischen allen Spielern ist nicht mehr notwendig. Ein „Kicker" muss sich faktisch mit dem „Quarterback" nicht mehr verständigen.

Was kann man mit diesem Wissen um verschiedene Aufgabentypen anfangen? Die Aufgaben stellen eine der entscheidenden Anforderungen an die Gruppenmitglieder und die Zusammensetzung der Gruppe ist nicht unabhängig von diesen Anforderungen.

Ein Trainer steht beispielsweise zu Beginn der Saison häufig vor dem Problem, wie er seine Mannschaft zusammensetzen soll. Er kann sich die besten Spieler, Ruderer, Turner, usw. aussuchen, die es gibt; er kann berücksichtigen, ob die Spieler sich in ihren Fähigkeiten ergänzen (*heterogene Zusammensetzung*) oder über die gleichen Fähigkeiten verfügen (*homogene Zusammensetzung*).

Karl Adam setzte die besten und damit schnellsten Ruderer in ein Boot. Die Leistungen der Ruderer sind dann relativ homogen, sie werden sich mit ihrer Technik nicht gegenseitig im Boot behindern. Im Mannschaftstraining gilt es dann, die Feinabstimmung durchzuführen. Hier steht also eine *quantitative* Sicht, wonach die Anzahl der besten Sportler das Leistungsniveau der Mannschaft bestimmen, im Vordergrund (vgl. für einen Überblick Alfermann & Strauß, 2001; Carron & Hausenblas, 1998).

In vielen Mannschaftssportarten sind weitere Kriterien zu berücksichtigen. Eine homogene Mannschaft, in der die Spieler die gleichen Schwächen und Stärken haben, wäre hier nicht sinnvoll. Eine Mannschaft bestehend aus den besten Liberos hätte Probleme in der Abwehr. Stattdessen sollte eine in ihren Möglichkeiten heterogene Mannschaft, welche die Merkmale der Mitglieder variiert, das Ziel sein. Diesem entspricht im Gegensatz zum Rudern einer *qualitativen* Betrachtungsweise, bei der die Spezialisierung der Athletinnen und Athleten, die Effektivität der Mannschaftsleistung bestimmt.

Eine einfache Antwort auf die Frage, ob es sinnvoller ist, eine homogene oder eine heterogene Leistungsgruppe zusammenzustellen, ist im Sport somit nicht möglich. „Aufgrund der unterschiedlichen Anforderungen, die an die einzelnen Mannschaftsmitglieder gerichtet werden, sollte eine Mannschaft so zusammengesetzt sein, dass sich die Spielerinnen und Spieler in ihren Fähigkeiten optimal ergänzen, also heterogen sind, aber homogen im Hinblick auf ihr Fähigkeitsniveau sind" (vgl. Alfermann & Strauß, 2001; S. 86; Widmeyer, 1990).

5.4   Soziales Faulenzen

Betrachten wir einmal das Tandemfahren und wenden uns damit einem anderen Phänomen zu. Der Vordermann tritt in die Pedale, der Hintermann tut ihm gleich. Beide profitieren vom Einsatz des anderen, um so schneller voran zu kommen.

Aber wer hat nicht schon mal als Hintermann die Füße von den Pedalen genommen und den Vordermann alleine treten lassen? Da von vorne nicht sichtbar, kann sich die hintere Person ausruhen, also faulenzen!

Max Ringelmann beschreibt 1913 dieses Phänomen erstmals und wird deshalb auch *Ringelmann-Effekt* genannt. Auf Grund von Motivationsverlusten erbringt die Gruppe nicht mehr 100 % ihres Leistungspotenzials. Vor fast 100 Jahre soll Ringelmann einen Tauzieh-Versuch durchgeführt haben. Er beobachtete Individuen und Gruppen von 2, 3 und 8 Personen. Ringelmann (1913) stellte fest, dass in der 2er Gruppe nur 93 %, in der 3er-Gruppe 85 % und in der 8er-Gruppe lediglich 49 % der potenziellen Leistung erbracht wurden.

Obschon die Gruppenleistung größer wird, wenn mehr Personen an einem Tau ziehen, sinkt die individuelle absolute Leistung, je mehr Personen an einem Seil ziehen. Diesen reduzierten individuellen Einsatz in einer Gruppe bezeichneten Latané, Williams und Harkins (1979) mehr als eine halbes Jahrhundert später als *social loafing*, als soziales Faulenzen.

Latané et al. (1979) baten ihre Probanden unter drei Bedingungen in ihrem originellen Experiment so laut wie möglich zu applaudieren oder zu rufen: alleine, in einer Gruppe und in einer Pseudogruppe. In der Pseudogruppe wurde den Probanden lediglich suggeriert, dass sie sich in einer Gruppe befanden.

Es zeigte sich, dass die Einzelnen am meisten Anstrengung zeigten, und dass mit zunehmender Gruppengröße die Anstrengung der Probanden zu klatschen und zu rufen nachließ. Bei 6 Personen lag der Verlust der individuellen Leistung bei 60 %, während er bei einer Gruppe von 2 Personen lediglich bei 29 % lag. Sie erklären diesen Effekt mit *Koordinations-* und *Motivationsverlusten.*

Social loafing ist ein Phänomen, das nicht nur bei einfachen motorischen Aufgaben, wie bei Ringelmann (1913) und Latané et al. (1979) festgestellt wurde, sondern auch beim Schwimmen (Williams, Nida, Baca & Latané, 1989) oder aber insbesondere bei der Bearbeitung kognitiver Aufgaben.

Soziales Faulenzen tritt besonders dann auf, wenn Gruppenmitglieder glauben, dass erstens ein Beobachter die individuellen Leistungen nicht identifizieren und bewerten kann, zweitens die Akteure ihre Leistungen nicht untereinander bewerten können oder drittens die Akteure ihre eigenen Leistungen nicht bewerten können (vgl. Harkins & Jackson, 1985).

Ein wesentlicher Erklärungsansatz des social loafing ist also die Frage der Identifizierbarkeit der individuellen Leistungen und somit der Möglichkeit, diese individuellen Leistungen in der Gruppensituation zu bewerten. Die Möglichkeit der Bewertung führe – so Harkins und Jackson (1985) – bei den Personen zu einer Bewertungsbefürchtung und zu einem Verschwinden der social loafing-Effekte.

Wir müssen also nicht befürchten, dass Mediensportler wie die Mitglieder unserer Fußballnationalmannschaft soziales Faulenzen praktizieren.

5.5 Führen

Eine Gruppe benötigt in der Regel eine Führung. Im Sport handelt es sich dabei meist um die Trainerinnen und Trainer einer Mannschaft. Welche Bedeutung haben nun Führer im Prozess der Gruppendynamik, der Effektivitätssteigerung oder des Wohlbefindens der Teammitglieder?

Was sollte eine Trainerin bzw. ein Trainer können, wie sollte sie oder er sich verhalten, damit man von optimaler Führung sprechen kann?
Weinberg und Gould (1999) fassen die wesentlichen Eigenschaften herausragender Trainerinnen und Trainer wie folgt zusammen: Integrität, Flexibilität, Loyalität, Selbstvertrauen, Verantwortungsbewusstsein, Aufrichtigkeit, Weitsicht in der Vorbereitung, Durchhaltevermögen, Selbstdisziplin, Geduld.

Man könnte sich mit Blick auf diese imposante Liste auf den Standpunkt stellen, dass man zum Führer einer Gruppe (wie z. B. ein Trainer) geboren sein muss, und dass man die notwendigen Führungsqualitäten nicht erlernen kann und wenn, dann überhaupt nur sehr schwer. Diese Auffassung vertraten die meisten Wissenschaftler in der ersten Hälfte des letzten Jahrhunderts. Dies wird als *eigenschaftstheoretischer Ansatz der Führung* bezeichnet.

In diesem Ansatz wird versucht, eine Liste von Eigenschaften zu erstellen, die erfolgreiche Trainer charakterisieren. Ebenso wurde angenommen, dass eine Person mit diesen Eigenschaften in jedem Lebensbereich eine Führungs-position annehmen könnte. Schnell hat sich jedoch gezeigt, dass zum einen eine solche Liste nur schwer herstellbar ist – zu vielfältig sind die Eigenschaf-ten von Trainern und Trainerinnen – und zum anderen sind die Befunde zu widersprüchlich (zusammenfassend Weinberg & Gould, 1999).

Man denke hier nur an die unterschiedlichen Philosophien von Karl Adam und Sepp Herberger.

Als der eigenschaftsorientierte Ansatz nicht weiter führte, hat man mit Hilfe von standardisierten Beobachtungsverfahren und im Rahmen des *verhal-tensorientierten Ansatzes* versucht, Führungsstile zu beschreiben und zu Kate-gorien zu ordnen. Eine bekannte Typologie ist die von Lewin, Lippitt und White (1939), die drei Führungsstile unterschieden: demokratisch, autokra-tisch oder laissez-faire.

Übrigens: Dieser Ansatz wird fälschlicherweise oft als eigenschaftsthe-oretischer Ansatz dargestellt, was dann häufig fehlerhaft so interpretiert wird, dass sich drei Typen von Personen bzgl. ihrer Führungseigenschaften unter-scheiden lassen, also zum Beispiel drei Lehrertypen oder drei Trainertypen etc. Dieses war aber von den Autoren nicht intendiert. Es handelt sich ledig-lich um die Beschreibung von unterschiedlichem Führungsverhalten.

Der Grundgedanke des verhaltensorientierten Ansatzes ist, dass man mit gezielten Verhaltensprogrammen, wie sie etwa Smith, Smoll und Hunt (1977) mit dem *Coaching Behavior Assessment System* (CBAS) vorschlagen, das Verhalten von Trainerinnen und Trainern verbessern kann. Man wird nicht zum Trainer geboren, sondern man wird dazu gemacht.

Das Training in den Bereichen Ermutigung, Bekräftigung und Unterwei-sung kann durch solche Programme verbessert werden und führt bei den Athleten zu einer höheren Zufriedenheit, zu mehr Spaß und Freude und zu einer positiveren Einstellung (im Überblick u. a. Alfermann & Strauß, 2001).

Die Athletinnen und Athleten werden aber auch hier nicht gemeinsam mit den Umständen in den Blick genommen. Dieses leistet erst der *Interaktionale Ansatz*, wie er sich im *Multidimensionalen Modell* von Chelladurai (1990) wieder findet. In Abbildung 5 sind die Grundzüge dieses Ansatzes zu finden.

Die Leistungen der Athletinnen und Athleten und ihre Zufriedenheit werden in diesem Modell in Abhängigkeit vom tatsächlichen Verhalten der Trainer und Trainerinnen gesehen.

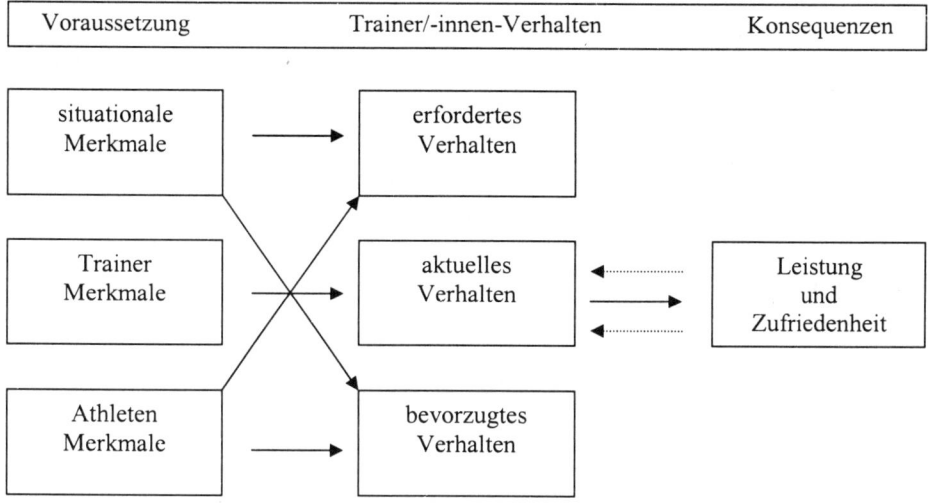

Abbildung 5:   Multidimensionales Modell von Führung im Sport (Chelladurai, 1990).

Berücksichtigt wird darüber hinaus aber, dass die Situation ein anderes Verhalten erfordern könnte bzw. der einzelne Athlet ein anderes Verhalten bevorzugen könnte.

Je größer die Differenz zwischen aktuellen und erforderlichem bzw. bevorzugtem Verhalten desto größer werden die Auswirkungen hinsichtlich der Leistung bzw. Zufriedenheit der Athletinnen und Athleten.

Welches sind nun die entscheidenden Dimensionen des Verhaltens in diesem Modell von Chelladurai (1990)? Dies sind:

• *Demokratisches Verhalten*: Die Athletinnen und Athleten werden in die Entscheidungsfindung mit einbezogen

• *Lob bzw. Ermutigung*: Motivation, positives Feedback, Aufbau des Selbstwertgefühls usw.

• *Situationsberücksichtigung*: Blick auf das Team usw.

• *Fachliche Unterweisung*: Fachkompetenz bezogen auf Technik, Taktik, Fertigkeiten usw.

• *Soziale Unterstützung*: Emotionale, fachliche Hilfen.

Würth, Saborowski und Alfermann (1999) verweisen zusätzlich darauf, dass Trainerinnen und Trainer in den einzelnen Entwicklungsstadien (Anfänger respektive Kinder, Entwicklung respektive Jugendliche und Meisterschaft respektive ältere Jugendliche) unterschiedliche Dimensionen stärker akzentuieren müssen.

Bei den untersuchten Anfängern war das subjektive wahrgenommene positive Feedback für die Athletinnen und Athleten von besonderer Bedeutung für die positive Einschätzung, ähnlich wichtig ist die wahrgenommene soziale Unterstützung für die Jugendlichen in der Entwicklungsphase.

„Gerade in der Entwicklungsphase, die häufig mit der schwierigen Phase der Pubertät gekoppelt ist, müssen Trainerinnen und Trainer besonders sensibel für die Bedürfnisse ihrer Athleten sein" (vgl. Würth et al., 1999, S. 156). Für die älteren Athleten, die der Phase „Meisterschaft" zugeordnet wurden, erlangt das aufgabenorientierte Klima in der Trainingsgruppe zunehmend Bedeutung. Obschon Trainer einen hohen Stellenwert im Leben von Topathleten haben, werden sie nicht so sehr in ihrer „Führungsposition" wahrgenommen, sondern vielmehr als „Partner" im Trainingsprozess (vgl. Würth et al., 1999).

Ein den Athleten angepasster Führungsstil steigert nicht nur deren Zufriedenheit, sondern auch auf lange Sicht die Leistungen der Athleten. Schenken Trainer jugendlichen Athleten mehr Aufmerksamkeit, so erzielen diese auch größere Leistungsfortschritte (Alfermann, Würth & Saborowski, 2002).

6. Du bist nicht allein ...

Das jedenfalls dürfte *George Bailey*, verkörpert von *James Stewart,* am Ende des Films „Ist das Leben nicht schön" gedacht haben, als ihm viele, viele Bürger des Städtchens *Bedford Falls* ihr Geld schenkten, damit seine Firma, eine Bank, nicht den Konkurs anmelden muss und er damit vor dem Gefängnis bewahrt wird.

Zuvor war George in eine tiefe Lebenskrise gestürzt, die fast mit der Selbsttötung, einem Sturz von einer Brücke, endete, wenn da nicht der *Engel Clarence* gewesen wäre. Der verdiente sich noch seine Flügel, indem er George zeigte, was den Menschen dieser Stadt passiert wäre (in dem Film sind dies natürlich nur furchtbare Dinge), wenn George Bailey nicht gewesen wäre oder psychologischer formuliert, wenn George Bailey nicht wesentlicher Teil eines sozialen Netzwerkes mit vielen intensiven sozialen Beziehungen gewesen wäre.

Viele der Leserinnen und Leser werden diesen wunderbaren Film von *Frank Capra* aus den 1940er Jahren kennen, der im Deutschen Fernsehen seit Jahren immer am Heiligen Abend ausgestrahlt wird. Wenn nicht, anschauen lohnt sich, jedenfalls wenn man an den Effekten von sozialer Unterstützung, sozialen Netzwerken und sozialem Rückhalt interessiert ist.

Intensive soziale Beziehungen stellen eine wesentliche Ressource dar, die uns im Alltag und in Krisensituationen nützt und von Bedeutung für Gesundheit und Wohlbefinden ist. Diese Ressource wird als *soziale Unterstützung* beschrieben. In dem Sammelband von Tietjens (in Druck) wird die universelle Relevanz der sozialen Unterstützung in unterschiedlichsten Lebensbereichen (beispielsweise in der Schule, im Sport, bei Krankheit oder auch im Strafvollzug) deutlich gemacht.

Soziale Unterstützung ist ein Konstrukt, das in den verschiedenen Gebieten der Sozialwissenschaften unterschiedlich aufgefasst wird. Nebenbei: Konstrukte sind Merkmale, die man Personen nicht unmittelbar ansieht. Man muss also Kriterien definieren, die einen über das Vorhandensein und die Ausprägung des Konstrukts informieren. Das fällt für die soziale Unterstützung nicht leicht, weil bereits im Verständnis des Konstrukts Differenzen bestehen.

Soziologen fassen hierunter primär die strukturellen Aspekte von Sozialbeziehungen: Mit wie vielen Personen unterhält jemand Beziehungen, seit wie lange bestehen diese, in welchen Rollen agieren die einzelnen Personen, usw.? Bei der Beantwortung dieser und ähnlicher Fragen wird ein *soziales Netzwerk* beschrieben.

Psychologen sind demgegenüber stärker an den Konsequenzen interessiert, die aus den Interaktionen der Netzwerkmitglieder resultieren. Nach Veiel und Ihle (1993) bevorzugen Psychologen eine relationale Sichtweise. Das bedeutet, an *sozialer Unterstützung* interessiert nicht so sehr, welche Beziehungen tatsächlich bestehen, sondern welche eine Person als vorhanden wahrnimmt und wie eine Person ihre Bedürfnisse durch ihre soziale Umgebung befriedigt sieht.

Als übergeordnet für beide Sichtweisen bietet sich der Begriff *Sozialer Rückhalt* an. Es liegt damit ein Konstrukt vor, das auf mehreren Ebenen (hierarchisch) geordnet werden kann.

Oben in der Hierarchie steht der soziale Rückhalt, der sich auf der darunter liegenden Ebene in das *Soziale Netzwerk* und die *Soziale Unterstützung* gliedert. Auf der Ebene darunter schließlich fächern sich diese Teilkonstrukte noch weiter auf. Die Abbildung 6 zeigt diese Auffächerung für die soziale Unterstützung.

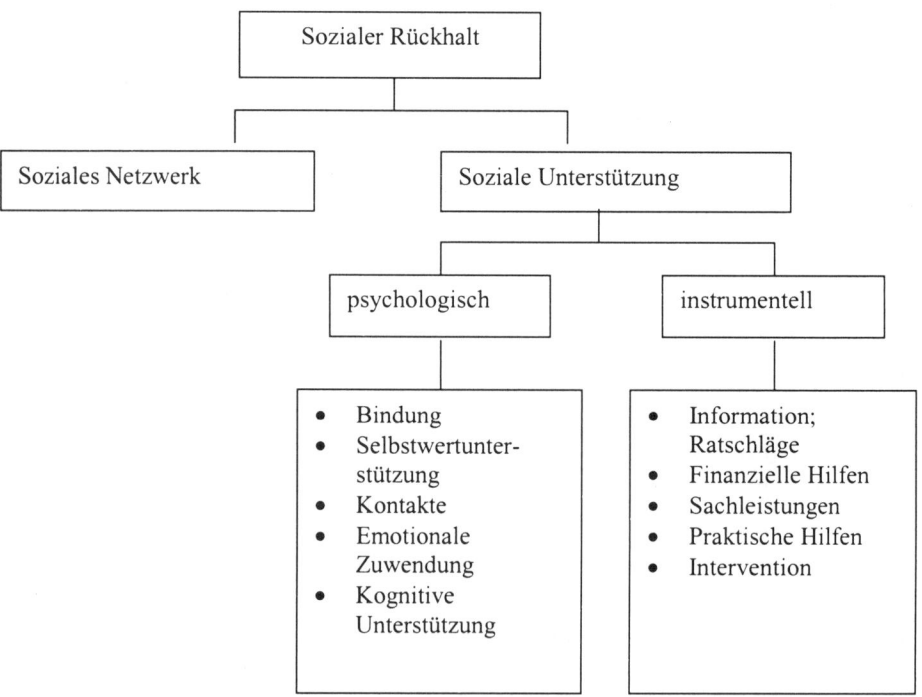

Abbildung 6:   Ebenen-Konzept mit Auffächerung für die soziale Unterstützung (vgl. Cuttrona & Russel, 1987; Laireiter, 1993).

Sportliche Betätigung ist – so haben wir bereits angedeutet und so wirbt auch der DSB – gegebenenfalls geeignet, soziale Beziehungen zu fördern, Netzwerke zu knüpfen und Unterstützung zu erfahren. Warum ist das wichtig?

Schwarzer und Leppin (1989) haben gezeigt, dass sozialer Rückhalt für das Wohlbefinden und die Gesundheit von Belang ist. Vor allem sind es funktional-bewertende Maße, wie die Zufriedenheit mit der wahrgenommenen und erhaltenen Unterstützung und weniger quantitative Netzwerkmaße, die mit Gesundheitsvariablen zusammenhängen. Kurz gesagt: Wer über qualitativ gute Beziehungen verfügt, der klagt auch weniger über gesundheitliche Beschwerden.

Umgekehrt herrscht in der gesundheitspsychologischen Literatur inzwischen eine weitgehende Übereinkunft darüber, dass fehlende soziale Unterstützung ein gesundheitliches Risiko darstellt. Sportliche Betätigung könnte, sofern die ihr zugedachte Wirkung nachweisbar wäre, also eine gesundheitsfördernde Funktion besitzen (vgl. Schlicht, 1998). Wie ist die sportliche Betätigung in diesem Zusammenhang nun tatsächlich zu bewerten? Hilft sie beim Aufbau von Netzwerken, die dann im Alltag und in Krisen unterstützend wirken?

Leider gibt es nur wenige Daten. Diese gestatten es nicht, ein abschließendes und verlässliches Urteil zu fällen. Aber es gibt eine Reihe von Indizien, die einen wechselseitigen Einfluss von sportlicher Betätigung und sozialem Rückhalt nahe legen.

Betrachten wir zunächst den Einfluss von sportlicher Betätigung auf Variablen des sozialen Rückhalts.

Argyle (1992, S. 20) hat Belege gesammelt, die zeigen, dass „taking part in shared, cooperative leisure activities and being accepted into a social group removes loneliness, produces feeling of well-being, and strengthens social bonds".

Freizeitaktivitäten, darunter auch sportliche Aktivitäten gemeinsam mit anderen, sind also eine wesentliche Quelle des sozialen Rückhalts. Sie stellen eine Bedingung der Möglichkeit dar, Netzwerke zu „knüpfen". Wenn sich innerhalb dieser Netzwerke dann auch noch gute Freunde finden, sind die Voraussetzungen für eine befriedigende soziale Unterstützung gegeben. Wie belegt, wirkt sich diese positiv auf die Gesundheit aus. Könnte es möglicherweise sein – so fragt Leppin (1994) –, dass die Wirkung darauf zurückzuführen ist, dass soziale Unterstützung Personen an sportliche Betätigung bindet, sie also auf diesem Wege veranlasst, sich gesundheitsschützend zu verhalten?

Dass sportliche Betätigung unter bestimmten Bedingungen gesundheits-schützend wirkt, ist ja verschiedentlich belegt worden (für einen Überblick zur koronaren Gesundheit siehe Schlicht, Kanning & Bös, in Druck; für die psychische Gesundheit u. a. Schlicht, 1994, 1995).

Fuchs (1997) hat die vorliegenden Befunde zur Wirkung von sozialer Unterstützung auf das Sporttreiben zusammengefasst. Es existieren im Übrigen nur wenige Studien zu diesem Themenbereich. Diese zeigen aber recht einheitlich, dass psychologische Unterstützung motivierend wirkt und instrumentelle Unterstützung dazu beiträgt, die einmal begonnene sportliche Betätigung aufrecht zu erhalten. Die Befunde gelten insbesondere für Erwachsene und für Breitensportgruppen (vgl. Sallis, Hovell, Hofstetter & Barrington, 1992).

Ebenfalls an Stichproben mit Erwachsenen konnten Fuchs und Leppin (1992) demonstrieren, dass soziale Unterstützung und sportliche Aktivität insbesondere dann gesundheitswirksam verknüpft werden, wenn sich Personen in stressreichen Lebenssituationen befinden.

Ein derartiger *Puffereffekt* wurde bereits von Cohen und Wills (1985) für den sozialen Rückhalt im Allgemeinen behauptet.

Er zeigt sich also auch in der Studie von Fuchs und Leppin (1992). Die untersuchten Personen waren dort Aussiedler aus der DDR, die kurz nach der Wende in die BRD übersiedelten und dadurch zunächst arbeitslos wurden (siehe dazu auch Fuchs & Appel, 1994).

Der Zusammenhang zwischen sozialer Unterstützung und sportlicher Betätigung scheint – wie die zitierte Literatur zeigt – reziprok:

Sportliche Betätigung begünstigt über soziale Kontakte die Bildung von sozialen Netzwerken; erfährt eine Person darin Unterstützung, so erhöht das wiederum die Motivation zur Sportteilnahme und festigt auf diesem Wege die Bindung an das Sporttreiben, was wiederum dem sozialen Rückhalt zugute kommt. Der Zusammenhang scheint reziprok, so vermuteten wir. Aber ist er es auch tatsächlich?

Derzeit lässt sich dieses noch nicht abschließend beantworten. Es mangelt an empirischen Arbeiten, die dies als Fragestellung formuliert haben und schließlich in einer Längsschnittanalyse zu beantworten suchen. Prospektive Längsschnitt-Analysen wären aber notwendig, um etwas darüber zu erfahren, welche Variable zuerst vorhanden ist (Antezedenz- oder verursachende Variable) und dann die andere folgen lässt (Konsequenz- oder Wirkungs-Variable). Geht also sozialer Rückhalt dem Sporttreiben voraus, ist dieser gar – wie Fuchs (1997) zusammenfassend berichtet – eine wesentliche Bedingung für die Aufnahme und die Dauerhaftigkeit sportlicher Aktivität? Oder ist sozialer Rückhalt die Folge von sportlicher Aktivität, die in Gruppen betrieben wird?

Erneut sind wir auf Indizien angewiesen. Dieses Mal sind es solche, die den Zusammenhang zwischen beiden Variablen im Jugendalter belegen.

Bei Jugendlichen, für die es in ihrer Entwicklung wesentlich ist, sich frühzeitig gesundheitsrelevante Verhaltensweisen anzueignen, übt die Möglichkeit, gemeinsam mit Freunden sportlich aktiv zu sein, einen wesentlichen Einfluss auf das regelmäßige Aktivitätsniveau aus, so die Studien von Fuchs et al. (1987) sowie von Steffgen und Schwenkmezger (1995).

Mit unterschiedlichem methodischem Zugang und an unterschiedlichen Stichproben von Jugendlichen durchgeführt, kommen beide Studien zu ähnlichen Befunden. Jugendliches Sporttreiben ist durch soziale Variablen veranlasst, und wird durch die Möglichkeit motiviert, etwas für den Aufbau beziehungsweise die Stabilisierung eines positiven Körperbildes zu tun.

Eine Arbeit von Smith (1999) mit über 400 Jugendlichen im Alter von 12 bis 15 Jahren belegt den Einfluss der Beziehungen zu Gleichaltrigen auf die Motivierung zu sportlicher Aktivität. Hier wirken sich die wahrgenommenen Freundschaftsbeziehungen und die Akzeptanz durch andere motivationsverstärkend aus. Wer also positive freundschaftliche Beziehungen unterhält, der verbindet mit dem Sporttreiben positive Gefühle, der bewertet seine eigene körperliche Verfassung positiv und der ist eher motiviert, sportlich aktiv zu sein.

Andere Studien verweisen darauf, dass sportlich aktive Jugendliche mehr sozialen Rückhalt erfahren als sportlich inaktive Jugendliche. Eine Bielefelder Arbeitsgruppe (Kurz, Sack & Brinkhoff, 1994) hat insgesamt 2.425 Jugendliche im Alter von 13 bis 19 Jahren nach ihren sportlichen Aktivitäten, ihrer Vereinsmitgliedschaft und nach Variablen gefragt, die über die sozialen Netzwerke der Jugendlichen informieren. Die sportvereinsaktiven Jugendlichen geben an, dass sie sich in ihrer Sportgruppe gut integriert fühlen. Mehr als zwei Drittel der Mitglieder dieser Gruppe sagt zudem aus, dass sie im Sportverein Personen kennen gelernt haben, mit denen sie persönliche Probleme besprechen könnten.

Röthlisberger und Calmonte (1996) und Röthlisberger, Calmonte und Seiler (1997) berichten über eine Längsschnittsstudie mit (adoleszenten) Schweizer Jugendlichen. Jugendliche, die trotz ungünstiger Lebensumstände (beispielsweise zerrüttete Familiensituationen) über positive Werte auf Skalen psychischer Gesundheit berichten, sind sportlich aktiver, und sie verfügen über intakte soziale Netzwerke.

Ebenfalls in einer Jugendsportstudie, in der 3.465 Jungen und Mädchen befragt wurden, konnte Tietjens (2001) zeigen, dass Mädchen und Jungen in unterschiedlicher Weise von der sportlichen Aktivität und der wahrgenommenen Unterstützung profitieren. Während bei den Mädchen sportliche Aktivität und soziale Unterstützung mit der subjektiven Gesundheitseinschätzung zusammenhängen, lässt sich bei den Jungen nur ein Zusammenhang zwischen sportlicher Aktivität und subjektiver Gesundheit nachweisen. Tietjens (2001) erklärt dies mit unterschiedlichen Gesundheitskonzepten, aber auch mit einem unterschiedlichen Bedürfnis nach emotionaler Nähe bei Jungen und Mädchen. Mädchen wird zwar gemeinhin eine höhere soziale Kompetenz zugeschrieben, gleichwohl ist bei ihnen ein Mangel an sozialer Unterstützung eher problematisch.

Aus sportwissenschaftlicher Sicht ist interessant, ob die sportliche Aktivität die Zugewinne bedingt oder ob es einfach nur darauf ankommt, seine Freizeit – sei es nun Sport, Musik oder etwas anderes – regelmäßig in einem formal organisierten Rahmen zu verbringen. Letzteres wird durch die Aussage von Argyle (1992) nahe gelegt. Von einem formalen Organisationsrahmen spricht man, wenn in Gruppen eine Mitgliedschaft besteht, Werte und Normen definiert, von den Mitgliedern geteilt und Prozessabläufe geregelt sind (vgl. Girschner, 1994). Hoffmann (2003) hat diesbezüglich von einer *strukturellen Integration* gesprochen.

Eine Tübinger Arbeitsgruppe um Schlicht (1997) hat drei Gruppen von adoleszenten Jugendlichen miteinander verglichen. Die eine Gruppe bestand aus Jugendlichen, die mindestens einmal pro Woche Sport im Verein betrieb. Die andere Gruppe von Jugendlichen betätigte sich mindestens einmal wöchentlich aktiv im Musikverein, in einer kirchlichen oder anderen Jugendgruppe, betrieb aber keinen regelmäßigen Sport. Die dritte Gruppe – zahlenmäßig die kleinste – bestand aus nicht formal organisierten Jugendlichen. Der Vergleich der drei Gruppen galt verschiedenen Variablen des sozialen Netzes und der sozialen Unterstützung.

In Vereinen formal organisierte Jugendliche, gleichgültig, ob sie nun sportlich aktiv sind oder sich anderweitig regelmäßig betätigen, haben das größere soziale Netzwerk und benennen mehr potenzielle und tatsächliche Unterstützungspersonen als nichtorganisierte Jugendliche.

Das deckt sich mit der Annahme von Argyle (1992). Schaut man etwas genauer in die Daten, dann findet sich aber auch ein spezifischer Vorteil der sportvereinsaktiven Jugendlichen. Sie benennen mehr Freundschaften zu Gleichaltrigen (peers), und sie berichten über häufigere Freizeitkontakte zu ihren peers.

Dem stehen allerdings die Befunde der Längsschnittstudie entgegen, die von einer Paderborner Arbeitsgruppe durchgeführt wurde (Brettschneider & Kleine, 2002). Die Autoren zeigen, dass die bloße Vereinsmitgliedschaft noch nicht hinreichend ist, unterstützende soziale Netzwerke aufzubauen oder gar freundschaftliche Beziehungen zu stiften.

Was u. a. Argyle (1992) angedeutet hat, kann trotz der in Teilen widersprüchlichen Befunde so stehen bleiben: Die Teilnahme an organisierten, sportlichen Aktivitäten begünstigt die Netzwerkbildung und bietet die Bedingung der Möglichkeit für Sozialbeziehungen.

Der Aufbau von sozialen Beziehungen, in und außerhalb von Gruppen, ähnelt einem Hürdenlauf und mündet, wenn die Hürden erfolgreich überwunden wurden, in einem sozialen Netz mit Freunden und Bekannten, die einen im Alltag und in Krisensituationen unterstützen können. Sportliche Aktivität scheint dafür günstige Rahmenbedingungen zu gewähren, senkt – um im Bild zu bleiben – die Höhe der Hürden. Im Ziel angelangt, müssen Beziehungen „gepflegt" werden. Man muss sich ständig angleichen und austauschen, sonst gehen die Beziehungen zu Bruch. Insbesondere Jugendliche suchen im Sport Freunde.

Da sportliche Betätigung zusätzlich auch noch mit gesundheitlich positiven Wirkungen verbunden sein kann, besteht hinlänglich Grund, diese Aktivität zu empfehlen und sie selbst aktiv zu betreiben. Im Gegensatz zu dieser Einsicht ist Bewegungsmangel in unserer hoch technisierten Welt aber der am weitesten verbreitete Risikofaktor für Verschlusskrankheiten der Koronararterien (vgl. Schwarzer, 1996).

Mangelt es den sportabstinenten Personen etwa an positiven Einstellungen zur sportlichen Betätigung oder was hindert sie, vorhandenen positiven Einstellungen Taten folgen zu lassen? Aber das ist ein Thema, das wir schon im Kapitel 2 behandelt haben und hier nicht weiter zu vertiefen brauchen.

Stichwort: Sozialer Rückhalt (SR)

Begriff. SR steht für das Gesamt der Sozialbeziehungen einer Person. Aus Sicht der Soziologie stehen die *sozialen Netze* im Vordergrund. Damit sind die strukturellen Merkmale der sozialen Beziehungen angesprochen: Die Anzahl der Netzwerk-Personen, deren Status und geographische Nähe, die Häufigkeit und die Dauer der Kontakte zu ihnen. Die Psychologie untersucht die unterstützende Funktion der sozialen Kontakte in der Alltags- und Krisenbewältigung. *Soziale Unterstützung* ist ein Konzept, das sich stärker mit der wahrgenommenen, denn mit der tatsächlich erhaltenen Unterstützung befasst. Unterschieden werden psychologische (z. B. emotionaler Zuspruch) und instrumentelle Formen (z. B. finanzielle Hilfe) der Unterstützung.

Bedeutung. Nach den bislang vorliegenden Befunden scheint sich das Fehlen sozialer Unterstützung negativ auf die Gesundheit und – bei Jugendlichen – auf die gelingende Entwicklung auszuwirken. Sporttreiben bietet eine günstige Möglichkeit der Netzwerkbildung und damit des Aufbaus von sozialer Unterstützung.

Wichtige Literatur
Laireiter, A. (Hrsg.). (1993). *Soziales Netzwerk und soziale Unterstützung.* Bern: Huber.
Schwarzer, R. & Leppin, A. (1989). *Sozialer Rückhalt und Gesundheit.* Göttingen: Hogrefe.

7. Auf immer Dein!?

Organisationen wie Sportvereine, Fitness-Studios oder andere Einrichtungen, in denen eine formale Mitgliedschaft besteht, können nur existieren und auf Dauer funktionieren, wenn es ihnen gelingt, ihre Mitglieder dauerhaft an sich zu binden. Nun scheint in der modernen Gesellschaft gerade die Bindung an Organisationen etwas zu sein, was Menschen nicht wollen. Vor allem Jugendliche, die immer so etwas darstellen wie die Avantgarde einer Gesellschaft, flüchten aus den Organisationen und entziehen „... den in sich kreisenden Institutionen das Leben" (vgl. Beck, 1997, S. 14).

Was in dieser Aussage abstrakt beschrieben wird, zeigt sich in unterschiedlichen Phänomenen: In der Zunahme von Scheidungsraten, in der Abkehr Jugendlicher von politischen Parteien (Jugendwerk der Deutschen Shell, 1997) oder im Rückgang der Sportvereinsmitgliedszahlen mit zunehmendem Alter von Jugendlichen (Heinemann & Schubert, 1994; Kurz et al., 1996). In soziologisch fundierten Ansätzen zum *Wertewandel* (u. a. Inglehardt, 1977; Klages, 1985; für den Sport Digel, 1993) finden sich Erklärungsmuster für das angedeutete Phänomen: Gemeinschaftswerte geraten in Konflikt mit Individualwerten.

Sie ersetzen diese nicht, führen aber zu einer Betonung von Spontaneität, Selbstbestimmung und Freiwilligkeit. Sie mindern damit zugleich Pflichtbewusstsein, formale Orientierung und Institutionengehorsam. Wie Beck (1997, S. 17) darlegt, sind „politische Parteien, Gewerkschaften, Kirchen, Vereine usw. (unfähig), mit der gewachsenen Vielfalt umzugehen".

Wie könnte es nun gelingen, die Mitglieder einer Organisation an diese zu binden? Eine solche Frage ist nicht zuletzt sozialtechnologisch motiviert. Antworten hierauf bereiten also Interventionen in Organisationen theoretisch fundiert vor.

Organisations- und sozialpsychologische Erklärungsansätze können eine Antwort geben. Wenn Menschen selbst unter widrigen Umständen einer Organisation die Treue halten, wenn sie sich in dieser Organisation mehr engagieren, als es die bloße Mitgliedschaft nahe legt und wenn sie auch noch stolz darauf sind, der Organisation anzugehören, dann zeigen sie ein *organisationales Commitment* (zusammenfassend Moser, 1996).

Sie sind nicht nur strukturell (*strukturelles Commitment*), in dem sie ihre Mitgliedschaft erklären und sich daraus Rechte und Pflichten ableiten lassen, sondern vor allem auch emotional und motivational an ihre Organisation gebunden (*empfindendes Commitment*).

Die vielen freiwillig und ehrenamtlich tätigen Mitglieder in Sportvereinen und -verbänden stehen beispielhaft hierfür. Personen mit einer starken Empfindung von Commitment verzichten darauf, Verhaltensalternativen wahrzunehmen. Abstrakt lässt sich formulieren: sie üben in einer Optionsgesellschaft Optionsverzicht!

Um dieses „paradoxe" Verhalten zu verstehen, ist eine weitere wesentliche Unterscheidung des organisationalen Commitments wichtig, nämlich jene zwischen fortsetzungsbezogenem und wertbezogenem Commitment.

Fortsetzungsbezogenes Commitment bedeutet, an einer Organisation festzuhalten, weil die Abkehr von dieser Organisation mit Nachteilen, also mit einer Bestrafung verknüpft wäre. Der Optionsverzicht ist also implizit erzwungen.

Wertbezogenes Commitment ist demgegenüber eher an Belohnungen, an subjektiv wertbesetzten Anreizen orientiert, welche die Person in der Organisation wahrnimmt. Die Person bleibt in der Organisation, nicht weil sie Angst hat, bestraft zu werden, wenn sie dieser den Rücken kehrt, sondern weil sie in der Organisation Anreize wahrnimmt, die sie für wertvoll erachtet und die sie verliert, wenn sie geht. Sie entscheidet sich also für die aus ihrer Sicht bessere Alternative.

Wenn man so will, übt sie keinen Optionsverzicht, sondern wählt das bestehende Angebot, weil es ihr stärker zusagt.

Was zur Aufrechterhaltung von sozialen Beziehungen beschrieben wurde und ursprünglich auf die *Austauschtheorie* von Thibaut und Kelley (1959; Kelley & Thibaut, 1978) zurückgeht (vgl. Kapitel 4), lässt sich auch hier zur Erklärung heranziehen. Dort wurde ausgeführt, dass Personen eine Beziehung aufrechterhalten, wenn sie mit dieser zufrieden sind, und sie sind zufrieden, wenn sie für ihre Investitionen einen angemessenen Gegenwert erhalten. Rusbult und Kollegen haben dieses Modell erweitert und auf die Erklärung von Commitment bezogen (vgl. Drigotas & Rusbult, 1992; siehe auch Rusbult, Johnson & Morrow, 1986).

Das Modell, das zunächst für romantische Beziehungen entstanden ist, hat sich auch im Kontext von Organisationen des Arbeitslebens bewährt. Es lässt sich auch auf Organisationen übertragen, die vornehmlich in der Freizeit aufgesucht werden: Nonprofit- und Profitorganisationen des Sports.

Nebenbei: Sportanbieter werden häufig so genannten Sektoren zu geordnet. Der *Erste Sektor* wird als *Öffentlicher Sektor* bezeichnet. Dazu gehört zum Beispiel das Angebot des Sportunterrichts in der Schule. Profitorganisationen bilden den *Zweiten Sektor*. Dabei handelt es sich allgemein um den Markt als Anbieter wie zum Beispiel kommerzielle Fitnessstudios und ähnliches. Vereine aber auch andere Non-Profitorganisationen wie Stiftungen, Gewerkschaften usw. sind dem so genannten *Dritten Sektor* zuzuordnen.

Zu den Forschungsthemen, die diesen Dritten Sektor betreffen, gehören zum Beispiel die Ehrenamtlichkeit, die Arbeitsmarktchancen, die sich im Dritten Sektor ergeben oder auch die Rolle von Sportvereinen bei der Europäisierung (vgl. z. B. Cachay, Thiel & Meier, 2001; Heinemann & Schubert, 1994; Jütting, 1999; Strob, 1999).

Einmal angenommen, eine Person besitzt ein Abonnement eines Fitnessstudios (also ein Element aus dem Zweiten Sektor), das ihr die Möglichkeit gewährt, wann immer sie will, die Einrichtungen dieses Studios zur sportlichen Betätigung zu nutzen. Die Eigentümer des Studios hätten selbstverständlich ein (pekuniäres) Interesse, dass die Person ihr Abonnement verlängert, und dass sie das Studio regelmäßig besucht, um bei dieser Gelegenheit die dort angebotenen Speisen und Getränke zu konsumieren und in wiederkehrenden Abständen ihre Sportgarderobe aus dem studioeigenen Sportshop zu erneuern. Nehmen wir weiterhin an, die Person sei mit ihrem Studio unzufrieden. Wie verhielte sie sich in diesem Fall? Überträgt man das Modell von Rusbult et al. (1986; Rusbult, 1988) auf dieses fiktive Beispiel, dann ergeben sich vier Möglichkeiten:

- die Person könnte zu einem anderen Studio *abwandern,*
- sie könnte ihrem Studio *treu bleiben,* obgleich sie nicht gänzlich zufrieden ist,
- sie könnte sich *beschweren* oder
- sie könnte ihr Studio *vernachlässigen,* in dem sie etwa nur noch einmal die Woche statt dreimal trainiert.

Wandert sie ab (*exit*), dann verhält sie sich *aktiv-destruktiv.* Beschwert sie sich (*voice*), dann verhält sie sich *aktiv-konstruktiv. Passiv-konstruktiv* ist sie, wenn sie ihrem Studio trotz ihrer Unzufriedenheit treu bleibt (*loyality)* und *passiv-destruktiv* reagiert sie, wenn sie ihre Studioaktivität reduziert (*neglect*). Es entsteht also ein Vierfelder-Schema mit den Reaktionen auf Unzufriedenheit (siehe Tabelle 9).

Tabelle 9: Reaktion auf Unzufriedenheit (Rusbult et al., 1986).

	aktiv	*passiv*
konstruktiv	beschweren (voice)	treu bleiben (loyality)
destruktiv	abwandern (exit)	vernachlässigen (neglect)

Ein derartiges Schema beschreibt zunächst einmal nur in differenzierter Weise das beobachtete Phänomen. Wünschenswert wäre es, vorherzusagen, unter welchen Bedingungen, welche der vier Reaktionen auf Unzufriedenheit gezeigt werden. Auch hierzu machen Rusbult et al. (1986) einige Angaben, die sich in verschiedenen empirischen Studien bewährt haben:

- Wurde viel investiert, sei es an Geld, Zeit, Geduld, Anstrengung, Vertrautheit, dann sind *Beschwerde* und *Loyalität* wahrscheinlicher als *Vernachlässigung* oder *Abwanderung*. Gerade die letztgenannte Reaktion bedeutete in diesen Fällen einen Verlust der bisherigen Investitionen.

- Existiert eine qualitativ gleichwertige oder gar höherwertige Alternative, dann folgen mit hoher Wahrscheinlichkeit *Abwandern* und *Beschwerde* statt *Vernachlässigung* oder *Treue*.

Auf eine einfache Formel gebracht lassen sich diese Vorhersagen zu einem Modell mit drei Variablen verknüpfen, das als *Investitionsmodell* bekannt ist (Drigotas & Rusbult, 1992), und das in modifizierter Form von Scanlan, Simons, Carpenter, Schmidt und Keeler (1993) zur Erklärung der Sportmotivation verwendet wurde:

$$\text{Commitment} = \text{Zufriedenheit} + \text{Investitionen} - \text{Alternativen}$$

Auf das Modell der Arbeitsgruppe von Scanlan gehen wir hier weiter nicht ein, da es sich dabei um die Erklärung von verhaltensbezogenem Commitment handelt. In diesem Kapitel soll aber das organisationale Commitment im Vordergrund stehen.

Die Bindung an eine Organisation (Commitment) ist demnach eine Funktion der Zufriedenheit mit der Organisation plus der bereits erfolgten Investitionen, abzüglich der Attraktivität der Alternativen. Die Zufriedenheit hängt maßgeblich von den Belohnungen ab, die man aus der Beziehung zur Organisation erhält. Erfahren Personen also hohe Belohnungen und haben sie viel investiert, dann haben sie eine Menge zu verlieren, wenn sie der Organisation den Rücken kehren. Abwandern „lohnt" sich erst, wenn sie eine Alternative haben, die mehr Anreize bietet als das bisherige Angebot.

Das gewählte Studio-Beispiel steht für Profitorganisationen, lässt sich aber auch auf Non-Profitorganisationen aus dem Dritten Sektor übertragen.

Nicht alle der 25 Millionen Mitglieder des DSB sind aktive Mitglieder. Eine beträchtliche Anzahl zahlt ihren Beitrag, ohne selbst aktiv zu sein und

finanziert damit das Sporttreiben der aktiven Mitglieder (vgl. Heinemann &
Schubert, 1994).

Es ginge zu weit, dieses (prosoziale) Verhalten als *loyality* zu deuten, die aus
der Unzufriedenheit mit dem Verein erwächst. Das gibt es sicherlich auch,
dürfte bei einem Großteil der passiven Mitglieder aber nicht die Regel sein.

Loyality ja, Vernachlässigung aber nicht auf Grund von Unzufriedenheit,
sondern vermutlich deshalb, weil sich die Sportinteressen der passiven Personen verändert haben, man sich etwa als ehemaliger Leistungssportler noch
nicht „reif" wähnt für den „Jedermannsport" oder man auf Grund seines Alters
meint, nicht mehr sportlich aktiv sein zu sollen; aber auch, weil der Verein
kein Angebot offeriert, das attraktiv genug ist, um aktiv zu sein.

In dem letztgenannten Falle wird die Loyalität um so eher bestehen bleiben, je länger das Mitglied dem Verein angehört (hohe *Vertrautheit*) und je
mehr es im Verein Statusbedürfnisse befriedigt sieht. In einem angesehenen
Verein eines kleineren Ortes Vorstandstätigkeiten auszuüben, kann mit einer
hohen sozialen Anerkennung verknüpft sein.

Bei Jugendlichen, die zwar nach wie vor überproportional häufig Mitglied
eines Sportvereins sind, besteht im Vergleich zu Erwachsenen eine geringere
Vertrautheit zum Verein, und sind Anreize vor allem durch körper- und sozialbezogene Aspekte des Sporttreibens gegeben. Entfallen diese, werden sie
schwächer. Sehen Jugendliche diese bei anderen Organisationen oder in freien
Gruppen eher befriedigt, dann kehren sie dem Verein den Rücken zu.

Sie wandern ab, um in der Terminologie von Rusbult et al. (1986) zu bleiben. Das ist mit zunehmendem Alter der Fall. Zwischen dem 15. und 18.
Lebensjahr verlassen viele Jugendliche den Sportverein.

Das bedeutet nicht zugleich, dass sie die sportliche Betätigung ganz aufgeben (vgl. Brettschneider & Bräutigam, 1990; Jugendwerk der Deutschen
Shell, 1997; Kurz et al, 1996). Sie finden offenbar eine interessantere Alternative.

In der Literatur gibt es verschiedene Vorschläge, um auf diesen Sachverhalt zu reagieren. Nagel (1998) beispielsweise hat sich mit der Frage beschäftigt, ob vermehrte Beteiligungsmöglichkeiten Jugendliche stärker an den Verein binden. Mit Partizipationsmöglichkeiten ist gemeint, Jugendliche an der
Gestaltung des Trainings oder des gesamten Vereinslebens zu beteiligen. Das
kann entweder informell oder formell in dafür vorgesehenen Funktionen, wie
Vorstandsämtern, Übungsleiterpositionen oder ähnlichem geschehen.

Nagel (1998, S. 193) bewertet den Erfolg derartiger Strategien zurückhal-
tend: „... kann Partizipation nicht der einzige Lösungsansatz für das Bindungs-

problem sein, sondern es müssen weitere Einflussfaktoren berücksichtigt werden."

Wir haben schon in den vorhergehenden Kapiteln immer wieder festgestellt, dass Jugendliche im Sportverein insbesondere Freunde suchen und diese tatsächlich finden können (Schlicht, 1999b; Tietjens, 2001). Dazu kommt die Suche nach körperbezogenen Erlebnissen. Das bedeutet für den Verein auch, traditionelle Angebote des Sports um neue Bewegungsformen zu ergänzen.

Dabei ist Rittner (1995) zuzustimmen, dass nicht jede neue Bewegungsmode von Dauer ist, sondern nur jene, die sich mit modernen Lebensstilen verknüpfen lassen. Für Jugendliche ist dieser Lebensstil zurzeit (noch) gekennzeichnet durch Begriffe wie Coolness, Lockerheit und Lässigkeit, aber auch Fitness.

In diesem Sinne geht es also einerseits darum, Anreize zu schaffen, andererseits aber auch Investitionen zu verlangen. Investitionen sollten bei Jugendlichen nicht in erster Linie monetärer Art sein, sondern könnten im übertragenen Sinne bedeuten, Anstrengungen in eine gesteigerte Fitness zu investieren. Spaß haben und nach Fitness streben, das sind offenbar keine Gegensätze. Sie ergänzen sich wechselseitig.

Abstrakter, auf der Ebene soziologischer Theorien argumentiert, Spaß haben entspricht einem Verhaltenstypus, der die innenorientierte Semantik der Erlebnisgesellschaft trifft (vgl. Schulze, 1992). Fit sein und nach Fitness streben, rückt den Wunsch nach Gestaltbarkeit des eigenen Körpers in den Vordergrund und steht damit gegen das Elias'sche Diktum zunehmender Körperdistanzierung in der Moderne (siehe Elias, 1979).

Organisationen müssen sich an den Bedürfnissen ihrer Kunden orientieren. Bei Profitorganisationen ist das eine weithin akzeptierte Strategie, die unter dem Stichwort des Qualitätsmanagements gehandelt wird. Auch Non-Profitorganisationen wie die Sportvereine werden sich diesem Grundsatz öffnen müssen, um ihre Mitglieder dauerhaft an sich zu binden.

Im bisherigen Gang der Darstellung war Commitment stillschweigend positiv konnotiert. Das ist einseitig und es soll deshalb auch die negative Seite beleuchtet werden.

Erstens kann es einer Organisation gut tun, wenn sie sich in gewissen Zeitabständen personell erneuert. Zweitens kann Commitment für den Einzelnen bedeuten, sich abhängig zu machen. Drittens kann Commitment eskalieren und in blinden Gehorsam und Fanatismus münden. Gerade das Letztgenannte sollte bedenken, wer allzu bereitwillig und unkritisch politischen Versprechungen Beifall spendet, die das Heil in einer Stärkung der Gemeinschaft sehen.

Ferdinand Tönnies, der Doyen der deutschen Soziologie, hat *Gesellschaft* und *Gemeinschaft* am deutlichsten unterschieden. Gesellschaften sind ledig-lich Artefakte, sie sind auf Zeit begründet und bestehen im bloßen Neben-einander voneinander unabhängiger Personen. Gemeinschaften sind dagegen auf Dauer angelegt, sie sind real und durch ein echtes Zusammenleben begrün-det. In ihnen teilt man gemeinsame Werte, man pflegt die selben Bräuche und hat identische Glaubensgrundsätze.

In dieser Form der Deindividuation liegt das eigentliche Problem, auf das schon Tönnies (1995, S. 241) hingewiesen hat. In der Gemeinschaft „...ist der Horizont verengt auf die eigene Gruppe" (siehe auch Bausinger, 1998).

Von ihrem Ursprung sind Gemeinschaften durch Blutsbande begründet. Die jüngere deutsche Geschichte ist Warnung genug vor moralisierenden Heilsversprechungen einer Gemeinschaftlichkeit.

Das Bemühen, aus Gesellschaften, die sich auf einen Vertrag zwischen verschiedenen Individuen gründen, die also auf Zeit miteinander agieren, um auf diesem Weg ihre Ziele zu erreichen, Gemeinschaften zu machen, wird im amerikanischen Profisport als *players loyality* beschrieben (vgl. Russel, 1993). Sicherlich findet sich dieses Phänomen auch im europäischen Sport.

Players Loyality beschreibt eine extreme Form der Einflussnahme. Sie meint die bedingungslose Unterordnung des einzelnen Spielers unter die Mannschaft bis hin zur Deindividuation.

Erreicht wird diese extreme Form von Commitment durch ritualisierte Formen der Herrschaft des Trainers über die Spieler. Ein neu in eine Mannschaft aufgenommener Spieler wird zunächst degradiert (z. B. Ersatz-bank-Verweise). Um den Spieler nicht dauerhaft zu demotivieren, folgt ein „Spiel mit den Gefühlen".

Der Trainer tritt als väterlicher Freund und Berater auf, der für seinen Spieler „in allen Lebenslagen" da ist, der aber auch erwartet, dass der Spieler da ist, wenn der Trainer nach ihm verlangt.

Die Verpflichtung auf das Team erfolgt in einem öffentlichen Spektakel, mit der Unterschrift des Vertrags und der Übergabe der Vereins-Insignien wie Wimpel, Trikots u. ä. Die Absicht ist es, den Spieler Alltags umfassend in das Team zu integrieren. Die Sportmannschaft soll zum Freundeskreis werden. Die persönlichen Ziele sollen sich an den Zielen der (Spiel-)Gemeinschaft aus-richten. Eine solche Form der bedingungslosen Loyalität zur Gruppe und Mannschaft mag sich anfänglich als leistungsförderlich erweisen. Sie ist aber längerfristig sowohl für den Spieler als auch das Team mit Nachteilen verbunden.

Die Übernahme der Werte und Einstellungen einer Organisation führt letztlich zur Nivellierung von interindividuellen Differenzen: Alle Mitglieder der Gemeinschaft denken in dieselbe Richtung. Das ist solange unschädlich, wie man mit Erfolg agiert.

In kritischen Situationen schlägt das Pendel allerdings um. Janis und Mann (1977) beschreiben das Phänomen des *group-think*, des Gruppendenkens. Statt neue Informationen zuzulassen und sogar solche aktiv aufzusuchen, die dem Korpsgeist widersprechen, halten die Mitglieder in einer Form der Selbstzensur und des Konformitätsdruckes an ihrem von der Gemeinschaft vereinbarten Konzept fest. Sie versäumen dadurch die Möglichkeit, eine rationale, auf Informationssuche und -nutzung gründende Entscheidung zu treffen.

Es herrscht eine „Philosophie" des *Weiter so - das haben wir doch immer schon so gemacht!* Beispielsweise unterbleibt die Umstellung auf ein modernes Spielsystem oder im Profisport wird die „Verjüngung" einer Mannschaft versäumt. Schulz-Hardt und Frey (2000) sprechen in solchen Fällen von *Gelernter Sorglosigkeit*. Sie äußert sich in vier Symptomen:

- „*Verzögertes Lernen*: Es besteht nur noch eine herabgesetzte Fähigkeit, Gefahren und potentielle negative Auswirkungen eigenen Verhaltens zu erkennen sowie darauf reagieren zu können.

- *Verringerte Motivation zur Gefahrenaufdeckung*: Neben der Fähigkeit mangelt es zugleich an Motivation, das eigene Handeln oder Nichthandeln zu hinterfragen und auf drohende Risiken aufmerksam zu werden.

- *Unkritisch gehobene Stimmung*: Man fühlt sich sorgenfrei und unverwundbar bis hin zur Euphorie („Alles läuft bestens"), während realistischerweise Anlass zur Besorgnis gegeben wäre.

- *Verkürzte Zeitperspektive*: Das Denken und Handeln ist in hohem Maße auf die Gegenwart sowie die allernächste Zukunft fixiert. Längerfristige (positive oder negative) Folgen werden ausgeblendet, da man sich auf „... die diffuse Erwartung verlässt, dies werde sich schon alles finden". (Schulz-Hardt & Frey, 2000, S. 195).

Immer mal wieder hört man auch von spektakulären Vereinspleiten. Mannschaften müssen in der laufenden Spielsaison zurückgezogen werden. Die bislang absolvierten Spiele werden annulliert. Als Beobachter hat man keine Kenntnis vom tatsächlichen Geschehen innerhalb der verantwortlichen Vereinsvorstände, das schließlich in der Pleite mündet.

Man kann vermuten, dass auch hier group-think-Prozesse beteiligt sind. Ein (unprofessionelles) Management „wurstelt" sich im Vertrauen auf den inneren Zusammenhalt der Gruppe eine Weile durch, obgleich die Signale einer bevorstehenden wirtschaftlichen Katastrophe frühzeitig erkennbar waren. Was kann man dagegen tun? Eine Möglichkeit, die für Wirtschaftsorganisationen empfohlen wird, besteht darin, einen *advocatus diaboli* zu bestellen. Dessen Aufgabe besteht darin, sämtliche Entscheidungen, die von der Gruppe gefällt werden, kritisch zu hinterfragen. Damit diese Person, würde sie dauerhaft agieren, nicht mit dem Etikett des Nörglers behaftet wird, sollte die Position des *advocatus diaboli* unter den Gruppenmitgliedern rotieren.

Rotation und Austausch der Gruppenmitglieder ist für sich genommen bereits eine geeignete Maßnahme gegen group-think. Die Mitglieder einer Entscheidungsgruppe sollten auf Zeit bestellt werden, Wiederwahl sollte nach Möglichkeit nur bedingt gestattet sein.

8. Was alle gerne wollen, aber nur einige können

Sport erscheint heute als ein Massenphänomen. Sport treiben junge und alte Menschen, Männer und Frauen, Menschen mit viel und solche mit wenig Geld.

Das war nicht immer so. Noch in den späten 1960er und frühen 1970er Jahren stellten Soziologen wie Lüschen (1963), Schlagenhauf (1977) oder Voigt (1978) fest: Sporttreiben, das ist in aller erster Linie ein Vergnügen der jungen Männer der oberen Mittelschicht. Sport spiegelte mit seiner dominanten Orientierung an Konkurrenz und Rekord in idealer Weise das Lebensgefühl und die Wertorientierungen dieser Altersgruppe und Sozialschicht wider: Sich im sportlichen Training anstrengen, seine Bedürfnisbefriedigung aufzuschieben und sich im fairen Wettkampf bewähren.

Bei den nahezu 25 Millionen Menschen, die sich in den über 80.000 Vereinen des DSB engagieren und bei mehr als 5.000 Fitnessstudios, die mit den Einnahmen ihrer Kunden wirtschaften können, scheint *soziale Ungleichheit* für den Sport kein Thema mehr zu sein.

Naiv wäre es anzunehmen, die vielen Sporttreibenden hätten das Lebensgefühl der männlichen Mittelschicht inzwischen übernommen und sie fänden sich deshalb alle im wettkampforientierten Sport wieder. Dem ist sicherlich nicht so. Vielmehr hat sich das Sporttreiben verändert. Es ist vielfältiger geworden und wird genutzt, um differente Bedürfnisse zu befriedigen. Darunter ist das Bedürfnis nach Leistung und Konkurrenz nur noch eines unter anderen.

Digel (1993), Heinemann (1999), Jütting (1986) oder auch eine ganze Reihe anderer Autoren haben mehr oder minder einander ausschließende (*disjunkte*) Kategorien vorgeschlagen und diese als Sportmodelle oder Bewegungsmoden bezeichnet. Im Großen und Ganzen sind es fünf Kategorien:

- Das Modell des *Wettkampfsports*, den man im Spitzensport und im Breitensport findet und der seine „Heimat" im Sportverein hat.
- Das Modell des *kommerzialisierten Sports*, der kundenorientiert die Bedürfnisse nach Fitness, Spaß und Wohlbefinden befriedigt und seine „Heimat" in den Studios und den Touristikunternehmen hat.
- Das Modell des *Gesundheitssports*, den man bei verschiedenen Anbietern findet und der betrieben wird, um die Gesundheit zu steigern, zu erhalten oder wiederherzustellen.

- Das Modell des *alternativen Sports* mit seinen verschiedenen Bewegungsszenen wie Inline-Skating, Streetball, Rafting, Biking oder ähnliche Sporaktivitäten.

- Das Modell des *regenerativen Sports* mit Tai-Chi-Quan und ähnlichen fernöstlichen Bewegungsformen.

Mit seinen verschiedenen Orientierungen ist Sport vielfältiger, zugleich aber auch diffuser geworden und hat sich neue gesellschaftliche Gruppen erschlossen.

Grupe (1987) spricht gar von einer *Versportung der Gesellschaft* und einer *Entsportlichung des Sports*, die sich in der Abkehr vom dominanten Wettkampfsport äußert. Heinemann und Dietrich (1989) haben diesbezüglich vom *Nichtsportlichen Sport* gesprochen.

Ist damit also die soziale Ungleichheit im Sport aufgehoben? In der einschlägigen Literatur beobachtet man seit wenigen Jahren eine Wiedergeburt des Themas. Die Kernannahme ist, dass die Zugehörigkeit zu einer bestimmten sozialen Gruppierung nicht länger die Sportteilnahme bedingt, sondern die Bewegungsvorlieben beeinflusst.

8.1 Stratifizierung

Wenn man sich mit dem Thema der sozialen Ungleichheit befasst, dann stößt man auf den Namen *Theodor Geiger* (1891-1952). Dieser hat 1932 ein Werk vorgelegt, das den Titel *Die soziale Schichtung des deutschen Volkes* trägt.

Er beschreibt darin die deutsche Gesellschaft als eine in drei Schichten geteilte:

(1)   in ein Großbürgertum, das mit dem Adel, dem Militär und der Bürokratie die gesellschaftliche Macht in Händen hielt,

(2)   in ein sozial deklassiertes Kleinbürgertum, dem ein Großteil der Industriearbeiterschaft angehörte und

(3)   in einen ambivalenten Mittelstand, der zunehmend proletarisierte.

Die Beschreibung der Schichtung ist das eine, was in diesem Werk geleistet wird. Die Präzisierung des Begriffes *Soziale Schicht,* die ebenfalls in diesem Buch vorgenommen wird, ist aus der heutigen Sicht fast noch bedeutsamer. Schichten sind nach Geiger nicht nur Gruppen von Personen, die sich auf der Grundlage statistischer Kennziffern des Lebensstandards, der Bildung und des Zugangs zu gesellschaftlichen Machtpositionen unterscheiden lassen. Schichten lassen sich analytisch in drei Dimensionen trennen:

- in die *Soziallage,*
- in die *Schichtdeterminanten* und
- in die *Schichtmentalitäten.*

Die *Soziallage* kennzeichnet unterschiedliche Lebenschancen und -risiken, gesellschaftlichen Rang und öffentliches Ansehen.

Schichtdeterminanten entscheiden über die Soziallage. *Max Weber* sah im Zugang zu den Produktionsmitteln, in den ökonomischen Bedingungen, im Bildungsgrad und der beruflichen Position wesentliche Determinanten differenter Lebenschancen (u. a. Weber, 1972).

Schichtmentalitäten schließlich umfassen die typischen Wertorientierungen, Einstellungen und Verhaltensweisen der Mitglieder einer Sozialschicht. Im Sinne von Weber könnte man hier von der Lebensführung sprechen, die insbesondere auch von religiösen und weltanschaulichen Einflüssen geprägt wurde und wird (vgl. Abel, 1995).

In der jüngeren Literatur hat sich im Übrigen eingebürgert, statt von *Lebensführung* von *Lebensstil* zu sprechen.

Das Konzept des Lebensstils geht vornehmlich auf Bourdieu (1982), aber auch auf Simmel (1977) zurück. Es repräsentiert Werthaltungen und Einstellungen in gruppentypischen Verhaltensmustern. In der heutigen Debatte um den Lebensstil als einem sozialwissenschaftlichen Konstrukt (vgl. Hartmann, 1999; Müller, 1995), besteht eine weitgehende Übereinstimmung, dass Lebensstile kognitive, evaluative, expressive und interaktive Dimensionen enthalten.

Die *kognitive* Dimension meint die Art und Weise, wie Personen über Dinge (Objekte, Verhalten) in ihrer Umgebung denken, welche Meinungen sie dazu haben.

Die *evaluative* Komponente betrifft die emotional-affektiven Zustände, die durch die Meinungen ausgelöst werden, ob man also etwas eher gut oder eher schlecht findet. Beide Dimensionen spiegeln also unterschiedliche Komponenten von Einstellungen.

Interaktiv meint den Umgang mit anderen Personen in sozialen Gruppierungen.

Expressiv ist der nach außen erkennbare Geschmack, der sich beispielsweise im Verhalten oder in der Kleidungswahl zeigt. Lebensstile haben die Funktion, die eigene Identität zu definieren und sich von anderen Personen abzugrenzen (Distinktion).

Die geltende Annahme lautet, dass sich die Mitglieder einer Sozialschicht nach den drei von Geiger genannten Dimensionen unterscheiden lassen.

Menschen mit niedrigem Einkommen, niedrigem Bildungsabschluss und in untergeordneten beruflichen Positionen sind in vielerlei Hinsicht in der Gesellschaft benachteiligt. Sie tragen sogar ein höheres Risiko zu erkranken (man spricht von *Morbidität*) und frühzeitig zu versterben (*Mortalität*) (zusammenfassend Steinkamp, 1999).

Morbidität und Mortalität sind epidemiologische Merkmale, die mit verschiedenen Kennziffern beschrieben werden. Morbidität beschreibt die Rate der Erkrankung in einer definierten Population, Mortalität steht für die Rate der Verstorbenen in einer definierten Population. Beide Merkmale werden in aller Regel über diverse Indikatoren operationalisiert (z. B. als Gesamttodesrate in einem gegebenen Zeitabschnitt).

Für Personengruppen lassen sich verschiedene Maße ermitteln, die angeben, wie groß das Risiko ist, eine Erkrankung zu erleiden oder früher als der Durchschnitt zu versterben (zu genaueren Angaben siehe u. a. Stark & Guggenmoos-Holzmann, 1997).

Was sich für die Morbidität und Mortalität als „harte" Gesundheitskriterien zeigen lässt, das findet man auch für das präventive Verhalten. Mitglieder der unteren Schichten verhalten sich riskanter, indem sie mehr Alkohol konsumieren und rauchen (vgl. Scholz & Kaltenbach, 1995). Opper (1998) hat Ergebnisse vorgelegt, die zeigen, dass auch gesundheitsbezogene Sportprogramme genau jene nicht erreichen, für die es nach den vorliegenden Daten zur Morbidität und Mortalität am ehesten geboten wäre: Die Mitglieder der sozialen Unterschicht. Dort, wo diese erreicht werden, sind die präventiven Wirkungen zudem auch noch geringer als bei Angehörigen der Mittel- und Oberschicht.

Dieser letztgenannte Befund deckt sich mit den Erkenntnissen der Deutschen Herz-Kreislauf-Präventionsstudie (vgl. Breckenkamp, Laaser & Meyer, 1995). Präventive Maßnahmen zur Senkung des Cholesterins wirkten sich in der Oberschicht fast 15-mal stärker aus als in der Unterschicht.

Nun ist Gesundheit offensichtlich ein Gut, das einkommensabhängig nachgefragt wird, wovon dann auch der Gesundheitssport betroffen ist. Was dort gilt, muss sich nicht in genereller Weise auch in den anderen, oben genannten, Sportkategorien zeigen.

Zunächst gehen wir aber noch einmal zurück zur Einteilung von Gesellschaften in Klassen, Schichten, soziale Milieus.

Wer in ein Oben, Mitte und Unten unterscheidet, der schichtet vertikal und nimmt als Zuordnungskriterium das Einkommen, den erreichten Bildungsabschluss und die berufliche Position oder eine Mischung aus mehreren

Kriterien. Das Ergebnis nennt man eine vertikale Stratifizierung der Gesellschaft.

Etwa seit der Mitte der 80er Jahre ist dieses Modell in die soziologische Kritik geraten. Beck (1983, 1986) oder Kreckel (1983) beispielsweise sind der Auffassung, dass die vertikalen Schichtdeterminanten ihren prägenden Einfluss auf die Lebenschancen verloren haben. Beck (1983, S. 35) schreibt, dass „... Menschen in einem historischen Kontinuitätsbruch aus traditionellen Klassenbindungen und Versorgungsbezügen der Familie herausgelöst und verstärkt auf sich selbst und ihr individuelles Schicksal mit allen Risiken, Chancen und Widersprüchen verwiesen (sind)."

Allerdings ist mit Geißler (1994) festzustellen, dass auch traditionelle Zuweisungskriterien wie Bildungsniveau und Berufsstatus nach wie vor über die Lebenschancen in unserer Gesellschaft entscheiden. Neben der vertikalen Stratifizierung wird aber eine quer dazu liegende, horizontale Ungleichheit deutlicher.

Zu den Schichten treten die *Sozialmilieus*. Diese sind Großgruppen, die nicht durch Beruf, Einkommen und Eigentum verankert sind; die auch nicht durchgängig hierarchisch geordnet sind, und die auch nicht alleine durch traditionelle Zugangsbarrieren begrenzt werden.

Sie entstehen v. a. durch *Beziehungswahl*, wie Schulze (1992) es nennt. Bei dieser Wahl entscheiden auch die bereits genannten „Beziehungshürden" wie Ähnlichkeit in Alter, Bildung und vor allem Geschmack, wer sich zu wem gesellt.

Sushi-Liebhaberin und Startreck-Fan sucht den normalen Mann
Ich bin eine 46-jährige, sehr attraktive Wahlhamburgerin. Ich lache gern und viel. Ich mag die Natur, die Malerei, das Mittelmeer, Jazz, meine Kinder (bald flügge), meine Freunde und Mich. Ich bin ehrlich, zuverlässig und neugierig. (...) Suche den Mann, der für mich einen Regenschirm halten kann, zum Verwöhnen und um verwöhnt zu werden, Muscheln zu sammeln, Live-Musik zu hören, durch Ausstellungen zu flanieren oder einfach in der Frühlingssonne zu faulenzen.

Ein unmoralisches Angebot
soll das hier nicht werden, aber vielleicht kann ich anders überzeugen. Schon jetzt will ich mich für meine Vor-(lieben) entschuldigen, die da sind
• Leben mit Stil und ein bisschen Luxus,
• Gute Gespräche und romantische Gemütlichkeit in einem wunderschönen Ambiente,
• Reisen rund um die Welt und schikke Autos,
• Tennis und andere sportliche Power und was sich sonst noch so an Alltäglichem ergibt, wenn man zu zweit plant.

Die beiden obigen Beziehungsofferten aus der Wochenzeitung DIE ZEIT sollen dies illustrieren.

Moderne Gesellschaften sind stratifizierte Gesellschaften. Sie sind sowohl vertikal, als auch horizontal gegliedert. Bildung, Status, Einkommen sind typische Merkmale der vertikalen, dagegen Alter, Geschlecht, Religionszugehörigkeit solche der horizontalen Differenzierung.

Heinemann (1999) hat sich in seiner *Einführung in die Soziologie des Sports* mit der Frage befasst, welches (sportbezogene) Handlungspotenzial ausgewählte soziale Gruppen aufweisen. Seine Hypothese, die er mit einer Reihe von empirischen Befunden (etwa von Lüschen, 1963; Pfetsch, 1975) zu bewähren trachtet, lautet, Anforderungselemente von sportlichen Aktivitäten entscheiden darüber, welche Gruppen welchen Sport betreiben.

Körperkontaktsportarten sprechen demnach eher Personen niedrigerer Sozialschicht an, neuen sportlichen Bewegungsformen wenden sich Personen höherer Sozialschichten zu und traditionelle Sportorientierungen, wie Konkurrenz und Rekordstreben, sprechen eher Personen der Mittelschicht an. Bereits Gebauer (1986) hatte auf der Grundlage einer phänomenologischen Analyse ähnliche Zuordnungen behauptet. Er bezog sich dabei auf Bourdieu (1982) und dessen bereits genannter Arbeit zu den *feinen Unterschieden*.

Im jeweiligen Sporttreiben spiegelt sich der Lebensstil sozialer Milieus. Diese Auffassung vertritt auch Schulze (1992) in seiner kultursoziologischen Arbeit zur Erlebnisgesellschaft (siehe dazu auch Haubl, 1998). Sportliche Aktivität ist äußeres Zeichen definierter Einstellungen und Werthaltungen (vgl. Brettschneider, 1992).

Auch im Gesundheitsverhalten und damit auch im gesundheitsorientierten Sport wird dieses deutlich (vgl. Opper, 1998). Viele Präventionsempfehlungen, die auf das Verhalten abzielen – auch auf das sportliche –, decken sich mit der bevorzugten Lebensführung der Mittel- und Oberschicht (vgl. Kühn, 1999). Eine Erklärung für die unterschiedlichen Bevorzugungen von sportlichen Aktivitäten sind die Wert- und Deutungssysteme des Körpers, die sich schichttypisch unterscheiden. In ähnlicher Weise argumentiert auch Menze-Sonneck (1998) für den Mädchen- und Frauensport.

8.2 Empirische Befunde und Erklärungsversuche

Der bisherigen Form der Darstellung folgend, soll zunächst geklärt werden, welche empirischen Befunde aus jüngerer Zeit zur sozialen Ungleichheit im

Sport vorliegen, bevor nach Erklärungen für das beobachtete Phänomen gesucht wird.

Die beiden Soziologen Lamprecht und Stamm (1994) kommen nach Auswertung einer Befragung von 1.103 Personen aus der Schweiz zum Schluss, dass die Sportteilnahme kaum noch sozial bedingt sei. Die Sportarten- oder Bewegungspräferenz dagegen sei sehr wohl durch vertikale und horizontale Stratifizierungs-Merkmale beeinflusst:

- Erlebnissport in der freien Natur oder Gesundheitssport in Studios zieht Personen mit einem mittleren und gehobenen Bildungsabschluss und mit einem überdurchschnittlichen Einkommen an.

Das findet in Bezug auf gesundheitsorientierte Sportprogramme auch Opper (1998) in einer Studie an 863 Personen, die sie im Hochschulsport, in Fitnessstudios, bei der Bundeswehr und im Gemeindesport befragt hat (zum Gemeindesport siehe auch Woll, 1996). Zwei Ergebnisse sollen auch hier hervorgehoben werden: (1) „Gesundheitssport ist ein Privileg der Mittel- und Oberschicht" (S. 302) und – das ist aus vielen Studien zur sozialen Ungleichheit vertraut – (2) je höher der soziale Status, desto stärker profitieren Personen vom Gesundheitssport.

Kehren wir zurück zu den Daten von Lamprecht und Stamm:

- Arbeiter und Personen mit niedrigem Bildungsabschluss finden sich v. a. im medial repräsentierten Sport, vorwiegend auch als Konsumenten, weniger als Akteure.
- Leistungssport wird typischerweise von Singles betrieben, und verheiratete Personen mit Kindern findet man im Vereinssport.

Andere Daten aus der jüngeren Zeit stammen aus einer Surveystudie aus Nordrhein-Westfalen. Brinkhoff (1995) fasst die Befunde der NRW-Studie zum Vereinssport von Jugendlichen zusammen und stellt fest:

- Je mehr das Sportangebot dem traditionellen Charakter entspricht, also bei den Sinnorientierungen des Sporttreibens Konkurrenz und Rekordgedanke dominieren, umso mehr ist das Angebot eine Domäne männlicher Jugendlicher. Das zeigt sich auch in einer Arbeit von Alkemeyer, Braun und Gebauer (1996). Der Anzahl von Abiturienten an der Gesamtzahl der Spitzensportler in Deutschland beziffert sich auf über 8.000. Die dann noch verbleibenden ca. 2.000 Spitzensportler sind Realschul-Absolventen.
- Je mehr sich das Angebot von den traditionellen Orientierungen löst, umso unauffälliger werden die geschlechtstypischen Differenzen.

- Sport im Sportverein wird mehr von Gymnasiasten, denn von Jugendlichen der anderen Schularten nachgefragt.

Vereinssport ist also nach wie vor – zumindest bei der Gruppe der Jugendlichen – ein Sport der gehobenen Sozialschichten. Brinkhoff (1995, S. 473) formuliert: „Bei keiner anderen Sportgelegenheit ist die soziale Selektionsschwelle so hoch wie im Sportverein".

Menze-Sonneck (1998) analysiert aus dem Datenpool der NRW-Studie die Sportpräferenzen von Mädchen. Sie kommt zu dem Schluss, dass sich das häufig beobachtete Phänomen der Fluktuation von Mädchen aus dem Sportverein, bei einem Perspektivenwechsel positiv deuten lässt. Das sehen Sportverbände und -vereine selbstverständlich zunächst anders.

Menze-Sonneck nimmt dabei die Perspektive neuerer Entwicklungstheorien ein (u. a. Hurrelmann, 1985; Silbereisen, 1996). Jugendliche werden dort als aktive Agenten oder als Gestalter ihrer eigenen Entwicklung betrachtet. Durch ihr eigenes Verhalten legen sie – in einem vorgegebenen Rahmen – fest, welche Entwicklungsaufgaben gelöst und welche -ziele erreicht werden. Mädchen treffen im Vereinssport auf einen Sport, der u. a. im Jugendalter durch Leistungsstreben und Wettbewerb gekennzeichnet ist.

Das passt nicht zu den gesellschaftlichen Erwartungen an ihre Rolle. Das gesellschaftliche Rollenbild, das natürlich nichts anderes als ein Stereotyp ist (vgl. Kapitel 1), sieht Frauen als „weich" und „expressiv". Ausführlich kann man sich über Geschlechtsrollen und geschlechtstypischen Verhalten in einem Buch von Alfermann (1996) informieren.

Leistung und Konkurrenz im Sport verlangen „Härte" und „Durchsetzungsvermögen". Der Konflikt, der durch diese Erwartungsdiskrepanz entsteht, kann durch eine Abkehr der Mädchen vom Vereinssport gelöst werden. Bedauerlich wäre nur, wenn Mädchen so dem Sporttreiben gänzlich den Rücken kehrten.

Es fällt schwer, ein Fazit zu ziehen, das allen vorliegenden Daten zum Zusammenhang von sozialer Ungleichheit und Sporttreiben gerecht wird. Soviel lässt sich aber festhalten. Dem Sport ist es in den vergangenen 20 Jahren gelungen, Bevölkerungsgruppen zu erreichen, die bislang ausgeschlossen waren. Er hat dieses erreicht, in dem er seine dominante Orientierung am Konkurrenz- und Rekordprinzip aufgegeben hat. Überall dort, wo er an diesem Prinzip festhält, zeigen sich die traditionellen sozial bedingten vertikalen und horizontalen Zugangsbarrieren.

Insgesamt gilt aber, dass im Vergleich zu den 1980er Jahren nicht mehr die Sportpartizipation, sondern die Sportarten- oder Aktivitätspräferenzen sozial determiniert sind. Das wird auch deutlich am gesundheitsbezogenen

Sportangebot, das u. a. Personen der gehobenen Sozialschichten erreicht, für die Gesundheitsverhalten einen Lebensstilaspekt ausmacht. Sporttreiben ist für diese soziale Gruppierung auch ein geeignetes Mittel sozialer Distinktion (siehe dazu Cachay & Thiel, 2000).

Fällt es schon schwer, ein Fazit zu ziehen, welches den Daten gerecht wird, so ist es keineswegs leichter, eine Erklärung für die vorhandenen Differenzen zu liefern, die allgemein Akzeptanz findet. Nagel (1998) weist auf eine ganze Reihe ungeklärter Fragen hin:

• Indizieren die skizzierten Differenzen in der Sportteilnahme tatsächlich soziale Benachteiligungen bestimmter Schichten und Milieus oder sind sie lediglich Ausdruck unterschiedlicher Geschmackspräferenzen?

• Wie steht es um regionale Besonderheiten (Stadt und Land; Ski-, Wassersportregionen, u. ä.)?

• Reproduziert Sport lediglich die gesamtgesellschaftlich bestehenden Ungleichheiten oder erzeugt er andere, neue oder spezifische Formen?

Um diese Fragen zu beantworten, fehlt zurzeit ein allgemein akzeptierter theoretischer Entwurf. Ein Strukturmodell zur Erklärung unterschiedlichen Sportengagements haben Lamprecht und Stamm (1994) vorgeschlagen. Ihr Modell verknüpft traditionelle vertikale Schichtdeterminanten mit horizontalen Dimensionen, subjektiven Mentalitäten und Interaktionskontexten.

Die soziale Lage einer Person bestimmt nach diesem Modell, was an sportlicher Aktivität möglich ist, sie ist aber nicht alleine und automatisch verhaltensrelevant. Ihr Einfluss wird durch die anderen Dimensionen moderiert. Den Rahmen des Modells bildet das jeweilige gesellschaftliche Entwicklungsniveau, das durch seine ökonomischen, politischen oder auch rechtlichen Bedingungen das Ausmaß bestehender Ungleichheit festlegt. In diesen Rahmen binden sich die Strukturen der Ungleichheit ein. Diese sind sowohl durch vertikale als auch durch horizontale Determinanten beschrieben.

Je nach sozialer Lage ergeben sich unterschiedliche Chancen auf Bildung, auf einen daran geknüpften Arbeitsplatz und damit verbundene Privilegien. Von der Ungleichheitsstruktur beeinflusst werden der Habitus und der jeweilige soziale Interaktionskontext in Familie, am Arbeitsplatz und in der Wohnsituation. Diese gemeinsam führen zu einem Lebensstil, der sich als themenbezogener Stil auch im Sport- und Freizeitverhalten offenbart.

Aus einer anderen Tradition als die Modelle von Lamprecht und Stamm (1994) stammt ein Erklärungsansatz, den Lüschen (u. a. Lüschen, 1984; Rütten, 1989) für die Sportsoziologie brauchbar gemacht hat, nämlich die *Status-Kristallisations-Theorie*. Sie stammt ursprünglich von Lenski (1954).

Status meint die Gesamtheit der Positionen, die eine Person in einer sozialen Gruppierung einnimmt. Dieser Status kann *askriptiv* sein, etwa der Status der aus der Zugehörigkeit zu einem Geschlecht oder einer Altersgruppe resultiert. Beim askriptiven Status sind die Fähigkeiten und Leistungen einer Person nachrangig. Im Vergleich zu jüngeren Personen etwa, genießen ältere Personen einen höheren Status und in patriarchalischen Gesellschaften sind Männer statushöher als Frauen. Man sieht daran bereits, askriptive Stati haben etwas irreales, oftmals sogar Ungerechtes an sich. Der *erworbene* Status einer Person ist demgegenüber auf Leistung begründet.

Im Leistungssport gilt Status generell eher als erworben. Spitzensportler genießen nicht bereits deshalb Anerkennung, weil sie reich oder arm sind, jung oder alt. Sie müssen in jedem Falle zunächst überdurchschnittliche Leistung erbringen.

Wie auch immer, jede Person besitzt in der Gruppe, zu der sie dazugehört, einen bestimmten Status. In der einen Gruppe kann dieser hoch sein, er muss es aber nicht auch in einer anderen Gruppe sein. So hat etwa die Vorsitzende eines ortsbekannten Vereins (im Alltagsleben eine Angestellte einer Behörde) einen höheren Status als das einfache Mitglied (im Alltagsleben Professor für Neuere Deutsche Geschichte). Außerhalb des Vereins, im Alltag, kehren sich die Wertigkeiten um. Für die beiden Personen liegt *Statusinkongruenz* vor. Status-Kristallisation, das hier interessierende Konzept, steht für das Ausmaß an Kongruenz und lässt sich aus den typischen Schichtdeterminanten berechnen.

Die Theorie sagt vorher, dass sich Personen mit einer niedrigen Status-Kristallisation dem Leistungssport zuwenden, da sie mit dieser leichter eine Statuserhöhung erreichen, als dies in anderen sozialen Bereichen, in denen traditionelle Zugangsbarrieren einen zugeschriebenen Status verlangen, möglich wäre. Und dass Sportler mit einer niedrigen Statuskristallisation intensiver bemüht sind, höchste Leistungen zu erbringen, um ihre Statusdefizite zu kompensieren.

Stichwort: Soziale Ungleichheit

Begriff. Vornehmlich auf die Arbeiten von *Theodor Geiger* zurückgehender Begriff, der deutlich machen soll, dass Mitglieder einer Gesellschaft unterschiedliche Lebenschancen und -risiken haben (*Soziallage*), dass dies durch Merkmale wie Bildungsgrad, berufliche Position, Einkommen u. a. (*Schichtdeterminanten*) bedingt wird und zu schichttypischen Einstellungen und

Werthaltungen führt, die ihren Widerhall dann im Denken und Verhalten finden (*Schichtmentalitäten*).

Bedeutung. Der Sport hat sich in den vergangenen zwanzig Jahren neue Gruppen erschlossen. Er scheint nur noch dort durch traditionelle (vertikale) Zugangsbarrieren determiniert, wo das Konkurrenz- und Rekordprinzip dominiert. Erkennbar sind unterschiedliche Bewegungs- und Sportpräferenzen in Abhängigkeit von sozialer Gruppenzugehörigkeit. Es mangelt zurzeit allerdings an einer Theorie zur sozialen Ungleichheit im Sport.

Wichtige Literatur
Bourdieu, P. (1986). Historische und soziale Voraussetzungen modernen Sports. In G. Hortleder & G. Gebauer (Hrsg.), *Sport-Eros-Tod* (S. 91-112). Frankfurt: Campus.
Geißler, R. (Hrsg.). (1994). *Soziale Schichtung und Lebenschancen in der Bundesrepublik Deutschland*. Stuttgart: Enke.

9. Die dunkle Seite

Soziale Interaktionen und Beziehungen sind nicht frei von Aggression und Gewalt. Dies hat jeder von uns mehr oder weniger deutlich erfahren müssen. Und im Kontext des Sports ist dies natürlich nicht anders. Sporttreiben ist also nicht frei von Aggressionen und Gewalt.

Ein Beispiel: Am 7. April 2001 wurde im Fußballbundesligaspiel zwischen Borussia Dortmund und Bayern München ein neuer Bundesligarekord aufgestellt: 12 gelbe Karten, eine gelb-rote und zwei rote Karten verteilte der Schiedsrichter für brutales Foulspiel, Meckereien und anderen Undiszipliniertheiten.

Nebenbei: Würde man dem Bayern-Manager *Uli Hoeness* folgen, trüge der Schiedsrichter *Hartmut Strampe* an allem die Schuld. Aber nun ja: Leser und Leserinnen des Kapitels 3 über Attributionen in diesem Buch wissen, dass dies nur eine Attributionsstrategie im Sinne des self-serving-bias war. Misserfolge werden eben häufiger selbstwertschützend external attribuiert. Aber das nur wirklich nebenbei.

Sport schafft sicherlich Situationen, in denen aggressives Verhalten geschieht und auch eingesetzt wird. Schließlich konstituiert sich ein großer Teil des Sports über den Wettkampf und über den Gewinn und den Verlust, den Sieg und die Niederlage.

Der Sportpsychologe *Hartmut Gabler* (1996, S. 462) schreibt dazu: „[D]er Wettkampf [ist] dadurch gekennzeichnet, dass Hindernisse und Konflikte willkürlich geschaffen werden und sich die Beteiligten über gemeinsame Regeln zur Problemlösung verständigen; dies bedeutet stets auch eine Einengung der individuellen Handlungsmöglichkeiten".

Der 25-jährige Schwergewichtsweltmeister der WBO *Wladimir Klitschko* (jedenfalls war er dies im August 2002) rühmt sich 33 seiner 35 Siege durch K.O. erzielt zu haben. Ein zu Boden gegangener Boxer wird sich trotz des an sich sehr gewalttätigen Aktes später nicht über das aggressive Verhalten seines Gegenübers beklagen. Der Knockout entspricht schließlich dem Regelwerk.

Und außerhalb des Rings würde man einem promovierten Sportwissenschaftler, der Klitschko ist, wahrscheinlich nicht zutrauen, dass er eine Person niederschlägt.

Ist das grundsätzlich so, dass Personen, die aggressives Verhalten in ihrer Sportart zeigen (müssen), außerhalb des Sports sich nicht aggressiv und gewalttätig verhalten?

Zögen wir jetzt den ehemaligen WBA- und WBC-Boxweltmeister Mike Tyson (49 Siege, davon 43 durch K.O.), der einige Jahre im Gefängnis wegen erheblicher Gewalttaten verbringen musste, als weiteres Beispiel hinzu, so stellte man die Frage möglicherweise anders herum. Ist das grundsätzlich so, dass Personen, die aggressives Verhalten in ihrer Sportart zeigen (müssen), außerhalb des Sports sich auch aggressiv und gewalttätig verhalten?

Nach Levin, Smith, Caldwell und Kimbrough (1995) zeigten amerikanische Studierende der Highschool, die Kontaktsportarten (American Football, Basketball, Wrestling) betreiben, eher aggressives Verhalten (Beleidigungen, Stehlen, Sachbeschädigung usw.) außerhalb des Sports als Sportler anderer Sportarten (Tennis, Baseball, Fußball, Schwimmen usw.).

Die Daten dieser Studie belegen aber auch, dass sich die männlichen Kontaktsportler nicht von denjenigen unterscheiden, die gar keinen Sport betreiben.

Um ehrlich zu sein: Man weiß es (noch) nicht, ob der Sport zu verstärkter Aggression und Gewalt außerhalb des Sports führt. Denn solche Befunde, wie die von Levin et al. (1995) sind mit Vorsicht zu interpretieren, da nicht mit Bestimmtheit gesagt werden kann, ob es sich hier um Selektions- oder Sozialisationsprozesse handelt.

Was bedeutet dies? Vielleicht sind es eben die aggressionsbereiteren Kinder und Jugendlichen, die eher Kontaktsportarten betreiben (*Selektionshypothese*) und diese Sportarten aufsuchen.

Vielleicht macht der Sport sie aber auch erst aggressionsbereiter (*Sozialisationshypothese*) und der Sport oder das Sporttreiben wäre eine Ursache. Wir werden dies vertiefen.

9.1 Begriffe und Definitionen

Für Dollard, Doob, Miller, Mowrer und Sears (1939), Autoren, die die Aggressionsforschung durch ihre Arbeiten wesentlich beeinflusst haben, ist: „Aggression eine Verhaltenssequenz, deren Zielreaktion die Verletzung einer Person ist, gegen die sie gerichtet ist" (zitiert nach Bierhoff & Wagner, 1998a, S. 5).

Die Definition von Dollard et al. (1939) orientiert sich am ausgeübten Verhalten und beschränkt aggressives Verhalten auf die physische Aggression. Es wird also auf die Schädigung einer anderen Person abgehoben.

Für eine Definition von Aggression sind jedoch noch weitere Aspekte notwendig: Die Einschätzung der angegriffenen Person und die Intentionalität des Aggressors, also die Absicht der Akteure.

Aggression ist immer Teil eines sozialen Geschehens, eine Form sozialer Interaktion zwischen Menschen.

Mummendey, Bornewasser, Löpscher und Linneweber (1982) identifizieren drei Positionen: Akteur, Betroffener und Beobachter. Verhaltensweisen werden vom Betroffenen hinsichtlich ihrer Angemessenheit in der jeweiligen Situation beurteilt und als mehr oder minder aggressiv bewertet. Ohne den sozialen Kontext ist es uns als Betrachter unmöglich, das Verhalten einzuschätzen, es zu bewerten.

Im Alltag wird der Begriff Aggression häufig durch den Begriff Gewalt ersetzt. Gewalt wird als Aggression in ihrer extremen und sozial nicht akzeptablen Form verstanden. Eine eindeutige Trennung von Aggression und Gewalt gibt es nicht.

Aggressionen sind nach Bornewasser (1998, S. 49) eher feindselig und emotional geprägt; sie verstoßen gegen konventionelle Umgangsformen und führen zu unerheblichen Schädigungen.

Sowohl Aggressionen als auch Gewalt unterliegen immer auch der kognitiven Steuerung; sie sind beabsichtigt, wenn auch nicht immer kontrolliert. Es wird von verbaler, sexueller, psychischer Gewalt usw. gesprochen, gemeint ist ein Spezialfall aggressiven Verhaltens, das zu schweren Verletzungen jeglicher Art führt (Gabler, 1996). Gewalt ist das, was Opfer schafft (Heitmeyer, 1993).

Nach Bornewasser (1998, S. 48) lassen sich gewalttätige Verhaltensweisen grob nach vier Aspekten unterscheiden. Sie

*   „führen zu schweren Schädigungen mit erheblichen Konsequenzen,
*   verstoßen gegen juristisch fixierte Normen und sind verboten,
*   haben instrumentellen Charakter,
*   erfolgen oftmals berechnend und kalt".

Ein Verhalten im Sport, das ein zielstrebiges Angreifen des Gegners oder der gegnerischen Mannschaft beinhaltet, wird in der Regel nicht als aggressiv bezeichnet.

In der Sportpsychologie wird daher eine engere Begriffsdefinition vorgezogen, die den Aspekt der Schädigung des Gegners betont.

Smith (1983; auch Gabler, 1976) legt eine Liste zu aggressiven Verhaltensweisen und deren Bewertung im Sport (vgl. Tabelle 10) vor. Er beschreibt vier Arten von Verhaltensweisen: *brutaler Körperkontakt, Borderline*

Gewalt, quasikriminelle Gewalt und *kriminelle Gewalt*. Die Grenzen sind dabei oft fließend. Demnach wäre ein Ziehen am Trikot der Kategorie Borderline Gewalt zuzuordnen.

Würde das Ziehen aber brutal geschehen, beispielsweise wenn sich der Spieler im Sprung zum Kopfball befindet, so könnte man eine solche Attacke schon als quasikriminelle Gewalt bezeichnen.

Spucken in die Haare ist zwar in gewisser Weise eine Schädigung des anderen. Es verstößt gegen die Regeln des Sports und gegen soziale Normen, wird aber dennoch mehr oder weniger akzeptiert, weil es schwer fällt, Spukken der Kategorie „quasikriminelle Gewalt" zuzuordnen. Wir denken bei dieser Kategorie vorzugsweise an körperliche Gewalt und tun somit Spucken als Provokation oder Beleidigung ab. Die jeweilige Zuordnung hängt also vom Standpunkt des Betrachters und des Geschädigten ab.

Tabelle 10:   Kategorisierung von Gewalt bzw. Aggressionen im Sport (nach Smith, 1983).

Relativ legitim		*Relativ illegitim*	
Brutaler Körperkontakt	*Borderline Gewalt*	*Quasikriminelle Gewalt*	*Kriminelle Gewalt*
Im Rahmen der Regeln und Normen des Sports; außerhalb des Sports mehr oder weniger sozial akzeptiert	Entgegen der Regeln des Sports und der sozialen Normen; allerdings sozial noch akzeptiert	Entgegen der Regeln des Sports und der sozialen Normen, innerhalb der informellen Spielernormen; sozial mehr oder weniger akzeptiert	Entgegen der Regeln des Sports, der informellen Spielernormen und der sozialen Normen, sozial nicht akzeptiert
z. B. Body-Check	z. B. Trikot festhalten, hoher Schläger beim Hockey	z. B. Fouls mit Verletzungen des Gegners, „Blutgrätsche" im Fußball	z. B. Prügeleien vor/nach dem Spiel, Überfälle auf Schiedsrichter

Im Sport wird ein weiterer, häufig nicht berücksichtigter, Aspekt aggressiven Verhaltens deutlich, den wir hier als *Autoaggression* bezeichnen. Dazu zählt beispielhaft die Einnahme von Dopingmitteln.

Neben der Tatsache, dass Sportler sich durch Doping einen unfairen Wett-
bewerbsvorteil verschaffen, auch gegen geltende Gesetze verstoßen, verhalten
sie sich auch aggressiv.

Aggressiv nicht gegen andere, aber gegen sich selbst: Sie schädigen ihren
eigenen Körper und verhalten sich somit autoaggressiv. Sie sind zugleich
Täter und Opfer. Da sie aber ihr Verhalten sowohl aus Sicht des Täters als
auch aus Sicht des Opfers nicht als aggressiv einschätzen, ist es lediglich der
Beobachter, der ein solches Verhalten, als aggressiv bewertet. Auch Essstör-
ungen oder der Konsum von Rauschmitteln (Alkohol, Drogen usw.) können
unter autoaggressive Verhaltensweisen gefasst werden. Ein gestörtes Körperbild kann hierfür ursächlich sein. Häufig zeigt sich, dass Mädchen eher auto-
aggressives Verhalten zeigen als Jungen. Dies wird in der Literatur meist unter
dem Thema gesundheitsriskanten Verhaltens im Kontext des Belastungs-
Bewältigungs-Prozesses im Jugendalter diskutiert (vgl. Kolip, 1997).

Stichwort: Aggression

Begriff: Aggression ist ein Verhalten, das mit der Absicht ausgeführt wird,
einem lebenden Organismus körperlichen Schaden oder psychischen
Schmerz zuzufügen, wobei der Geschädigte danach strebt, diese Behandlung
zu vermeiden (Baron & Richardson, 1994; Bierhoff & Wagner, 1998a, b).
Bei der *expliziten* (auch *feindliche/impulsive/expressive*) *Aggression* soll der
Gegner, Sportler, Zuschauer, Trainer usw. geschädigt werden. Diese Form
der Aggression im Sport ist in jedem Fall regelwidrig, während die *instrumentelle Aggression* der Leistungsverbesserung dient und mehr oder
minder regelgerecht ist (vgl. Baron, 1977; Gabler, 1976).

Bedeutung: Vermeintliche aggressive Verhaltensweisen werden im sportbezogenen Kontext nicht als aggressiv wahrgenommen. Sie entsprechen
dem Regelwerk und sind Verhaltensweisen, die dazu dienen, in Führung zu
gelangen, z. B. das Tackling im Rugby oder der Body-Check im Eishockey.
In der Literatur wird für dieses scheinbar aggressive Verhalten der Begriff
assertive (= bestimmt, anmaßend, sich durchsetzen) verwandt (vgl. Bornewasser, 1998; Thirer, 1993).

Wichtige Literatur
Bierhoff, H. W. & Wagner, U. (Hrsg.).(1998b). *Aggression und Gewalt.*
    Stuttgart: Kohlhammer.

Gabler, H. (1976). *Aggressive Handlungen im Sport*. Schorndorf: Hofmann.

Tedeschi, J. T. & Felson, R. B. (1994). *Violence, aggression and coercive actions*. Washington, DC: American Psychological Association.

Thirer, J. (1993). Aggression. In R. N. Singer, M. Murphey & L. K. Tennant (Eds.), *Handbook of research on sport psychology* (S. 365-378). New York: Macmillan.

9.2 Wie entstehen Aggressionen und Gewalt?

In den letzten einhundert Jahren sind zahlreiche Theorien und Modelle entwickelt worden, die die Entstehung von Aggression und Gewalt erklären wollen. Sicher ist, dass die Ursachen von Aggressionen und Gewalt sehr komplex und mit einem einzigen Ansatz kaum erklärbar sind.

Neben psychologischen Ansätzen, die später ausführlich thematisiert werden, werden häufig soziologische Aspekte im Prozess der Gewaltentwicklung betont. Diese setzen auf der makro- bzw. gesellschaftstheoretischen Ebene an. Sie nehmen „unterschiedliche Strukturprobleme (Individualisierung und Modernisierung) bzw. Folgeprobleme und Konflikte gesellschaftlicher Differenzierungsprozesse zum Ausgangspunkt" (Heitmeyer, 1993, S. 20) ihrer Überlegungen.

Aber auch politikwissenschaftliche Erklärungen werden diskutiert, die von einem Wertewandel in der Gesellschaft ausgehen. Hierbei differieren die jeweiligen Ansätze im Grad der Veränderungsintensität. So beobachten einige Autoren einen Werteverfall, während andere eine Werterevolution konstatieren und wieder andere Autoren eine Genese neuer Werte oder eine temporale Verlagerung postulieren. Einigkeit besteht darin, dass eine Zentrierung auf die eigene Person zu Lasten der Gemeinschaftsorientierungen geht und so steigender Egoismus und Rücksichtslosigkeit zu beklagen sind. Ursächlich hierfür werden Tendenzen der Desorientierung beispielsweise durch die Pluralisierung der Lebensstile und Desorganisation beispielsweise durch eine zunehmende Differenzierung der Gesellschaft gemacht (vgl. Heitmeyer, 1995).

Bereits in Kapitel 8 sind wir ausführlich auf Soziallagen, Schichtdeterminanten, und -mentalitäten, Lebensstile und Sozialmilieus eingegangen. Durch sie wird unsere Gesellschaft sowohl vertikal (Ober-, Mittel- und Unterschicht) als auch horizontal (traditionelle Grundorientierung, materielle Grundorientierung, Wertorientierungen) strukturiert. Nach Heinemann (1999) bestimmen sie das Verhaltenspotenzial ausgewählter sozialer Gruppen, so auch die sportliche Aktivität in all ihren Ausprägungsformen.

Auch Heitmeyer (1993) rückt in seinem *Milieukonzept* zur Erklärung gewalttätigen Verhaltens die Sozialstrukturen und -modi in den Mittelpunkt. Der
rapide strukturelle Wandel führt zu sozialkulturellen Veränderungen: Auswei-
tung von Konkurrenzbeziehungen, urbane Großstadtsiedlungen, veränderte
Arbeitsmarktdynamik, Sinken der Erwerbsarbeitszeit, erhöhte Mobilität usw.

Soziale Ungleichheiten werden hierdurch nicht aufgelöst, sondern
bestehen anders fort. Klasse und Schicht werden durch Milieus abgelöst.
Arbeitsbedingungen, Freizeitbedingungen, Wohn- beziehungsweise Wohn-
umfeldbedingungen, soziale Sicherheit, Beziehungen und soziale Ungleichbe-
handlungen fließen in die Dimensionen der sozialen Ungleichheit mit ein.
Auch horizontale Ungleichheit (Geschlecht, Alter, Nationalität usw.) ist hier
von Bedeutung.

Aus den strukturellen und sozialen Veränderungen erwachsen vielfältige
Ambivalenzen – Vielfalt der Optionen aber unberechenbarere Lebenswege –,
die erhöhte Anforderungen insbesondere an Jugendliche stellen. Thematisiert
werden hier die Verarbeitungsformen, Reaktionsmuster und die Ergebnisse.

In Problemlagen – häufig werden gesellschaftliche Faktoren wie Arbeits-
losigkeit, Vereinsamung, Alkoholkonsum, beengte Wohnverhältnisse, aber
auch psychische Deviationen genannt – können die Bewältigungsformen dann
bis zu gewalttätigen Verhaltensweisen reichen (Heitmeyer, 1995). Für das
Jugendalter kann konstatiert werden, dass Formen der Gewalt eng gekoppelt
sind an Identitätsmuster (Heitmeyer, 1995, S. 72):

- „zur Selbstspiegelung des Ichs, zu der die beschriebene expressive
  Gewalt nötig ist,
- zur Realisierung der geforderten Selbstdurchsetzung, die instrumentelle
  Gewalt sinnhaft macht,
- [...] zur Wahrnehmung durch andere, so dass autoaggressive Gewalt
  ‚letztes Mittel‘ ist“.

Wir wollen hier im Folgenden näher auf Ansätze eingehen, die einen oder
mehrere psychologische Prozesse thematisieren. Einen ausgezeichneten ausführlichen Überblick erhält man bei Tedeshi und Felson (1994). Grob betrachtet lassen sich dabei zwei Theorierichtungen unterscheiden.

In der einen Theorierichtung werden Aggressionen von einer individuellen, personenbezogenen Perspektive aus betrachtet. Dem Individuum wird ein
Aggressionstrieb zugeschrieben, es ist frustriert, hat sich geärgert, hat Aggressionen gelernt etc.

Die andere Theorierichtung sieht die Person als Teil einer Gruppe und thematisiert die Entstehung von Aggressionen aus der Zugehörigkeit einer sozialen
Gruppe, z. B. weil dies zur Anonymisierung, Enthemmung, Bildung aggres-

sionsbetonter Normen oder zu Konflikten zwischen Gruppen führen kann. In Tabelle 11 sind die prominentesten Theorieansätze und die entsprechenden Vertreter aufgeführt.

Tabelle 11:   Überblicksdarstellung der wichtigsten Erklärungsansätze zu Gewalt und Aggression.

Ausrichtung	Ansatz	Vertreter	Inhalt
Individuums-bezogen	Triebtheore-tische Ansätze	Freud Lorenz	Internale Reize (Spannungszu-stand, individuelles Erregungs-potenzial). Aggression unver-meidbar
	Frustration und Aggres-sion	Dollard Berkowitz	Externe Reize (Frustration, Ärger). Aggressive Hinweis-reize erhöhen Aggressions-potenzial
	Soziale Lerntheorie	Bandura	Aggressionen gehören zum er-lernten Verhaltensrepertoire. Soziale Modellierung und in-strumentelles Konditionieren
Gruppen-bezogen	Deindividua-tion	Zimbardo	Anonymität erhöht Aggressi-onswahrscheinlichkeit
	Emergente Normen Theorie	Turner Kilian	Existenz von Gruppennormen
	Theorie der realistischen Gruppen-konflikte	Sherif	Konkurrierende Ziele von Gruppen führen zu Aggres-sion. Kooperation reduziert sie.
	Bloße Zuge-hörigkeit	Tajfel	Die bloße Gruppenmitglied-schaft führt zu Diskriminierun-gen

9.2.1 Individuumsbezogene Ansätze

Häufig lauten Schulempfehlungen, dass die Schüler sich im Sportunterricht oder in den Pausen austoben sollen, um ihren aufgestauten Energien freien Lauf zu lassen und sie abzubauen. Diese unterstellte Wirkung des Sport-treibens geht unter anderem auf die triebtheoretischen Ansätze von *Sigmund Freud* (1940, 1941) und *Konrad Lorenz* (1963) zurück.

Obwohl die Grundannahmen dieser Ansätze vielfach in Frage gestellt wurden und auch nur geringe Erklärungskraft besitzen (vgl. z. B. Bierhoff & Wagner, 1998a, b), sind sie zum Allgemeingut geworden.

Inspiriert durch die Geschehnisse des ersten Weltkrieges erklärte der Psychoanalytiker *Sigmund Freud* in seiner *dualen Triebtheorie* Aggressionen durch das Vorhandensein eines *Todestriebes* (*Thanatos*), der als Gegenspieler zum *Lebenstrieb* (Eros) fungieren sollte. Damit der Mensch sich nicht selbst vernichtet, richtet er seine Aggression üblicherweise gegen andere. Der Aggressionsaufbau, erzeugt durch eine Bedürfnisspannung, ist, so *Freud,* unvermeidlich.

Die so entstandene destruktive Energie kann durch aggressives Verhalten abgebaut werden, um eine Spannungsreduktion zu erreichen. Die Wahrscheinlichkeit darauf folgender aggressiver Verhaltensweisen ist dann reduziert, bis sich wieder Energie aufgebaut hat.

Diese Abfuhr der Energie kann allerdings, folgt man Freud, ersatzweise geschehen, wie etwa durch übermäßige Aktivität (im Sportunterricht oder woanders) oder auch schon alleine durch das Betrachten von aggressiven Akten (wie z. B. ein Gewaltvideo oder auch aggressiv betonte Sportereignisse). Diese Möglichkeit der ersatzweisen Energieabfuhr wird als Katharsis bezeichnet.

Wenn dies richtig wäre, würde echtes aggressives Verhalten vermieden werden, um zu einer Reduktion der Energie zu kommen.

Aber: Trotz der augenscheinlichen Plausibilität muss die Richtigkeit der Katharsis-Hypothese bezweifelt werden, denn eine Vorhersage, ob Aggressionen auftreten und wenn in welcher Form und Richtung lässt dieser psychoanalytische Ansatz nicht zu, da keine spezifischen, auslösenden Faktoren genannt werden (vgl. Zimbardo & Gerrig, 1996).

Wenn die Katharsis-Hypothese richtig wäre, dann sollten insbesondere Gesellschaften, die Kampfsportarten bevorzugen, insgesamt friedfertiger sein, als andere Gesellschaften. Das Ausüben oder auch das Betrachten von Kampfsportarten sollte dann zu einem Energieabfluss führen, so dass die Wahrscheinlichkeit aggressiver Akte verringert wäre. Dies hört sich bereits unsinnig an und es ist es auch: Genau dies untersuchte der Ethnologe Sipes (1973). Aber: Er konnte zeigen, dass genau die friedfertigen Völker im Vergleich zu gewalttätigen Gesellschaften seltener Kampfsportarten ausüben.

In den 1970er-Jahren wurden eine Reihe von Studien durchgeführt, deren Ziel es war, die empirische Evidenz der Katharsis-Hypothese im Sport zu zeigen.

Gabler, Schulz und Weber (1982) befragten beispielsweise Fußballfans des VfB Stuttgart vor und nach dem Spiel mit einem Aggressionsfragebogen. Träfe die Katharsis-Hypothese zu, so müssten die Aggressionswerte nach dem Spiel geringer sein als vor dem Spiel. Genau das Gegenteil war der Fall: Die Aggressionswerte waren nach dem Spiel größer als vorher. Insgesamt betrachtet konnte der Nachweis einer kathartischen Wirkung des Sports nicht erbracht werden. In Russell (1983) sind eine ganze Reihe weiterer Ergebnisse nachzulesen.

Auch der Nobelpreisträger, der Ethologe *Konrad Lorenz* (1963) postulierte das Vorhandensein *aggressiver Energien*. Er nahm an, dass Aggressionen der Arterhaltung dienten. Ähnlich eines Dampfkessels, dessen Wasser sich so lange erhitzt, bis der Druck im Kessel so groß wird, dass er durch ein Ventil entweichen muss, verhält es sich nach Lorenz mit der (aggressions-) verhaltensspezifischen Energie. Diese Metapher hat auch dazu geführt, dass sein Modell auch *Dampfkesselmodell* genannt wird.

Demnach verfügt jede Person über ein spezifisches Potenzial an aggressiver Energie, dass das Vorkommen aggressiver Verhaltensweisen bestimmt. Ist es einer Person nicht möglich, angestaute Energien sukzessive abzubauen, entlädt sich die Energie spontan. Schlüsselreiz ist dabei das interne Erregungspotenzial. Dem Sport soll auch hier eine Energie abbauende Funktion zukommen. Gleichwohl: auch bei diesem Modell gibt es keine gesicherten empirischen Erkenntnisse.

Im letzten Jahrhundert wurden eine ganze Reihe von Ansätzen entwickelt, die zwar auch immer wieder kritisiert werden - dies ist der übliche Vorgang in der Wissenschaft - denen aber eine deutlich höhere Erklärungskraft zukommt als den Modellen von Freud oder Lorenz.

Ein Beispiel ist die *Frustrations-Aggressions-Hypothese* von Dollard, Doob, Miller, Mowrer und Sears (1939), die davon ausgeht, dass auf erlebte Frustration aggressives Verhalten folgt, und dass umgekehrt jeder Aggression ein Frustrationserlebnis vorausgeht. Frustration wird dabei durch ein Erlebnis der Enttäuschung, der Störung einer zielgerichteten Aktivität, hervorgerufen. Aggressionen dienen˙ dazu, den erhöhten Erregungszustand abzubauen. Das Zielobjekt der Aggression muss dabei nicht identisch mit der Quelle der Frustration sein.

Da erstens Frustration aber auch andere Verhaltensweisen hervorrufen kann (z. B. Apathie, Weinen usw.), und zweitens einem aggressiven Verhalten nicht immer ein Frustrationserlebnis vorweg geht, modifizierten Miller, Sears, Mowrer, Doob und Dollard (1941) die Frustrations-Aggressions-Hypothese in der Form, dass „Frustration [...] Anregung zu einer Anzahl unterschiedlicher

Arten von Reaktionen [erzeugt], von denen eine die Anregung zu irgendeiner Form der Aggression ist." (Miller et al., 1941, S. 339; übersetzt nach Bierhoff & Wagner, 1998a, S. 8).

Es gibt nun bestätigende Befunde in empirischen Studien, aber auch Ergebnisse, welcher der Frustrations-Aggressions-Hypothese widersprechen.

Volkamer (1971) versuchte, die Frustrations-Aggressions-Hypothese auf den Sport zu übertragen und untersuchte, ob die Anzahl der Fouls etwas mit dem Sieg oder der Niederlage von Fußballmannschaften zu tun hat. Er stellt fest: Die verlierende Mannschaft foult zwar mehr, was den Frustrationsansatz bestätigen würde. Aber, die Schlussfolgerung ist nicht die allein Mögliche. Genauso gut kann man dieses Ergebnis aus der umgekehrten Richtung interpretieren, nämlich dass die Mannschaft die mehr foult, auch eher verliert.

Russell (1983) konnte bei Hockeyspielern einen U-förmigen Verlauf nachweisen. Gemessen an der Differenz der Tore wurde bei einer großen Tordifferenz auf beiden Seiten stärker gefoult. Umgekehrt wird in ausgeglichenen Spielen viel weniger gefoult. Dieser Befund lässt sich mit dem Frustrations-Aggressions-Ansatz aber schwerlich erklären.

Eine wichtige Modifikation erfuhr die Frustrations-Aggressions-Theorie durch die *Theorie der aggressiven Hinweisreize* von Berkowitz (1962). Nach dieser Theorie wird das Auftreten von Aggressionen wahrscheinlicher, wenn erregte Personen Hinweisreize erhalten, die sie mit Aggressionen verbinden. Dies können Waffen, aber auch gewalttätige Filme sein.

Beispielsweise untersuchten Black und Bevan (1992) Kinobesucher, die in der Warteschlange an der Kinokasse standen. Sie konnten zeigen, dass allein das Warten auf einen aggressiven Film die Gewaltbereitschaft erhöht. Noch höhere Werte erzielten diejenigen, die einen solchen Film gerade gesehen hatten.

Das klassische Experiment zu dieser Theorie stammt von Berkowitz und LePage (1967) und thematisiert den so genannten *Waffeneffekt*. In diesem Experiment mussten die Versuchspersonen (amerikanische männliche Studenten) zunächst kognitive Aufgaben lösen. Bewertet wurden die Lösungen mit der Anzahl von Elektroschocks, die jedoch unabhängig von der tatsächlichen Lösung von einem Versuchsgehilfen gegeben wurden.

Je mehr Elektroschocks die Probanden erhielten, desto höher wurde ihr Ärgerpotenzial, so dass die Personen in eine durch Ärger erregte und eine nicht erregte Gruppe geteilt werden konnten. Im Anschluss sollten nun die Probanden den Gehilfen bewerten.

Es wurden drei Bedingungen geschaffen. Neben der Schocktaste lag entweder (a) eine Waffe, (b) kein Gegenstand oder (c) ein Badmintonschläger.

Außerdem wurde der Gegenstand entweder mit dem Versuchsgehilfen in Verbindung gebracht oder nicht mit ihm assoziiert. Bei den ärgerlichen Personen ließ sich ein Waffeneffekt feststellen. War die Waffe sichtbar, wurden unabhängig von der Assoziation mit dem Gehilfen mehr Elektroschocks gegeben.

Nachfolgende Studien konnten diesen Befund zwar nicht immer wiederholen, aber es zeigte sich doch grundsätzlicher, dass Waffen aggressionsintensivierend sind, wenn sie als angemessenes Verhaltensmuster (erregter Personen) gesehen werden (Mummendey, 1996).

Im Lichte der Theorie der aggressiven Hinweisreize ist dann auch die martialisch aufgerüstete Präsenz von Polizei bei Fußballspielen zumindest kritisch zu betrachten. Sie könnte eher Gewalt schüren, als dass sie sie verhindert.

Zu der nun folgenden *Theorie des sozialen Lernens* (Bandura, 1973) wurde eines der klassischen sozialpsychologischen Experimente durchgeführt. Bandura und Ross (1961) untersuchten in ihrem *Bobo-Doll*-Experiment drei- bis sechsjährige Kinder, die beobachteten, wie Erwachsene mit einem Hammer auf eine aufblasbare Clownspuppe (eben ein Bobo-Doll) einschlugen. In der Kontrollbedingung wurde dem Kind ein friedlicher Umgang mit der Puppe gezeigt.

Danach wurden die Kinder mit der Puppe alleine gelassen. Kinder ahmten das Verhalten der Erwachsenen nach, insbesondere dann, wenn die Kinder vorher beobachtet hatten, dass die Erwachsenen für ihr aggressives Verhalten belohnt wurden.

Albert Bandura macht in vielen seiner Schriften (z. B. 1973) zum sozialen Lernen deutlich, dass ein entscheidender Mechanismus, durch den wir unser Verhaltensrepertoire erlernen, das Imitationslernen bzw. Modelllernen ist. Soziale Modelle werden beobachtet und kopiert; positive Verstärkung (Lob, Erfolg) der Modelle fördert die Übernahme dieser Verhaltensweisen in das eigene Verhaltensrepertoire.

Aggression ist damit nicht unausweichlich und wird nicht von internalen (z. B. Triebe) oder externalen Faktoren (Hinweisreizen) bestimmt, sondern wird im Laufe des Lebens erworben.

Das regelmäßige Beobachten von Aggressionen im Sport, wenn keine geeigneten anderen Modelle vorliegen, kann demnach zu einer Aggressionssteigerung des eigenen Verhaltens auf oder neben dem Spielfeld führen. Der Sport bringt viele Idole und Helden, eben Modelle, hervor.

Verhalten diese sich aggressiv, steigt nach dieser Theorie die Wahrscheinlichkeit, dass der Beobachter, hier der Jugendliche ein so genanntes aggressives Skript erwirbt, das er auf ähnliche Situationen überträgt (Josephson, 1987).

Die Wahrscheinlichkeit erhöht sich außerdem, wenn folgende Bedingungen erfüllt sind (Bierhoff & Wagner, 1998a, b; Mummendey, 1996):

- Durch das aggressive Verhalten werden relevante Ziele erreicht (*Effektivität*).
- Der Zuschauer kann sich mit dem Modell identifizieren und das Verhalten ist realistisch (*Angemessenheit*).
- Das Opfer ist (vermeintlich) entweder selbst schuld oder die Folgen sind nicht erkennbar (*Normativität*).
- Durch die emotionale Erregung wird eine kritische Auseinandersetzung mit der gewalttätigen Szene gestört (*Empfänglichkeit*).

In der Diskussion um die Folgen des Konsumierens gewalttätiger Filme spielt dieser Erklärungsansatz eine wichtige Rolle. Der Beobachter sieht im Film, dass die Guten über die Bösen siegen und dies meist durch Gewalt als Konfliktlösung.

Um längerfristige Effekte nachzuweisen, bedarf es aber auch eines erheblichen und regelmäßigen Konsums gewalttätiger Filme. Erst dann kann eine *Desensitivierung,* sprich „psychische Abstumpfung" die Folge sein (Zimbardo & Gerrig, 1996, S. 341). Kritiker dieser Auffassung betonen zu Recht, dass auch Fernsehen in sozialen Kontexten stattfindet. Über die Filme wird gesprochen, und eben diese Gespräche haben ebenso einen Einfluss auf das spätere Verhalten (Mummendey, 1996, S. 432).

9.2.2 Gruppenbezogene Ansätze

Bereits im 19. Jahrhundert wurde von einigen Wissenschaftlern die Position vertreten, dass der Mensch in der Masse oder auch schon in kleineren Gruppen seine Individualität verliere. Einer dieser Vertreter war der französische Massenpsychologe LeBon (1912), der Massen als intellektuell minderwertig beschrieb und annahm, dass der Mensch widerstandslos sei und von der Masse vereinnahmt würde.

Diese Ideen von LeBon (1895) haben zwar einen hohen Bekanntheitsgrad erreicht, sind aber wegen Ihrer Pauschalität und Undifferenziertheit sehr kritisiert worden. Bereits 1920 beschrieb der deutsche Experimentalpsychologe *Walther Moede*, dass Gruppen unter bestimmten Umständen viel produktiver als Einzelpersonen sein können.

Aber, es gibt tatsächlich einige Situationen, in denen Menschen in Gruppen und Massen ihre Individualität verlieren und aggressives Verhalten zeigen, obwohl sie in anderen Situationen niemals dazu geneigt hätten. So beteiligen sich ansonsten friedfertige Zeitgenossen an gewalttätigen Krawallen in und um Sportstadien.

Der kalifornische Sozialpsychologe *Philipp Zimbardo* (1969) hat diese Bedingungen akribisch herausgearbeitet. Vielleicht kennen einige der Leserinnen und Leser das berühmte *Stanford-Gefängnis-Experiment* von Zimbardo, möglicherweise weil sie den deutschen Film *Das Experiment* (mit *Moritz Bleibtreu*) aus dem Jahre 2001 gesehen haben, der diesen Versuch zur Grundlage hatte.

Eine Gruppe von Personen wird in Wärter und Häftlinge geteilt. Sie befinden sich in einem fiktiven Gefängnis im Keller der kalifornischen Stanford Universität. Im Laufe der Zeit werden die Wärter gegenüber ihren Häftlingen immer gewalttätiger.

Zimbardo (1969) brach das Experiment nach fünf Tagen ab (der Film *Das Experiment* führt die Geschichte fiktiv weiter), da die Situation außer Kontrolle gerät. Die Versuchspersonen können zwischen der Versuchsanleitung und der Realität nicht mehr unterscheiden. Es kommt zu Formen impulsiver Gewalt, von der die Teilnehmer nie gedacht hätten, dass sie sie anwenden würden.

Zimbardo (1969) erklärt diese Gewalt mit dem Prozess der *Deindividuation*, der in einer Gruppe oder einer Menschenmasse entstehen kann. Dieser Zustand ist gekennzeichnet durch eine geringe Kontrolle des Verhaltens; Hemmungen und soziale Normen werden abgebaut. Aggressives Verhalten kann die Folge sein. Als Ursache gelten die Faktoren Anonymität, Verantwortungsdiffusion, Gegenwart einer Gruppe, eine veränderte Zeitperspektive und allgemeine Erregungszustände sowie veränderte Bewusstseinszustände (Mummendey, 1996).

Diese Eingangsbedingungen führen nach Zimbardo zu einer verringerten Selbstbeobachtung und -bewertung, so dass die Schwelle für die Ausführung pro- oder antisozialer Verhaltensweisen steigt.

Auch im Sport ist manchmal an Anonymisierungsprozesse zu denken, wenngleich nicht in den Auswirkungen wie in dem Experiment von Zimbardo. Insbesondere in Sportarten, in denen sich die Spieler durch Helme, Gesichtsmasken, Kleidung schützen müssen, wie im Eishockey oder im American Football, kann diese Anonymisierung der Spieler zu einer Steigerung des aggressiven Verhaltens führen.

Mit der *Emergenten Normen Theorie* legten Turner und Kilian (1972) eine Konzeption vor, die sich vehement gegen die Deindividuationsthese von Zimbardo (1969) wandte. Sie betonen, dass es ganz darauf ankommt, welche Normen, welche Leitbilder eine Gruppe verfolgt. Sind dies Aggressionen, sind auch aggressive Verhaltensweisen eher wahrscheinlich. Sind dies prosoziale Normen, wird die Gruppe eher Hilfeverhalten zeigen.

Nach Turner und Kilian (1972) ist gewalttätiges Verhalten also eher ein bewusstes und beabsichtigtes Verhalten, das von der Norm in einer Gruppe begünstigt wird. Wenn in der eigenen Gruppe aggressives Verhalten zur Norm wird, ist die Wahrscheinlichkeit groß, dass man sich dieser Norm anpasst und auch selbst das aggressive Verhalten zeigen wird.

Turner und Kilian (1972) gehen davon aus, dass nicht die Anonymität in Gruppen die Wahrscheinlichkeit aggressiven Verhaltens erhöht, sondern dass das Umgekehrte der Fall ist.

Gruppenmitglieder müssen sich den Normen der Gruppe anpassen, wenn sie nicht ausgeschlossen werden wollen. Eine Gruppe von Hooligans wird beispielsweise ein Mitglied ihrer Gruppe eher ausschließen, wenn sie bemerkt, dass dieses nicht in gleicher Weise gewalttätig gegen die Polizei und andere Person vorgeht.

Ganz anders argumentieren Sherif, White und Harvey (1955) in ihrer *Theorie der realistischen Gruppenkonflikte*. Sie betonen, dass konkurrierende Ziele zweier Gruppen zu Aggressionen zwischen den Gruppen führen können.

In ihren Experimenten wurden 12-jährige Jungen nach einer Phase des Kennenlernens in einem Ferienlager in zwei Mannschaften geteilt. Es wurde darauf geachtet, dass Jungen, die sich sympathisch fanden, getrennt wurden. Ihnen wurde gesagt, dass es eine Reihe von Wettkämpfen zwischen den beiden Mannschaften gäbe (Tauziehen, Ballspiele usw.). Die siegreiche Mannschaft würde einen Pokal und ein Taschenmesser erhalten, die Verlierer gar nichts. Hiernach veränderte sich das Gruppenverhalten der vorher befreundeten Kinder.

Die *outgroup* wurde nicht nur mit negativeren Attributen belegt, auch Aggressionen, Hänseleien usw. zwischen den ‚feindlichen‘ Parteien gehörten zur Tagesordnung. Die Stärkung der Bindung innerhalb der *Eigengruppe* (*ingroup*) führte zu einer emotionalen Entfernung gegenüber der Fremdgruppe.

Durch die Einführung von *übergeordneten Zielen* (z. B. mussten alle Jungen gemeinsam einen Lastwagen ziehen, damit sie etwas zu Essen erhielten; sie mussten ein Floß bauen, um einen Fluss zu überqueren) erfolgte dann aber wiederum eine Annäherung der beiden Gruppen.

Mit der Theorie der realistischen Gruppenkonflikte unterstreichen Sherif et al. (1955) die Rolle der Ziele für die Entstehung von Konflikten und Diskriminierung zwischen Gruppen. Wenn zwei oder mehr Gruppen Ziele haben, die miteinander konkurrieren (z. B. um einen Preis), kommt es eher dazu, dass die eigene Gruppe einen höheren Zusammenhalt aufweist und die andere Gruppe abwertet und eventuell auch verbal und physisch attackiert. Unterschiedliche Gruppeninteressen vergrößern also die Spannung zwischen den Gruppen und dies, obwohl der jeweils beste Freund in der anderen Gruppe zu finden war. Werden realistische Konflikte allerdings durch das Prinzip der Kooperation ersetzt, können Konflikte reduziert werden.

Während noch die Theorie der realistischen Gruppenkonflikte Konflikte zwischen Gruppen betont, die eine notwendige Bedingung sind, damit aggressives Verhalten entsteht, verzichtet Tajfel (1978) auf diese Annahme. Er postuliert, dass die *bloße Zugehörigkeit zu Gruppen* bereits die minimale Bedingung für die Entstehung von Aggressionen und Diskriminierung sei.

Selbst die bloße Mitgliedschaft zu einer sozialen Gruppe kann zu diskriminierendem Verhalten und auch zu aggressivem Verhalten gegenüber einer anderen Gruppe führen. Dies heißt also: Nicht immer sind realistische Gruppenkonflikte zur Entstehung von Aggressionen notwendig.

Ein Experiment von Rabbi und Horowitz (1969) macht dies deutlich. Sie teilten Personen zufällig in zwei Gruppen ein: die Roten und die Blauen. Danach sollten die Probanden die Mitglieder ihrer und der anderen Gruppe bewerten. Es zeigte sich, dass die Mitglieder der eigenen Gruppe positiver bewertet wurden als die der anderen Gruppe. Somit bewirkt die bloße Zuordnung zu einer Gruppe bereits eine veränderte Wahrnehmung derjenigen, die in der Gruppe (*ingroup*) bzw. außerhalb der Gruppe (*outgroup*) sind.

Tajfel (1978) bezieht sich in seinen Überlegungen auf die Theorie der sozialen Identität (vgl. Kapitel 1). Wichtig ist, dass über die Zugehörigkeit zu einer sozialen Gruppe, die wie man in dem Experiment von Rabbi und Horowitz (1969) sehen kann, sehr abstrakt und flüchtig sein kann, ein Zugehörigkeitsgefühl erzeugt wird, dass zur Abgrenzung gegenüber einer anderen sozialen Gruppe führt.

Die Botschaft dieses Ansatzes ist also, dass die bloße Mitgliedschaft etwa zu einer Mannschaft oder Gruppe ausreicht, dass Aggressionen und Diskriminierungen zu Mitgliedern anderer Gruppen aufgebaut werden. Dies kann, aber muss natürlich nicht passieren, da es sich ja schließlich um die minimale Bedingung der Entstehung von Aggressionen handelt.

9.2.3 Vermittelnde Variablen von Aggression und Gewalt

Nachdem nun auf eine individuumsbezogene und gruppenbezogene Sichtweise eingegangen wurde, sollen hier einzelne vermittelnde Variablen, die durchaus auch Erklärungswert für das Entstehen von Aggression und Gewalt haben, herausgehobener vorgestellt werden,:

Subjektive Bewertungen von Erregung, Autoritätsgehorsam sowie Umweltfaktoren wie Lärm, Enge, Hitze, Stresssituationen, in denen Aggressionen als der vermeintlich letzte Ausweg erscheinen.

Attributionen, also Ursachenerklärungen und Interpretationen der eigenen Erregung spielen eine wichtige Rolle bei der Entstehung von Aggression und Gewalt. Dabei zeigt sich, dass sich Personen in der Einschätzung der Ursachen ihrer Erregung durchaus irren können und aggressives Verhalten aus dieser eigentlich falschen subjektiven Bewertung ihrer Erregung entstehen kann.

Bei der Prüfung ihrer *Erregungs-Transfer-Hypothese* haben Zillmann, Katcher und Milavsky (1972) Versuchspersonen durch Elektroschocks verärgert. Eine Gruppe fuhr anschließend Fahrrad, die andere führte eine feinmotorische Aufgabe aus. In der anschließenden Testphase zeigten die Radfahrer eine höhere Bereitschaft, den Untersuchungsgehilfen mit Elektroschocks zu bestrafen.

Dieses Experiment widerlegt nicht nur die kathartische Funktion sportlicher Aktivität, es zeigt auch, dass die Radfahrer die höhere physische Erregung durch das Radfahren mit ihrer Ärgererregung in Verbindung brachten. Anscheinend haben sie sich in der Bewertung der Resterregung geirrt.

Zur Rechtfertigung gewalttätigen Verhaltens kommt es vor, dass die Personen sich darauf berufen, dass ihnen befohlen wurde so zu handeln.

Aber auch einfach der Hinweis des Trainers, „hart" zu spielen, kann schon dazu beitragen, dass die Sportler aggressives Verhalten zeigen. Warum ist dies so?

Viel Beachtung und auf Grund ihrer ethischen Vertretbarkeit aufs heftigste kritisiert wurden in diesem Zusammenhang die berühmten Untersuchungen von *Stanley Milgram* (1963) zum Autoritätsgehorsam.

Sein eigentliches Ziel war es, die Gründe zu untersuchen, wann Menschen in totalitären Systemen sich den Regeln bedenkenlos unterordnen und unmenschliche Taten zulassen, wie die Todesschützen an der Mauer oder die Aufseher in den Konzentrationslagern des Dritten Reichs.

Im Experiment hatten psychisch gesunde Personen die Aufgabe einer anderen, vom Versuchsleiter eingeweihten, Person als Strafe für falsche Antworten Elektroschocks zu verabreichen. 65 % der Personen, Männer im

Alter von 21 bis 50 Jahren, waren bereit, bis ans Ende der Skala von 450 Volt zu gehen, was den Tod der anderen Person bedeutet hätte.

Unter Protesten setzen 62,5 % der Personen den Versuch fort, auch wenn das vermeintliche „Opfer" Schmerzen vorgab. Der Versuchsleiter übernahm auf Nachfragen die „volle" Verantwortung. Je weniger sich die Personen für ihr Verhalten verantwortlich sehen, je eher sie also die Verantwortung auf eine andere Instanz verlagern können, desto eher kommt es zu aggressivem Verhalten.

Die Botschaft von Milgram (1963) ist, dass die Situation, so sie denn den Gehorsam nahe legt, einen erheblichen Anteil an der Aggressionsentstehung hat.

Aber es gibt auch eine ganze Reihe von Forschungsergebnissen zu Persönlichkeitsunterschieden. Dies legt eine Forschungslinie nahe, die bereits einige Jahrzehnte zurückliegt und hier nicht im Einzelnen vertieft, aber wegen ihres Lesewertes erwähnt werden soll. Es handelt sich um die Forschung zum *Autoritarismus*. Sie nahm ihren Ausgang in der Frage, wie faschistische Bewegungen in Europa entstehen konnten und warum sich ihnen Menschen angeschlossen haben, um sie mit unbegreiflichem Verhalten zu unterstützen. Adorno, Frenkel-Brunswick, Levinson und Sanford (1950) identifizieren eine autoritäre Persönlichkeit, die „Kadavergehorsam" zeigt und Untergebene unterdrückt (siehe auch Lederer, 1983).

Kommen wir auf die Situation als aggressionsfördernden Auslöser zurück. Körperliche Zustände werden durch außergewöhnliche oder extreme äußere Gegebenheiten beeinflusst: Lärm, räumliche Dichte (*crowding*), hohe Temperaturen, Umstände also, die möglicherweise bei Sportlern für Unwohlsein sorgen können. Diese Situationsbedingungen steigern die Wahrscheinlichkeit dominanter Verhaltensmuster und dies können sowohl aggressive als auch evasive (flüchtende) Reaktionsmuster sein (Bierhoff, 1984).

Zur Beziehung von Hitze und Aggression liegen mittlerweile einige Studien vor. Am Beispiel der amerikanischen Bevölkerung (1967 - 1971) zeigten Baron und Ransberger (1978), dass die meisten gewalttätigen Unruhen bei Temperaturen zwischen 33 bis 38° Celsius zu beobachten waren.

Entscheidend für das Auftreten aggressiven Verhaltens ist, dass Personen die Umstände als unangenehm bewerten.

Harris und Huang (1974) konnten zeigen, dass Personen, die sich bewusst waren, dass Lärm zu einer erhöhten Ärgererregung führen kann, weniger aggressiv auf Beleidigungen reagierten als andere Personen.

Im Sport kann also ein ungewöhnlich hoher Lärmpegel in der Halle oder im Stadion als störend und unangenehm wahrgenommen werden und zu aggressivem Verhalten führen.

Aber auch zu hohe oder zu niedrige Temperaturen oder Enge können bei den Athleten und Zuschauern zu Stress, zu einer negativen Erregung, führen und ihre Wahrnehmung einschränken (Mummendey, 1996). Entscheidungsprozesse verlaufen dann nicht mehr überlegt, sondern der einfachste Weg, der zu einer schnellen Lösung des Problems führt, wird gewählt.

Zum Abschluss dieses Kapitels: Die Vielzahl der Theorien und Ansätze führt häufig zu einem Eindruck – so haben wir dies in unseren Vorlesungen und Diskussionen mit Studierenden erlebt – dass die Forschung zu diesem Bereich kein sicheres Wissen erbracht hätte und man nicht wisse, „welche Theorie denn nun richtig sei".

Aber: bei genauerer Betrachtung stellt man fest, dass sich Aggression und Gewalt ja auch in den unterschiedlichsten Facetten (und Fratzen) zeigt, die von der einfachen harmlosen Auseinandersetzung zwischen Partnern bis zum Völkermord reichen kann. Eine Einheitstheorie ist da eigentlich undenkbar.

Nebenbei: Wer sich intensiv mit den psychologischen und soziologischen Ursachen von Völkermord und Massenmorden wie den Holocaust auseinandersetzen möchte, dem sei dringend das außergewöhnliche Buch *The roots of evil* von *Ervin Staub* (1989) empfohlen.

Wir meinen, dass durch die Anzahl und Verschiedenheit der Theorien zur Aggression und Gewalt deutlich wird, dass Wissenschaftler diesen Bereich als relevantes gesellschaftliches Problem erkannt haben und mit Nachdruck an der Erforschung der Entstehungsmechanismen zur Aggression und Gewalt arbeiten, auch immer mit der Hoffnung verbunden, dass dies ein Beitrag zur Verminderung von Aggression und Gewalt ist, und sich zum Beispiel fundierte Präventions- und Interventionsprogramme daraus ableiten lassen.

10. Nicht nur Sporttreiben ist schön ...

Zum Sporttreiben gehört und gehörte auch immer das Zuschauen. Bereits bei den autochthonen Völkern (den Naturvölkern) vor Tausenden von Jahren waren Zuschauer bei sportlichen Handlungen anwesend, die besonders starke religiöse Anbindungen (wie Fruchtbarkeitsriten, Vertreibung böser Geister etc.) aufwiesen. Sie waren höchst aktiv, bejubelten gute Leistungen und verschmähten Niederlagen.

Bei Barthel (1961, S. 37) ist ein besonders makabres Beispiel nachzulesen: „Das tuu-Spiel der Osterinsulaner fand vor einer großen Zuschauermenge statt, an der würdige Alte ebenso wie Frauen und Kinder teilnahmen. Hatte ein `kio`[ein Stab] sein Loch [in einem menschlichen Schädel] getroffen, so erhob sich lärmender Beifall für die erfolgreiche Partei, während die Besiegten verspottet wurden."

Und manchmal waren die Konsequenzen, die die Aktiven von Seiten der Zuschauer zu erwarten hatten, noch gravierender. Weis (1976, S. 122) berichtet von Ballspielen der alten Maya, bei denen dem Mannschaftskapitän der unterlegenen Mannschaft bei lebendigem Leibe das Herz aus der Brust gerissen und den Göttern geopfert wurde.

Große Zuschauermassen bei Sportveranstaltungen waren allerdings erst in der griechischen und römischen Antike zu beobachten. Sport nahm in dieser Zeit einen überragenden Stellenwert ein, und Wettkämpfe, wie bei den Griechen die Olympischen, Delphischen, Nemeischen oder Isthmischen Spiele sowie bei den Römern die Wagenrennen, Circusspiele, Tierhetzen und Gladiatorenkämpfe, waren Zuschauerereignisse. Beispielsweise wurde für die ersten Olympischen Spiele 776 v. Chr. in Olympia viel Erde bewegt (Guttmann, 1986, S. 15), um auf Erdwällen Möglichkeiten des Zuschauens zu schaffen.

Allerdings war es wohl, wie Umminger (1992, S. 39) schreibt, eine „harte Strafe", Zuschauer zu sein: Badeanlagen gab es nur für die Athleten, im Stadion durfte trotz großer Hitze keine Kopfbedeckung getragen werden, und überall lagen verfaulende Tieropfer, die einen bestialischen Gestank verbreiteten.

Die Zuschauer der Gladiatorenkämpfe und der Wagenkämpfe im Alten Rom wurden da schon besser versorgt: Riesige Stadien mit Zuschauergelegenheiten (u. a. mit Steinsitzen) wurden erbaut. So wurde 80 n. Chr. das Kolosseum in Rom von Kaiser Titus eingeweiht. 80.000 Zuschauer konnten hier die Gladiatorenkämpfe verfolgen. Den damaligen Wagenrennen wohnten sogar bis zu 350.000 Menschen im Circus Maximus bei. Das Vergnügen dürfte aber durch die damals sehr schwerwiegenden Zuschauerausschreitungen im Circus mit vielen Toten und Verletzten getrübt gewesen sein.

Auch wenn die Zeit der großen Sportstadien erst wieder im 20. Jahrhundert beginnt (beispielsweise wurde das Wembleystadion 1923 erbaut, das Berliner Olympiastadion 1936), waren doch auch in der Zwischenzeit (im frühen Mittelalter, im Hochmittelalter und im Spätmittelalter sowie zu Beginn der Moderne) stets Zuschauer am sportlichen und spielerischen Treiben beteiligt.

So waren bei den mittelalterlichen Ritterspielen auch Zuschauer zugegen. Beispielsweise berichtet Guttmann (1986) von einem Turnier in Sandricourt nahe Portoise 1493, bei dem 2.000 Zuschauer anwesend waren. Die Standesorientierung des Mittelalters war auch bei der Zusammensetzung der Zuschauerschaft zu beobachten. So wird vermutet (Guttmann, 1986), dass Nichtadlige von den Ritterturnieren ausgeschlossen waren oder zumindest von Adligen getrennt Platz nehmen mussten. Bei diesen Spielen besaßen Zuschauer und Akteure klar definierte, voneinander getrennte Rollen.

Dies war nicht der Fall bei einem in der dörflichen Bevölkerung des Mittelalters sehr beliebten Spiel, bei dem ein Ball zu einem definierten Ziel, wie einer Brücke, gebracht werden musste.

Dabei spielten zwei Mannschaften gegeneinander, die allerdings aus der ganzen Dorfbevölkerung bestehen konnten. Die Personen – Kinder, Erwachsene, Alte – waren also gleichzeitig Zuschauer und Akteure. Das Spiel konnte Tage dauern. Das Spielfeld war nicht genau definiert; einbezogen wurden auch Felder, Bäche und Wälder.

Im 19. Jahrhundert wurde damit begonnen, zahlreiche Clubs und Vereine zu gründen, was zu einem rasch ansteigenden Zuschauerinteresse führte. Beispielsweise kamen 1811 bereits 20.000 Zuschauer zu einer Boxveranstaltung nach London. 1830 besuchten über 100.000 Personen die Rennbahn in Newmarket, und 1869 lockte eine Rennregatta zwischen Oxford und Cambridge über eine Million Menschen an.

Aber es soll hier nicht der Eindruck erweckt werden, als hätte es nicht auch Gegenströmungen zu dem unaufhaltsamen prosperierenden Zuschauersport gegeben. Im Übergang zum 20. Jahrhundert gab es einige bürgerliche Stimmen, die wie Hofmann (1912) fragten, ob denn der Fußballsport überhaupt ein Publikum haben muss. Aber auch die Bewegung des Arbeitersports stand dem Zuschauersport skeptisch bis kritisch gegenüber.

In seinem Buch „Sport und Arbeitersport" schrieb der Sozialdemokrat Wagner (1931), dass der bürgerliche Sport sich dadurch kennzeichnet, dass er

Sport *für* die Massen sei, eben Zuschauersport. Der Arbeitersport sei dagegen Sport *der* Massen.

Nun ja, all dies hat nicht verhindert, dass Sport seit Tausenden von Jahren nicht nur eine Faszination und hohen Wert für die Aktiven ausübt, sondern auch für die vielen Menschen, die den Sportlern zuschauen. Dies betrifft gerade die Epoche, in der wir zurzeit leben, wie folgende Zahlen deutlich machen: Im Schnitt waren bei den 10.652 Spielen der 1. Fußballliga von 1963, dem Gründungsjahr, bis 1998 durchschnittlich 23.619 Zuschauer pro Spiel im Stadion. Das Minimum in einem Spiel betrug 900 und das Maximum 90.000 Zuschauer. Anders ausgedrückt: 251.589.590 mal wurde ein Ticket für Spiele der 1. Fußballbundesliga gelöst.

Das Zuschauen findet einerseits direkt vor Ort, z. B. in einem Fußballstadion, wie aber auch vermittelt über die verschiedensten Medien (wie Fernsehen, Internet) statt: Darauf gehen wir in einem eigenen Kapitel 12 zur Massenkommunikation noch ein. Hier soll es um das direkte Zuschauen von Sporttreibenden gehen. Und es soll vorrangig um Zuschauer gehen, die Massenveranstaltungen bzw. Großveranstaltungen besuchen und weniger um Personen, die zufällig zu Zuschauern werden (etwa bei einem Strandfest u. ä.) oder Personen, die bei einem örtlichen Kreisligaspiel o. ä. zuschauen. Über verschiedene Einteilungen und Zuschauerformen kann man sich bei Gabler (1998) sowie Strauß und Jürgensen (1998) informieren.

10.1 Motivation zum Veranstaltungsbesuch

Was also treibt Menschen in ein Sportstadion? Warum opfern einige einen großen Teil ihres Lebens mit dem Anschauen von Spielen ihres Clubs? Warum reisen Menschen wie *Carlo Farsong* in über 100 Länder dieser Erde, um sich Fußballspiele in den bekanntesten Stadien anzuschauen und die Wimpel dann wie Trophäen zu behandeln? Dieses Verhalten nennt man *Ground-hopping*, und es wird von einigen Menschen wie ein Wettbewerb ausgetragen. Wer schafft es, die meisten Spielen in den meisten Ländern anzuschauen.

Warum es auf der anderen Seite andere Personen bevorzugen, vom Sport Abstand zu halten und sind nur höchst selten in den Sportarenen anzutreffen? Im Folgenden wollen wir näher auf die Motivation zum Besuch von Sportveranstaltungen eingehen.

Es gibt die unterschiedlichsten Vermutungen und Klassifikationssysteme, die versuchen zu klären, warum Menschen Sportveranstaltungen besuchen. Diem (1960, S. 20) formuliert eine empirisch nicht belegte These: „Der Tätige will handeln und sucht sich selbst seine Tiefe, der Zuschauer will, dass andere handeln und sich an deren Kraft erregen, er befindet sich auf der Flucht vor sich selbst".

Man kann das Thema differenzierter behandeln. Dies zeigen die Vorschläge von Messing und Lames (1996), Bette und Schimank (1995), Opaschowski (1987) oder auch von Sloan (1979). In Gabler (1998) sind diese Klassifikationssysteme ausführlich beschrieben.

Ein Vorschlag von Wann (1995) soll hier etwas näher vorgestellt werden, weil er gleichzeitig mit dem Klassifikationssystem auch ein empirisch überprüftes Instrument, einen Fragebogen mit 23 Fragen, zur Messung der Motivation entwickelt. Er schlägt acht Dimensionen vor:

- *Gruppenanbindung*: Die Motivation, mit anderen Zeit zu verbringen,
- *Familie*: Die Motivation, mit der Familie Zeit zu verbringen,
- *Ästhetik*: Motivation, die Schönheit sportlicher Bewegungen zu betrachten,
- *Selbstwert*: Motivation, zu einem positiven Selbstgefühl zu gelangen,
- *Ökonomie*: Motivation, als Sportzuschauer ökonomischen Gewinn zu erzielen (z. B. durch Gewinnspiele),
- *Spannung*: Motivation, Erregung und Aufregung zu erleben,
- *Flucht*: Motivation, sich abzulenken von den Alltagsproblemen,
- *Unterhaltung*: Motivation, eine freudvolle Freizeitgestaltung durchzuführen.

Bei genauerer Betrachtung unterscheiden sich diese Dimensionen nicht oder nur unerheblich von denen, die auch in anderen Klassifikationssystemen formuliert werden (wie z. B. Sloan, 1979; oder das System zur Motivation zum Mediensport von Wenner & Gantz, 1998, das im Kapitel 12 zur Massenkommunikation näher vorgestellt wird).

Es fällt auf, dass sich innerhalb einer Klassifikation zum einen Dimensionen erheblich überschneiden (z. B. Spannung und Flucht), zum anderen aber auch Dimensionen fehlen könnten wie z. B. Identifikation. Dies könnte in der Methode begründet sein, mit der diese Klassifikationen bestimmt werden.

Die Personen werden in der Regel – ob nun vor Ort oder vor dem Fernsehschirm – mit Hilfe von Fragebogen untersucht. Dies könnte zum einen zur Überdifferenzierung führen, zum anderen aber auch dazu, dass sie entweder gar nicht genannt werden, weil einige Motive gar nicht bewusstseinsfähig sind oder nicht gerne öffentlich berichtet werden. Denn wer gibt schon gerne zu, dass der Kauf der teuren Dauerkarte von Bayern München auch der Selbstdarstellung am Arbeitsplatz dient.

Daher vertreten wir die Auffassung, dass es lediglich vier (überdauerndere) Motive sind, die der (aktuellen) Motivation von Menschen zu Grunde liegen, als Zuschauer an Sportereignissen teilzunehmen. Diese vier, nicht voneinander unabhängigen Motive lauten

- Identifikation,
- Selbstdarstellung,
- Stimmungsregulation und
- Kontrolle.

Anzunehmen ist, dass diese nicht durch bloße Befragung ermittelbar sind, sondern es dazu überprüfter Testverfahren und insbesondere Verhaltensdaten, gewonnen durch Beobachtungen und Experimente, bedarf. Für einen Zuschauer können alle vier Motive relevant sein, es können aber auch weniger sein.

10.1.1 Identifikation von Zuschauern

Am Beginn dieses Buches in Kapitel 1 sind wir schon ausführlich auf die Identität und das Selbstkonzept einer Person eingegangen. Eine besonders wichtige Rolle spielte dabei die Theorie der sozialen Identität von Tajfel (1978), die in dem Kontext von Zuschauern und Fans sehr gut herangezogen werden kann. Dass Menschen mit deutscher Nationalität sich eher über den Weltmeistertitel der deutschen Fußballnationalmannschaft freuen als über den Titelgewinn einer anderen Mannschaft, kann mit dieser Theorie leicht erklärt werden. Als Angehörige der sozialen Gruppe „Deutsche" zeigen diese Menschen automatisch und ohne dass es ihnen bewusst ist, eine größere Nähe zu den gleichen Mitgliedern dieser Gruppe (also auch zum deutschen Team) als zu Mitgliedern anderer sozialer Gruppen (wie zu anderen Fußballteams).

Wenn von einem Fan die Rede ist, dann meinen wir jemanden, der einen Teil seines Selbstkonzepts aus der Verbindung zu einer Sportmannschaft, einem Verein oder auch zu einem Sportler (z. B. *Michael Schumacher*) aufbaut. Fans richten ihre soziale Identität ganz oder wenigstens zum großen Teil nach den Anforderungen, welche die Gruppe, zu der sie sich zugehörig fühlen, vermeintlich stellt. Identifikation ist der Prozess, mit dem diese Verbindung aufgebaut, aufrechterhalten und natürlich auch gezeigt wird. Dazu aber später mehr.

Baumeister und Leary (1995) betonen in einer ausführlichen, brillanten Analyse, dass die Anbindung und Identifikation, natürlich nicht nur im Sport, eines der Grundbedürfnisse des Menschen ist, ohne dieses er nicht überlebensfähig sei.

Nicht nur, wie sich die Identifikation äußert, sondern auch die Stärke der Identifikation kann sehr von Person zu Person variieren. Diese Stärke der Identifikation kann man mit Fragebögen messen. Im Englischen haben Wann und Branscombe (1993) eine solche Skala vorgestellt, die von Strauß (1995) ins Deutsche übersetzt und empirisch überprüft wurde.

Die Identifikation mit einer Mannschaft oder einem anderen Identifikationsobjekt (wie einem Sportler, einem Helden, den Eltern usw.) besitzt eine Reihe von Auswirkungen (siehe im Überblick Strauß, 1995; Wann, Melnick, Russell & Pease, 2001).

Fans wissen mehr als andere über ihre Mannschaft, die Sportart und den Sport im Allgemeinen. Sie investieren nicht nur Geld, sondern auch viel Zeit für Auswärtsfahrten oder zahlreiche Fan-Club-Treffen, und sie sind die Besucher in den Stadien, die häufiger als andere anzutreffen sind (Schurr, Wittig, Ruble & Ellen, 1987).

Grundsätzlich sind Fans optimistischer bezüglich des Abschneidens ihrer eigenen Mannschaft. Sie erwarten häufiger Gewinne ihres Teams und berichten auch eher von vergangenen Siegen.

Aber es gibt noch eine ganze Reihe weiterer kognitiver Verzerrungen: Fans führen den Erfolg ihres Teams häufig auf internale Faktoren zurück, wie die „Stärke" ihrer Mannschaft oder die Fähigkeiten der Athleten. Wenn die eigene Mannschaft Misserfolge zeigt, wird dies dagegen häufig mit externalen Faktoren wie Pech oder den Schiedsrichterleistungen erklärt (Mann, 1974; Winkler & Taylor, 1979). Dieses Attributionsmuster wird, wie wir aus Kapitel 3 wissen, *self-serving-bias* genannt.

Fans innerhalb einer Gruppe fühlen sich untereinander eng verbunden und halten sich für etwas Besonderes. Sie besitzen ein höheres kollektives Selbstwertgefühl als andere Personen (vgl. Crocker & Luhtanen, 1990). Sie beurteilen sich auch gegenseitig, innerhalb der gleichen Fangruppe, positiver als wenn sie von einem Nichtfan beurteilt werden.

In Straßenbefragungen in Kiel und Bad Schwartau (beides Städte in Schleswig-Holstein mit Handballbundesligavereinen, THW Kiel und VFL Bad Schwartau) konnte Strauß (1995) ermitteln, dass Fans jenem Sportereignis eine größere Attraktivität beimessen, an dem „ihre" Mannschaft teilnimmt, dass sie ein größeres Interesse an „ihrer" Mannschaft zeigen, und dass Fans die Zuschauer der rivalisierenden Mannschaft als unsympathischer einstufen.

Es gibt noch einige weitere Auswirkungen der Identifikation, so etwa Auswirkungen auf die Selbstdarstellung oder auf die Stimmung. Darüber berichten wir in den nächsten Abschnitten.

10.1.2 Selbstdarstellung von Zuschauern

Menschen versuchen, ihre eigene Selbstpräsentation so zu gestalten, dass ihre Umwelt einen positiven Eindruck von ihnen bekommt. In Kapitel 1 sind wir bereits aus einer grundsätzlicheren Perspektive näher darauf eingegangen.

Auch Zuschauer haben das Bedürfnis, sich selbst – und das am besten positiv – darzustellen. Da Sportveranstaltungen eine ausgezeichnete Plattform für die Selbstpräsentation von Menschen bieten, kann das Motiv der Selbstdarstellung auch ein Grund sein, warum Menschen Sportveranstaltungen besuchen. Die Ursache für dieses Bedürfnis liegt in zwei noch grundlegenderen Motiven, nämlich dem Anbindungs- und dem Machtmotiv (vgl. Tedeshi, Madi & Lyakhovitzky, 1998).

Das Anbindungsmotiv ist eng mit der Identifikation verbunden. Die Selbstdarstellung dient der Demonstration, dass man bestimmten positiv wertgeschätzten Gruppen angehört oder zumindest mit ihnen in Verbindung steht, auch in der Hoffnung, dass diese von der Person in den Mittelpunkt gerückten positiven Gruppeneigenschaften der Person von ihrer Umwelt ebenfalls zugeschrieben werden.

Die Verhaltensweisen, mit denen Selbstdarstellung betrieben wird, müssen nicht von allen Mitmenschen positiv bewertet werden. So kann beispielsweise die Gewalt von Hooligans zum Teil so interpretiert werden, dass sie sich ihrer Bezugsgruppe oder einzelnen Personen in der Gruppe gegenüber positiv selbst darstellen wollen. Hinter diesen Verhaltensweisen könnte auch ein Phänomen stehen, das man in jüngeren Arbeiten als *Homegrown Stereotyp* (dt. hausgemachtes Stereotyp; vgl. Prentice & Miller, 2002) bezeichnet. Diese Stereotype werden strategisch bedient, um der Eigengruppe zu demonstrieren, dass man loyal zu ihr steht.

Das zweite Motiv zum Zuschauen betrifft die Demonstration von Macht und Einfluss. Die Person will damit der Umwelt zeigen, dass sie etwas Besonderes darstellt. Die Möglichkeit, in VIP-Lounges im Rahmen von Sportveranstaltungen eingelassen zu werden, ist nur „ausgewählten" Personen vorbehalten. Es handelt sich dabei meist um Personen, die für den Veranstalter wichtig sind, etwa, weil sie Sponsoren sind und den Verein in wichtiger Weise unterstützen.

In all diesen Fällen zeigen die Personen, die die VIP-Lounge betreten dürfen, ihrer Umwelt, dass sie Einfluss besitzen und machtvoll sind. Das Machtmotiv spielt auch bei Hooligans eine Rolle. Sie beweisen nicht nur ihrer Bezugsgruppe, dass sie gewalttätige Auseinandersetzungen gewinnen können, sondern zeigen auch der breiteren Öffentlichkeit ihren Einfluss auf die Medien, die über sie berichten, und die ihnen ein Platz in den Nachrichten einräumt.

Wir haben in Kapitel 1 bereits verschiedene Strategien und Taktiken vorgestellt, mit denen Personen Selbstdarstellung betreiben können. Sie können zum Beispiel ihre Vertrauenswürdigkeit betonen, ihre Offenheit hervorkehren oder sich durch bestimmte Verhaltensweisen beliebt machen wollen (vgl. Mummendey, 1995; Tedeshi et al., 1998).

Eine bei Sportzuschauern sehr beliebte Selbstdarstellungsmöglichkeit ist das *Basking in reflected glory* (kurz: BIRG und zu Deutsch: „Sich im Ruhme anderer sonnen"). Wir haben diese Strategie im Kapitel 1 nur kurz gestreift. Im Folgenden wollen wir diese für Sportzuschauer sehr wichtige Selbstdarstellungsmöglichkeit näher vertiefen.

BIRGing bedeutet, dass Personen versuchen, ihre Verbindung zu erfolgreichen anderen mit Hilfe verschiedener Hilfsmittel zu demonstrieren.

Der Begriff geht zurück auf eine Feldstudie von Cialdini et al. (1976). Sie stellten u. a. fest, dass Studenten in Vorlesungen und Seminaren häufiger Kleidungsstücke trugen, die auf ihre Verbindung zur Universität hindeuteten (also z. B. Schals, Trikots, Aufkleber), wenn die Footballmannschaft der eigenen Universität am Wochenende gewonnen hatte. Wenn die eigene Mannschaft verlor, wurden weniger Kleidungsstücke getragen, die eine Zuschreibung ermöglichten.

Auf dem Hintergrund dieser Studie ist das Verhalten von Zuschauern als BIRGing zu bezeichnen, wenn nach Siegen oder auch in fester Erwartung eines Sieges (z. B. beim entscheidenden Heimspiel der eigenen Mannschaft um die Meisterschaft) vermehrt Trikots, Schals und Bemalungen des Gesichts getragen werden.

Manchmal können es auch Kleidungsstücke in der Farbe des „Gewinnertrikots" sein, die BIRGing auslösen. Im Jahre 1997 gewann *Jan Ullrich* als erster deutscher Radsportler die Tour de France und damit das symbolträchtige *Gelbe Trikot* (das *maillot jaune*). Reinhard, Jinschek und Diehl (1999) haben im gleichen Zeitraum BIRGing dadurch auslösen können, dass sie Interviewer in gelbe T-Shirts, der Farbe des Spitzenreiters, kleideten. Die von gelb gekleideten Interviewern befragten deutschen Studierenden äußerten mehr nationalen Stolz als jene, die von neutral gekleideten Interviewern befragt wurden.

Wie wir nun schon gesehen haben, tritt BIRGing in den absonderlichsten Formen auf. Sicher erinnern sich noch einige an *Dr. Eckhard Freise*, Professor für Mittelalterliche Geschichte in Wuppertal und wohnhaft in Münster. Dr. Freise gewann als erster die Million in *Günther Jauchs* „Wer wird Millionär".

In einem Interview in der Zeitschrift *Forschung und Lehre* (2/2001) berichtet er, dass sich innerhalb von drei Tagen nach der Sendung etwa 1.800 Abiturienten in Wuppertal erkundigt hätten, wie man einen Studienplatz in Geschichte erhält. Normalerweise seien es dreißig Anfragen in einem halben Jahr. Sich im Ruhme anderer sonnen wird hier darüber hergestellt, dass die Verbindung über das gleiche (hier angestrebte) Studienfach gebildet wird.

BIRGing ist es auch, wenn versucht wird, unbedingt „das" entscheidende Spiel oder seltene Sportereignis sehen zu können, „dabei zu sein" oder mindestens behaupten zu können, man wäre Zeuge von etwas Ungewöhnlichem gewesen. So wird in den USA gerne kolportiert (vgl. Tedeshi et al., 1998), dass ca. eine Million Menschen von sich behaupten, sie hätten den zweiten Box-Kampf *Joe Louis gegen Max Schmeling* live im Madison Square Garden gesehen, obwohl der Madison Square Garden nur 20.000 Plätze fasst.

Die Person, die BIRGing betreibt, versucht also, sich selbst als erfolgreich darzustellen, indem sie ein gemeinsames Merkmal des Erfolgreichen und von sich in der Öffentlichkeit präsentiert. Dieses Merkmal ist häufig höchst flüchtig, wird manchmal nur kurzzeitig benutzt und stellt häufig auch lediglich ein Symbol dar. Diese Vergänglichkeit ermöglicht dann sehr schnell die Demonstration, dass eine Verbindung nicht mehr besteht, etwa wenn eine Niederlage der Mannschaft eingetreten ist.

In einer Studie von Lee (1985) benutzten College-Studierende dann häufiger die Personalpronomina *wir* und *uns* im Zusammenhang mit der College-Basketball-Mannschaft, wenn diese zuvor gewonnen hatte.

Sie vermieden dagegen von *wir* und *uns* zu sprechen, wenn die Mannschaft zuvor verloren hatte: „Wir haben gewonnen", aber „Die haben verloren". Auch zeigt sich in diesem Experiment eine Strategie des Selbstwertschutzes. Diese Strategie verfolgten die Probanden der Lee-Studie um so stärker, je mehr ihnen in einem dem Sportereignis vorangehenden Test bedeutet wurde, sie persönlich hätten darin schlechter abgeschnitten als der Durchschnitt ihrer Kommilitonen.

Häufig ist zu beobachten, dass sich Menschen in ihrer Selbstdarstellung von nicht-erfolgreichen anderen distanzieren, z. B. in dem dies wie eben beschrieben in der Sprache ausgedrückt wird. Diese Selbstdarstellungsmöglichkeit nennt sich CORFing (*Cutting off reflected Failure;* Snyder, Lassegard & Ford, 1986) und tritt vor allem dann ein, wenn die eigene Mannschaft über einen längeren Zeitraum erfolglos ist. Typisch ist, dass CORFing seltener bei Personen beobachtbar ist, die sich stark mit ihrer Mannschaft identifizieren. Personen, die sich nur kurzzeitig im Ruhme anderer sonnen wollen, brechen sehr bald nach ersten Misserfolgen die Verbindung zur Mannschaft ab, werden

Fans eines anderen erfolgreicheren Vereins oder wenden sich einer ganz anderen Sportart zu.

Es gibt es eine ganze Reihe weiterer Taktiken der Selbstdarstellung. Beim so genannten *blasting* (Cialdini & Richardson, 1980) werden gegnerische Mannschaften von den Zuschauern abgewertet, um im Vergleich zur anderen Mannschaft zu einer positiven Selbstdarstellung zu gelangen. Für Fußballfans typisch ist *blasting* in Form der Abwertung der gegnerischen Fangruppe, indem behauptet wird, Fans des Vereins XY seien nicht so sympathisch wie die der eigenen Fangruppe (vgl. Strauß, 1995).

10.1.3 Stimmungsregulation von Zuschauern

Menschen sind im Allgemeinen bestrebt, in einen Zustand positiver Stimmung zu geraten. Dies greifen die beiden amerikanischen Kommunikationswissenschaftler *Dolf Zillmann* und *Jennings Bryant* (z. B. Zillmann & Bryant, 1998) in ihrer Mood Management Theorie auf. Ausführlicher gehen wir auf diese Theorie im Kapitel 12 zur Massenkommunikation ein. An dieser Stelle sollen Stichworte genügen.

Menschen unternehmen allerlei, um negative Stimmungszustände zu vermeiden oder sie zu beseitigen und um so in eine erträglichere positive Stimmung zu geraten. Dazu wird nicht notwendigerweise auf Komödien oder dergleichen zurückgegriffen. Beispielsweise bevorzugen viele Männer aggressiv getönte Filme wie Western oder Kriegsfilme.

Zur Stimmungsverbesserung gehört auch das Betrachten von Sportveranstaltungen, sei es im Fernsehen oder Live vor Ort und auch dies bevorzugen Männer eher als Frauen (vgl. Zillmann & Bryant, 1998).

Interessanterweise führt die Darstellung von Konflikten und Dramatisierungen auch im Sport zu einer Verbesserung der Stimmung bei den (auch hier meistens männlichen) Konsumenten. Das Vergnügen, sportliche Wettbewerbe anzuschauen, ist dann größer, wenn der Wettbewerb mit persönlichen Konflikten zwischen den Sportlern behaftet ist. Dolf Zillmann konnte dies in einigen Experimenten zeigen (vgl. im Überblick Bryant, Raney & Zillmann, 2002).

Beispielhaft sei auf die viel zitierte Studie von Bryant, Brown, Comisky und Zillmann (1982) hingewiesen. Dort machte es den Zuschauern eines Tennisspiels mehr Spaß, das Spiel zu verfolgen, wenn sie die Information - erhielten, die beiden Spieler seien „Intimfeinde". Zuschauer des gleichen

Tennisspiels, denen man aber die Information gab, es handle sich bei den Tennisspielern um Freunde, machte es deutlich weniger Freude zuzusehen.

Auf diesem Hintergrund ist auch verständlich, warum es uns so viel Spaß macht, Duelle wie jene zwischen *Michael Schumacher* und *Mikka Häkkinen* oder *Boris Becker* und *Michael Stich* zu verfolgen. Den jeweiligen Kontrahenten werden besondere Motive ihrer Rivalität nachgesagt.

Und wer erinnert sich nicht gerne an die Auseinandersetzungen zwischen *Christoph Daum* und *Jupp Heynckes* am Ende der achziger Jahre, als ihre Vereine Bayern München und 1. FC Köln um die deutsche Meisterschaft stritten? Der ganze Konflikt, psychologische Schlussfolgerungen und warum es so kommen musste, wie es kam, ist ausführlich bei Strauß und Bruhn (1989) nachzulesen.

Konflikte sind also gut, wenn es um die Erhöhung des Interesses und um die Steigerung der Stimmung beim Zuschauer geht. Aber es müssen für das System unschädliche Konflikte sein, und sie dürfen nicht von langer Dauer sein. Neben den Konflikten kann auch das Resultat eines Wettkampfs die Stimmungen von Zuschauern erheblich beeinflussen.

Es ist vielfach untersucht worden, und es weiß jeder aus eigener Erfahrung: Nach Siegen des eigenen Teams zeigen Personen, die sich stark mit der Mannschaft identifizieren, eher Stolz, Freude und ähnliche positive Emotionen. Nach Niederlagen zeigen sie vermehrt Trauer, Depressionen und vergleichbare negative Emotionen (z. B. Branscombe & Wann, 1992a; Hirt, Zillmann, Erickson & Kennedy, 1992; Sloan, 1979). Aber es gibt auch Effekte, die nicht gleich auf der Hand liegen.

Schwarz, Strack, Kammer und Wagner (1987) können zum Beispiel zeigen, dass diese Stimmungen als Informationsquelle dienen, wenn die Personen Urteile über sich selbst oder andere Personen bzw. Ereignisse abgeben sollen. Sie stellten fest, dass deutsche Männer unmittelbar nach Siegen der deutschen Fußballnationalmannschaft während der Weltmeisterschaft 1982 über eine größere Lebenszufriedenheit berichteten als vor dem Spiel.

Noch dramatischer ist das Ergebnis einer Studie von Schweitzer, Zillmann, Weaver und Luttrell (1992). Sie zeigten in einer Studie, die kurz vor dem Irak-Krieg durchgeführt wurde, dass die negative Stimmung von Fans nach verlorenen Spielen ihrer Mannschaft dazu führte, einen Krieg der USA mit dem Irak und große Verwüstungen für wahrscheinlicher zu halten als nach gewonnenen Spielen.

Und schließlich belegen Hirt et al. (1992) darüber hinaus, dass Personen mit hoher Identifikation Erfolg und Niederlage des Teams mit dem eigenen persönlichen Erfolg verbinden. Sie konnten in einer experimentellen Studie zeigen, dass Personen ihre eigenen Leistungen niedriger einschätzen, wenn die Mannschaft vorher verloren hatte.

Werden wir wieder ein wenig grundsätzlicher: Grundsätzlich steigt vor und während eines Wettbewerbs die Herzrate von anwesenden Sportzuschauern an (z. B. Corbin, 1973), wobei insbesondere Fans eine höhere physiologische Erregung während des Betrachtens eines Wettbewerbs ihres Fanobjekts aufweisen als andere Personen. Dies konnten auch Branscombe und Wann (1992) in einem experimentellen Design mit Zuschauern ermitteln, die sich einen Ausschnitt aus dem Kinofilm *Rocky IV* ansehen mussten.

Fans betreiben auch während der Sportveranstaltung die Regulierung ihres Stimmungszustandes. Sie führen *Mood Management* (Zillmann & Bryant, 1998) durch und nutzen dazu auch das Singen.

Marsh (1978) berichtet, dass während der Fußballspiele in der ersten englischen Fußballdivision im Schnitt 147 Lieder von den Zuschauern gesungen werden. Dies geschieht in der Regel in Phasen, in denen das Spiel besonders langweilig ist.

Singen dient also hier dazu, sich während des Spiels in einer positiven Stimmung zu halten oder in eine solche zu gelangen. Gesungen wird aber auch, wenn die eigene Mannschaft ein Tor geschossen hat und die Stimmung bereits gut ist.

Die beiden deutschen Musikwissenschaftler Kopiez und Brink (1998) haben die Gesänge der deutschen Zuschauer während der sieben Spiele der deutschen Fußballnationalmannschaft 1990 in Italien vor und nach einem erzielten Tor der deutschen Mannschaft untersucht.

Es zeigte sich, dass nach einem Tor von den Fans wesentlich mehr gesungen wurde als vorher. Kopiez und Brink (1998) interpretieren dies als entspannende Funktion der Gesänge. Betrachtet man allerdings die Vorhersagen der *Mood Management Theorie*, ist dies im Gegenteil der Versuch, die gute Stimmung, die durch das Tor der eigenen Mannschaft entstanden ist, durch die Gesänge zu verlängern und deren Intensität zu erhöhen.

Marsh (1978) hat auch die Art der Lieder unterscheiden können. Beispielsweise sind die Kategorien Vertrauen und Optimismus, Anfeuerung, Stolz und Lob, Kritik usw. zu unterscheiden. Kopiez und Brink (1998) berichten nach der Analyse eines Spiels des 1. FC. Köln gegen Borussia Dortmund, dass anfeuernde Gesänge der Fans am häufigsten vorkommen (bis zu 60 %) und Siegeshymnen bzw. die Lobpreisung der eigenen Mannschaft in 10 bis 20 % der Lieder zu hören sind. Ähnliches gilt für die Abwertung der gegnerischen Mannschaft.

Das Buch von Kopiez und Brink (1998, mit illustrierender Hör-CD) sei allen empfohlen, die sich genauer mit Fangesängen beschäftigen. Dort sind auch viele Notenbeispiele zum Nachspielen zu finden.

10.1.4 Wahrgenommene Kontrolle von Zuschauern

Nichts könnte diesen Abschnitt (aber natürlich auch den Abschnitt über die Selbstdarstellung von Fans) besser einleiten als eine Überschrift aus *Nick Hornbys* Buch *Fever Pitch* aus dem Jahre 1992. „Wie ich das Double gewann" lautet sie, und gemeint ist mit dem Double, dass Arsenal London 1971 die englische Fußballmeisterschaft und gleichzeitig den englischen Pokalwettbewerb gewann. Der britische Schriftsteller *Nick Hornby*, lebenslanger Fan von Arsenal London, reklamiert hier für sich, dass er mitgeholfen habe, das Double zu gewinnen.

Unromantischer ausgedrückt: *Nick Hornby* behauptet die direkte Einflussnahme auf die sportlichen Leistungen der Mannschaft von Arsenal London.

Menschen sind im Allgemeinen bestrebt, Ereignisse und Zustände in ihrer Umwelt zu beeinflussen. Sie nehmen wahr, dass sie die Fähigkeit zur Kontrolle besitzen. Bereits White (1959) beschrieb diese Motivation zur Kontrolle. Sie betrifft auch Situationen, die objektiv nicht beeinflussbar sind (wie z. B. beim Glücksspiel), wenn es sich also nur um eine Illusion der Kontrolle handeln kann (Langer, 1975). Es kommt also bei dem Konzept der Kontrollmotivation nicht darauf an, dass tatsächlich Einfluss ausgeübt werden kann, sondern dass die Person davon überzeugt ist, Kontrolle ausüben zu können.

Als wesentlichen Grund für diese Kontrollmotivation nennt z. B. Thompson (1981), dass damit die Aversivität von Ereignissen vermieden bzw. reduziert werden kann. Wenn Personen keine Möglichkeit zur Kontrolle wahrnehmen, führt dies zu Kontrollverlust, der wiederum – je nach Bedeutsamkeit des Ereignisses – mit teilweise erheblichen negativen Konsequenzen verbunden ist (vom Erlebnis der Aversivität, über Aggressionen bis hin zu Hilflosigkeit; vgl. zusammenfassend Osnabrügge, Stahlberg & Frey, 1985).

Thompson (1981) unterscheidet vier Möglichkeiten, mit der wahrgenommene Kontrolle ausgeübt werden kann:

- *Verhaltenskontrolle:* eine Person ist davon überzeugt, dass sie durch ihr Verhalten ein Ereignis beeinflussen kann,
- *Informationskontrolle:* eine Person besitzt Informationen über das zukünftige Ereignis und glaubt, es zumindest in Teilen vorhersehen zu können,

- *Kognitive Kontrolle:* eine Person ist überzeugt, über kognitive Strategien zur Reduktion der Aversivität eines Ereignisses zu verfügen (z. B. positives Denken, Uminterpretation),
- *Retrospektive Kontrolle:* eine Person schreibt nachträglich eingetretenen Ereignissen Ursachen zu.

Sport bietet die Gelegenheit zu allen vier Möglichkeiten zu wahrgenommener Kontrolle. Sport ist also eine günstige Bedingung, um das grundlegende Bedürfnis nach *wahrgenommenem Einfluss* zu befriedigen.

Beginnen wir mit der *Verhaltenskontrolle*. Als konkretes Zuschauerverhalten zur Einflussnahme sind Klatschen und Anfeuern besonders beliebt (vgl. auch Stollenwerk, 1996). Über 75 % der Football-Zuschauer gaben an, diese Verhaltensweisen zu praktizieren. Greer (1983) beschreibt das *spectator booing* – das „Auspfeifen" – als eine der zentralen Verhaltensweisen von Zuschauern, mit denen Auswärtsmannschaften in ihrer Leistung negativ beeinflusst werden sollen. Stollenwerk (1996, S. 96) fragte Zuschauer von verschiedenen Eishockey- und Fußballspielen in den Jahren 1977 und 1983, ob sie glaubten, „dass man durch Pfeifen und Ausbuhen die meisten Spieler nervös machen kann". Je nach Sportereignis stimmten zwischen 41 % und 62,9 % der Zuschauer dem Statement zu.

Strauß (1999) berichtet von einer Befragung mit 1.063 Zuschauern eines Kieler American-Football-Spiels. 62,1 % glaubten, dass „Zuschauer den Ausgang von Footballspielen" mindestens stark beeinflussen können. 55,8 % der Zuschauer gaben an, dass sie selbst versuchen, den Ausgang des Spiels stark zu beeinflussen. Und ganz besonders glaubten Fans, dass das Spiel durch die Zuschauer und durch sie selbst beeinflusst wurde.

In dieser Studie, wie auch in der Untersuchung von Wann, Dolan, McGeorge und Allison (1994), in der Psychologiestudierende befragt wurden, zeigte sich, dass Personen den Zuschauern im Allgemeinen eine höhere direkte Einflussnahme zuschreiben als sich selbst.

Aber auch vor dem Stadion wird durch konkrete Verhaltensweisen versucht, die Geschicke der Mannschaft zu beeinflussen, wie etwa die unzufriedenen Fans, die einen Mannschaftsbus am Wegfahren hindern oder die Zuschauer, die lautstark den Rücktritt des Trainers fordern.

Die Frage, unter welchen Situationsbedingungen sich die verhaltensbezogenen Beeinflussungsversuche verändern, ist im sportlichen Kontext noch nicht untersucht worden. Rodin, Rennert und Solomon (1980) konnten in einem Laborexperiment mit nicht-sportlichem Kontext zeigen, dass auf die aktiven Beeinflussungsversuche dann verzichtet wird, wenn der positive Ausgang der Situation sicher scheint. Für das Zuschauerverhalten kann man daraus ableiten, dass Beeinflussungsversuche wie Anfeuern, Klatschen, Pfeifen usw. weniger häufig auftreten, wenn es relativ sicher ist, dass die eigene Mannschaft gewinnt (z. B. bei einem als „nicht so stark" eingeschätzten Gegner).

Die *Informationskontrolle* ist häufig zu beobachten. Millionen Toto-Tipper zeugen davon und auch, wenn die Zeitungen tagelang vor dem Ereignis berichten und abschätzen, wer denn wohl aus welchen Gründen gewinnen möge, sowie Stammtische Extratermine einlegen, um Prognosen durchzuführen, dann gehört all dieses zur Informationskontrolle.

Auch das Muster der *kognitiven Kontrolle* ist im Sport häufig zu sehen. Wenn das schlechte Abschneiden der deutschen Leichtathleten bei den Europameisterschaften so uminterpretiert wird, dass ab jetzt „es nur besser werden kann" oder „es nach einer Talfahrt nur bergauf gehen kann", dann ist dies Ausdruck kognitiver Kontrolle.

Bleibt schließlich noch die *retrospektive Kontrolle*. Diese wird am Wochenende mit zahlreichen Attributionsversuchen von Journalisten und Zuschauern praktiziert. Jeden Montag geht es um derart spannende Fragen: Warum kam es zum Elfmeter? Ist der Trainer ursächlich für den schlechten Tabellenstand oder ist es doch der Präsident oder sind es gar die Spieler oder ist alles umgekehrt? Der Sportsoziologe Bette (1990) geht in diesem Zusammenhang ausführlich auf die sportbezogene Konversation am Stammtisch ein.

Fassen wir zusammen, Zuschauer sind der Überzeugung, dass sie persönlich das sportliche Geschehen durch ihr Verhalten beeinflussen können. Ob dies tatsächlich so ist oder ob es sich um eine Kontrollillusion handelt, wird im Kapitel 11 über den Heimvorteil noch aufgeklärt. Auf jeden Fall bieten Sportveranstaltungen eine gute Plattform, um dem Kontrollbedürfnis nachzukommen.

10.2 Die Hard und Fair Weather Fans

Fans, die sich über einen langen Zeitraum sehr stark mit ihrem Team oder ihren Sportlern identifizieren, werden auch *Die Hard Fans* genannt (vgl. Wann & Branscombe, 1990).

Beispielhaft stehen dafür die vielen Fans des 1. FC Kaiserslautern, die auch dann noch das Fritz-Walter-Stadion füllten, als die Mannschaft bereits in die 2. Liga abgestiegen war. Beispielhaft sind auch die Fans des 1860 München, die ihre Mannschaft in die Oberliga begleiteten. Eine amüsante Lektüre zu diesem Thema findet man bei Wertheimer (2000).

Den *Die Hard Fans* bedeutet der Verein ihr Leben. Die soziale Identität dieser Fans wird auch zu ihrer personalen Identität. Sehr eindrucksvoll beschreibt dies der Literat Nick Hornby (1992) in *Fever Pich* an seinem eigenen Lebensweg. CORFing tritt nur selten bei diesen Fans auf, denn sie stehen im Erfolg wie auch im Misserfolg zu ihrer Mannschaft.

Dies ist anders bei den *Fair Weather Fans*. Sie halten nur im Erfolg zu ihrer Mannschaft und brechen die Verbindung im Misserfolgsfall auch schneller wieder ab (sie betreiben dann also CORFing). Ihre Identifikation ist deutlich brüchiger als die von *Die Hard Fans*.

Während *Fair Weather Fans* – gemessen an dem, was sie sonst noch in ihrem Leben tun – nur hin und wieder BIRGing und *blasting* betreiben (nämlich dann, wenn es darum geht, sich kurzfristig und nur im für alle anderen sichtbaren Erfolgsfall der Mannschaft im Ruhme anderer zu sonnen), ist BIRGing und *blasting* bei *Die Hard Fans* dauerhafter und nicht nur kurzfristig auf einen für alle sichtbaren offensichtlichen Erfolg bezogen. Sie brechen auch die Verbindung zu „Ihrem" Verein oder „Ihrer" Mannschaft nach Misserfolgen – wenn überhaupt   wesentlich später ab als *Fair Weather Fans*.

Selbstverständlich wollen auch *Die Hard Fans* Erfolg und auch sie wollen BIRGen. Sie definieren aber Erfolg immer wieder neu und nicht notwendigerweise nach offensichtlichen Kriterien. So sind sie etwa zufrieden, wenn sie eine positive Leistungsentwicklung ihrer Mannschaft beobachten. Wenn man so will, dann urteilen *Die Hard Fans* fairer als *Fair Weather Fans* über die Leistungen der eigenen Mannschaft. Es sind ganz besonders *Die Hard Fans*, die sich durch ein hohes Maß an Identifikation, an Selbstdarstellung, am Wunsch nach positiver Stimmung und durch ein hohes Kontrollbedürfnis kennzeichnen lassen.

Wie wird man aber zum Fan, insbesondere zum *Die Hard Fan*? Interessanterweise gibt es zur Beantwortung dieser Frage nur sehr wenig wissenschaftliche Literatur, jedenfalls weit weniger, als zu den Effekten des „Fan-Seins". Ein wesentlicher Grund ist gegeben, wenn wichtige *Sozialisationsagenten* Fans sind. Nick Hornby beginnt sein Buch *Fever Pitch* damit, dass er bereits als Kind von seinem Vater zu den Spielen von Arsenal London mitgenommen wurde und dies der Beginn der lebenslangen Identifikation mit Arsenal London war. Auch die wissenschaftliche Studie von McPherson (1976) zeigt, dass Väter für die Entwicklung einer sozialen Identität als Fan wichtig sind – übrigens für Söhne und Töchter in ähnlich wichtiger Weise. In der Wichtigkeit nachfolgend und mit deutlichem Abstand zu den Vätern ermittelt McPherson als weitere relevante Sozialisationsagenten die Schule, Freunde und Gleichaltrige, Brüder, die Medien und die Mütter (besonders für die Töchter). Weiterhin ist anzunehmen, dass es eine *psychologische Nähe* zum Fanobjekt, also zum Team, zum Club geben muss, die der Verbindung zwischen Fan und Verein Bedeutung verschafft.

Diese psychologische Nähe wird beispielsweise vergrößert, wenn ein grundsätzliches Interesse am Sport und im Besonderen an der Sportart vorhanden ist.

Eine weitere wichtige Komponente der psychologischen Nähe ist die *räumliche Nähe* (vgl. Jones, 1997). Die Wahrscheinlichkeit ist größer, Fan eines Clubs in der näheren Umgebung zu werden - am besten aus dem Ort, in dem man lebt oder aufgewachsen ist - als Fan eines weit entfernten Clubs.

Dies lässt sich leicht mit der schon oben angesprochenen Theorie der sozialen Identität von Tajfel (1978) erklären. Fan und Verein gehören der gleichen sozialen Kategorie an – z. B. Einwohner der gleichen Heimatstadt –, so dass es leicht ist, sich dieser sozialen Gruppe anzuschließen. Gleiches gilt für Studierende und Mitarbeiter amerikanischer Universitäten, an der häufig verschiedene (Mannschafts-)Sportarten auf hohem Niveau ausgeübt werden.

Dietz-Uhler und Murrell (1999) befragten über 14 Wochen der gesamten Saison immer wieder Studierende einer Universität nach den Erfolgen und Misserfolgen des Football-Teams. Personen, die sich mit der eigenen Universität stark identifizierten, waren auch eher Fans der Universitätsmannschaft.

Was ist aber mit den derzeit besten Vereinen der Fußballbundesliga, wie Bayern München oder Borussia Dortmund? Gerade diese haben Fans in der gesamten Bundesrepublik und auch darüber hinaus.

Hier kommen zwei weitere Komponenten ins Spiel, die sonst aber auch für die Identifikationsentwicklung eine wichtige Rolle spielen:

Erstens spielt der *Erfolg* eine wichtige Rolle (End, Dietz-Uhler, Harrick & Jacquemotte, 1999). Die eben erwähnte Studie von Dietz und Murrell (1999) ist auch ein guter Beleg hierfür. Personen die sich stark mit der Universität identifizierten waren es auch, die die Mannschaft insbesondere nach Erfolgen mehr wertschätzten als nach Niederlagen. Personen mit geringer Universitätsidentifikation machten dagegen keine Unterschiede nach Erfolgen oder Misserfolgen. Ein anderes Beispiel ergibt sich aus der Studie von Strauß und Menski (in Begutachtung).

Sie befragten an jedem Tag der Fußballweltmeisterschaft im Juni 2002 insgesamt über 2.000 Münsteraner Bürger, u. a. nach ihrer Identifikation mit der Fußballnationalmannschaft. Je länger das Turnier dauerte und mit zunehmendem Erfolg der deutschen Nationalmannschaft ergab sich eine über 50-

prozentige Steigerung der Identifikation vom Anfang des Turniers bis zum Ende.

Wir erinnern uns: Die deutsche Nationalmannschaft war als krasser Außenseiter in das Turnier gestartet und endete als Vizeweltmeister.

Zweitens ist das (vermeintlich) *Besondere* eines Ereignisses oder einer Mannschaft wichtig. Menschen haben das Bedürfnis, selbst Erfolge zu erzielen oder wenigstens an den Erfolgen anderer teilzuhaben. Misserfolge finden nur selten Anhänger. Insofern treffen auf Bayern München und Borussia Dortmund beide Komponenten zu: Beide Clubs haben überragende Erfolge, sie sind Weltcup-Sieger, Championsleague-Gewinner, Deutscher Meister usw.

Und sie sind etwas Besonderes, da derartige Erfolge nur diese, sonst aber nur wenige andere Mannschaften aufzuweisen haben. Schließlich gibt es noch weitere Besonderheiten. So gilt das Dortmunder Stadion als Kathedrale des Deutschen Fußballs, und die Münchner Bayern besitzen einen Vorstand mit überragendem Fußballsachverstand; alles Dinge, die die Clubs in den Augen der Fans zu etwas Besonderem machen.

Wir haben hier nun immer wieder auf Mannschaften und deren Fans hingewiesen und wollen aber am Ende dieses Abschnitts nicht vergessen, dass auch Individualsportler Fans haben. Sie sind Idole oder Vorbilder gerade auch für Jugendliche.

Natürlich: Auch Sie müssen Erfolg haben und etwas Besonderes darstellen. Aber es kommt noch etwas hinzu: Barney (1985) benennt weitere Bedingungen, die Sportlerinnen und Sportler zu Idolen werden lassen:

- eine beispielhafte körperliche Exzellenz
- eine moralische Integrität
- der erkennbare Wille, sich in den Dienst der Gemeinschaft zu stellen.

Zu Helden werden sie, wenn das Urteil über sie die Zeit überdauert. Dass Idole und Helden heute vor allem auch von Medien zu solchen gemacht werden, das steht auf einem anderen Blatt und soll uns bei der Massenkommunikation in einem späteren Kapitel 12 noch beschäftigen.

10.3 Tote und Verletzte

Immer wieder sind auch Verletzte und sogar Tote unter den Zuschauern während und am Rande von Sportveranstaltungen zu beklagen. Leider können wir dieses Thema am Ende eines Kapitels über Zuschauer nicht aussparen: Am häufigsten sind Fußballveranstaltungen betroffen.

In Erinnerung dürften noch die Ereignisse während des Europacup-Finales am 25. Mai 1985 im Brüsseler Heysel-Stadion sein. Bei den Auseinandersetzungen zwischen Hooligans aus Liverpool und Turin starben 39 Menschen und 470 wurden zum Teil schwer verletzt.

Erschreckend war auch der Angriff deutscher Hooligans auf den regungslos am Boden liegenden französischen Polizisten *Daniel Nivel* am Rande des Weltmeisterschaftsspiels der Deutschen Fußballnationalelf gegen Jugoslawien im Juni 1998.

Allerdings soll auch gleich hinzugefügt werden, dass die Ursachen von Verletzten und Toten unter den Zuschauern nicht nur aggressives Verhalten und Gewalttätigkeiten von Hooligans und Fans sind. Die Ursachen sind auch in der Entstehung von Panik unter den Zuschauern, aber auch in Baumängeln und Ähnlichem zu suchen.

So waren 1946 33 Tote beim englischen Fußballpokal zwischen den Bolton Wanderers und Stoke City (England) zu beklagen, nachdem eine Begrenzungsmauer eingestürzt war. Ein anderes Beispiel ist die Panik, die 1985 nach einem Ausbruch eines Feuers im Stadion von Bradford (England) entstand. Wegen mangelnder Sicherheitsvorkehrungen mussten dort 57 Menschen sterben. In Tabelle 12 sind Fußballveranstaltungen seit Anfang des 20. Jahrhunderts bis heute aufgeführt, bei denen Menschen zu Schaden gekommen sind.

Die Tabelle 12 soll nicht suggerieren, dass Tote und Verletzte, aggressives Verhalten und Ausschreitungen ein alleiniges Problem des 20. Jahrhunderts sind. Zuschauerausschreitungen, auch schwerster Art, sind in jeder Epoche beobachtbar. Betrachtet man allein die Entwicklung des Fußballspiels, wird man feststellen, dass Fußball immer auch begleitet war von gewalttätigen Zuschauerausschreitungen.

So berichten Elias und Dunning (1981) vom Verbot Edwards II. im 14. Jahrhundert, ein Vorläuferspiel des heutigen Fußballs auszuüben, weil dies die öffentliche Sicherheit gefährden würde. Am Ende des 19. Jahrhundert schloss der englische Fußballverband kurzerhand viele Fußballplätze, weil eine deutlich steigende Zahl von Gewalttätigkeiten zu beobachten war und man fürchtete, die Entwicklung nicht mehr kontrollieren zu können. Aber auch schon wesentlich früher und abseits vom Fußball waren Zuschauerausschreitungen zu beobachten.

Tabelle 12:   Fußballveranstaltungen mit Verletzten und Toten von 1900 bis 2001 (aus Russell, 1993; siehe auch www.contrast. org/hillsborough/history/)

Datum	Ort	Tote	Verl.	Datum	Ort	Tote	Verl.
1902	Glasgow	25	350	1982	Moskau	60	-
1946	Bolton (UK)	33	500	1982	Kolumbien	24	50
1957	Florenz	-	120	1982	Algerien	8	600
1959	Naples	-	65	1985	Peking	??	??
1961	Chile	5	300	1985	Bradford	57	200
1964	Lima	350	500	1985	Mexico	10	30
1964	Istanbul	-	84	1985	Brüssel	39	470
1966	Kairo	-	300	1989	Hillsborough	96	400
1967	Kayseri	48	602	1991	Johannesburg	42	42
1968	Buenos Aires	72	113	1992	Frankreich	15	?
1971	Glasgow	66	-	1996	Guatemala	84	150
1974	Kairo	48	47	2000	Harare	13	100te
1979	Hamburg	1	15	2001	Lambumbashi	7	100te
1979	Lagos	24	27	2001	Ellis Park	43	100te
1980	Kalkutta	16	100	2001	Ghana	126	100te
1981	Athen	21	54	2001	Sarı	2	100te

Beispielsweise kam es im vierten Jahrhundert anlässlich der Wagenrennen im Circus Maximus zu häufigen und schweren Auseinandersetzungen zwischen den „Blauen" und den „Grünen", zwei Zuschauergruppen, die sich auch entsprechend dieser Farben kleideten (vgl. ausführlich Cameron, 1976).

Der römische Geschichtsschreiber *Tacitus* (55 - 120 n. Chr.) berichtet von Schlägereien aus „nichtigem Anlaß" zwischen Pomperijanern und Siedlern aus Nuceria anlässlich eines Gladiatorenkampfes, den *Livineius Regulus* veranstaltete.

Es gab viele Tote und Verwundete. Die Rädelsführer durften 10 Jahre lang keine Gladiatorenkämpfe veranstalten und wurden in die Verbannung geschickt. In den Arbeiten von Guttmann (1986) sowie Elias und Dunning (1981) findet man zahlreiche Beispiele zu diesem Thema.

Welche Ursachen führen zu dieser immer wieder zu beobachtenden Zuschauergewalt? Wir stoßen bei der Antwort auf diese Frage auf die Typo-

logie von *Leon Mann* (1979), der versucht hat, die Ursachen der Zuschauergewalt zu klassifizieren.

Seine Typologie nennt er FORCE, ein Akronym, das für *Frustration,
Outlawry, Remonstrance, Confrontation, Expressive* steht.

- *Frustration*

  Wenn Fans der Zugang zum Stadion verwehrt wird, obwohl sie eine
  Karte besitzen oder wenn andere Umstände vorliegen, die sie daran
  hindern, zu dem Ereignis zu gelangen, dann führt dies zu Frustration,
  auf die dann häufig Aggressionen folgen.

  Dies mündet manchmal in Auseinandersetzungen mit Ordnungskräften.
  Diese Art der Frustration ist somit eher in einer Form von *Deprivation*
  begründet.

  Der Fan erhält nicht das, was er eigentlich haben wollte. Davon
  unterscheidet *Leon Mann* eine weitere Art der Frustration, nämlich die
  vermeintliche Ungerechtigkeit, die der eigenen Mannschaft durch den
  Schiedsrichter angetan wird, wenn die Mannschaft beispielsweise in
  den Rückstand gerät oder zu verlieren droht.

  Wir hatten schon berichtet, dass Fans dazu tendieren, Misserfolge der
  eigenen Mannschaft external variabel zu attribuieren, also z. B. mit dem
  Versagen des Schiedsrichters erklären. Es muss aber nicht bei diesen
  Kognitionen bleiben, sondern kann auch zu Aggressionen führen.

  Ein Beispiel ist das Viertelfinalspiel im UEFA-Cup PSV Eindhoven
  gegen den FC Kaiserslautern vom 16. März 2001 in Eindhoven.
  Nachdem Kaiserslautern in der zweiten Halbzeit in Führung ging und
  kurz darauf der Schiedsrichter einen Spieler von Eindhoven vom Platz
  stellte, versuchten die holländischen Zuschauer den Platz zu stürmen,
  um ihrem Unmut Ausdruck zu verleihen.

  Dies hatte zur Folge, dass das Spiel minutenlang unterbrochen werden
  musste und einige Verletzte zu beklagen waren. Die Frustations-
  Aggressions-Hypothese, die wir im Kapitel 9 über Aggressionen dargestellt haben, stellt den theoretischen Hintergrund für diese Ursachen
  der Aggression dar.

- *Outlawry (Vandalismus)*

  Im Typus des Outlawry sind die Fußball-Hooligans einzuordnen und
  alle Personen, die ein Sportereignis dazu nutzen, gewalttätige
  Auseinandersetzungen zu führen. Dies können Auseinandersetzungen
  der Hooligans untereinander sein, dieses kann aber genauso Ordnungs-
  kräfte und seltener andere, nicht beteiligte Personen, betreffen.

Kennzeichnend ist, dass der Besuch der Sportveranstaltung oder auch der Besuch des Umfelds der Veranstaltung von vornherein mit dem Ziel verbunden ist, gewalttätige Auseinandersetzungen zu führen. Zu der Veranstaltung werden dann Waffen oder Gegenstände, die wie eine Waffe benutzt werden können, mitgebracht.

Erhebliche Anstrengungen polizeilicher wie auch sozialpädagogischer Art, wie Fan-Projekte, sind notwendig, um dieses gesellschaftliche Problem zu bewältigen (z. B. Pilz, 2002).

- *Remonstrance (Politischer Protest)*
  Die eher selteneren Gewalttätigkeiten von Zuschauern in der Kategorie *Remonstrance* haben ihren Ursprung in einem lange währenden ideologischen Konflikt, auf den die Zuschauer aufmerksam machen wollen. Die geplanten Gewalttätigkeiten dienen also als politischer Protest, der auf Missstände hinweisen soll.
  Ein Beispiel sind die südafrikanischen Unruhen anlässlich einiger Sportveranstaltungen am Beginn der 70er Jahre, die gegen die rassendiskriminierende Politik der damaligen südafrikanischen Regierung gerichtet war.

- *Confrontation*
  Gewalttätigkeiten in der Kategorie *Confrontation* haben ihren Ursprung in weit zurückreichenden Konflikten zwischen den Parteien. Die aggressiven Handlungen entstehen in der Regel ungeplant. Beispiele sind die häufigen Auseinandersetzungen zwischen den Fans des katholischen schottischen Fußballklubs *Celtic Glasgow* und dem protestantischen Pendant *Glasgow Rangers*.
  Ein anderes Beispiel sind die Auseinandersetzungen anlässlich des Fußballspiels Honduras gegen El Salvador im Jahre 1969. Hintergrund waren die militärischen Auseinandersetzungen zwischen beiden Ländern.

- *Expressive (emotionale Reaktionen)*
  Mit *Expressive* sind nach Mann (1979) Ausschreitungen gemeint, die nach einem Sportereignis entstehen und die auf dem Hintergrund übermäßiger Erregung der Zuschauer zustande kommen. Beispielsweise endete 1971 die Siegesfeier der 100.000 Baseballfans in Pittsburgh nach dem Gewinn der Meisterschaft mit erheblichen Sachbeschädigungen (umgedrehte Autos, beschädigte Telefonzellen, Brandstiftungen) und Tumulten. Die Ausschreitungen, die dieser Kategorie zuzurechnen sind, werden begünstigt durch Anonymität des Einzelnen in der Gruppe, durch Alkohol und andere enthemmende Einflüsse.

Die Typologie von Mann (1979) ist nur eine Möglichkeit, den Ursachen der Zuschauergewalt auf die Spur zu kommen. Auf die Zuschauergewalt sind darüber hinaus eine ganze Reihe von Aggressionstheorien anwendbar, die wir im Kapitel 9 schon näher erläutert haben und daher hier nur noch einmal kurz erwähnen wollen.

Neben der Frustations-Aggressions-Theorie von Dollard et al. (1939), die auch zur Typologie von Mann (1979) in der Kategorie *Frustration* gehört, und der Theorie der sozialen Hinweisreize von Berkowitz (1962) können ganz besonders gut gruppenzentrierte Ansätze zur Erklärung von Zuschauergewalt herangezogen werden, also z. B. die *Deindividuationstheorie*, die *Emergente Normentheorie*, die *Theorie der realistischen Gruppenkonflikte* und die bloße Mitgliedschaft in Gruppen.

Die Triebtheorie von Freud oder das Dampfkesselmodell von Lorenz scheinen uns zur Erklärung von Zuschauergewalt dafür eher in das Reich der Fabel zu gehören.

Schließlich sollte aber doch am Ende hervorgehoben werden: Auch wenn Sportveranstaltungen seit ihrem Auftauchen auch von Zuschauergewalt begleitet waren, kann man konstatieren, dass der überwiegende Teil aller Veranstaltungen ohne Gewalttätigkeiten durchgeführt wird und friedliche Zuschauer anwesend sind. Insofern ist die Frage, ob Zuschauen eine Gefahr für Leib und Leben bedeutet, sicher zu verneinen.

Stichwort: Hooligans

Begriff. Es ist strittig, woher das Wort Hooligan eigentlich stammt. Als wahrscheinlich wird berichtet (Encarta, 1999), dass im ausgehenden 19. Jahrhundert ein irisches Brüderpaar mit dem Namen Hooligan betrunken, raufend und randalierend durch London zog. Dunning, Maguire, Murphy und Williams (1982) betonen insbesondere die Ursprünge des Hooliganismus in der englischen Arbeiterklasse im 19. Jahrhundert. Wie auch immer: Im 20. Jahrhundert wurde das Wort „Hooligan" gleichbedeutend mit randalierenden Fußballfans verwendet.

Bedeutung. Hooligans sind von anderen Zuschauern und Fans in Fanclubs abzugrenzen. Heitmeyer und Peter (1988) grenzen drei Typen von jugendlichen Fußballzuschauern ab.
Typ A ist der „normale" Sportzuschauer, der überhaupt nicht durch aggressives Verhalten auffällt.

Typ B stellt den Zuschauer dar, der häufig in Fan-Clubs organisiert ist und die Verbundenheit auch durch Kleidung (z. B. Fan-Kutten) zeigt. Hier kommt durchaus auch aggressives Verhalten vor, ist aber häufig verbunden mit übermäßigem Alkoholkonsum und mit Frustrationserfahrungen.

Typ C kann als Hooligan umschrieben werden. Für diese Personen steht nicht das Spiel im Mittelpunkt, sondern die Möglichkeit, anlässlich des Spiels aggressive Auseinandersetzungen zu führen. Marsh (1978) weist auf die ritualisierte Form der Aggression mit eigenen Regeln hin.

Wichtige Literatur

Elias, N. & Dunning, E. (1983). *Sport im Zivilisationsprozess. Studien zur Figurationssoziologie*. Münster: Lit-Verlag.

Kerr, J. H. (1998). *Understanding soccer hooliganism*. Buckingham: Open University Press.

Marsh, P. (1978). *Aggro: the illusion of violence*. London: Dent.

11. The home is my castle!?

Zu den wenigen unumstößlichen Wahrheiten des Sportstammtisches zählt – wie wir alle wissen –, dass zu Hause eher gewonnen wird als auswärts! Oder vielleicht doch nicht? Schauen wir, was die sportpsychologische Forschung uns darüber berichtet.

Sicher ist, die Fußballbundesliga hat ihn, die Handballbundesliga hat ihn, eigentlich in allen Mannschaftssportarten besteht ein Vorteil für die gastgebende Mannschaft, das Spiel zu gewinnen. So berichtet Strauß (1999) für die 9.734 Spiele der ersten Fußballbundesliga im Zeitraum von 1963 bis 1995 53,8 % Heimsiege, 25,9 % Unentschieden und 20,3 % Auswärtssiege. Und der Heimvorteil ist nicht beschränkt auf die Profiligen. Bei Volkamer (1971) kann man nachlesen, dass 61 % der Spiele in der damaligen Fußballamateuroberliga Schleswig-Holstein (1963 - 1967) von Heimmannschaften gewonnen wurden.

In einer umfangreichen Meta-Analyse englischsprachiger Studien ermittelten Courneya und Carron (1992) in jeder der untersuchten Mannschaftssportarten (Baseball, Basketball, Eishockey, American Football, Soccer) einen relativen wie auch absoluten Heimvorteil.

Ein absoluter Heimvorteil liegt vor, wenn die Wahrscheinlichkeit, unter heimischen Bedingungen zu siegen, größer ist als 50 %. Von einem relativen Heimvorteil kann dann gesprochen werden, wenn die Wahrscheinlichkeit, ein Heimspiel zu gewinnen, größer ist, als es zu verlieren. Wenn es in der Liga nur gewonnene und verlorene Spiele gibt (also kein Unentschieden wie im amerikanischen Basketball), sind absoluter und relativer Heimvorteil identisch.

Es ergaben sich zum Teil erhebliche Unterschiede zwischen den Sportarten. Der Heimvorteil ist im Fußball (Soccer) am größten und im Baseball am geringsten. Insgesamt ist ein Heimvorteil in Profi- wie Collegeligen nachweisbar. Und er ist außerdem kein alleiniges Phänomen des Männersports: Gayton, Mutrie und Hearns (1987) ermitteln häufigere Heimsiege im Frauenbasketball, -feldhockey und -softball.

Und er ist auch kein neues Phänomen: Pollard (1986) untersuchte für den Zeitraum von 1888 bis 1984 die Spiele der englischen Fußballliga (1. Division). Über diesen gesamten Zeitraum, so auch bereits um die Jahrhundertwende, ist ein Heimvorteil nachweisbar.

Was wollen wir also mehr? Der Stammtisch hat Recht! Allerdings:
Eine wesentliche Variable, die die Höhe des Heimvorteils (neben der Sportart) beeinflusst, ist die absolute und relative Leistungsstärke der Heim- und Aus-

wärtsmannschaft in einem Spiel. Schwartz und Barsky (1977) waren die ersten, die dies herausfanden. Sie untersuchten in der ersten größeren systematischen Studie zum Heimvorteil Eishockey- und Baseballspiele innerhalb und zwischen den amerikanischen ersten und zweiten Divisionen. Wenn die Heimmannschaft aus der leistungsstärkeren ersten Division stammte und die Auswärtsmannschaft aus der zweiten Division, stieg der Heimvorteil wesentlich an (Baseball 60 %; Eishockey 74 %). Ein Absinken – so dass sogar kein absoluter Heimvorteil mehr vorlag – ergab sich, wenn die Heimmannschaft leistungsschwächer als die Auswärtsmannschaft war (Baseball 48 %, Eishockey 37 %).

Insgesamt zeigt sich also, dass der Heimvorteil in den verschiedensten Sportarten und Ligen empirisch konsistent nachweisbar ist. Die Höhe des Heimvorteils hängt aber in bedeutsamer Weise von der betrachteten Sportart und von der Leistungsstärke der beiden beteiligten Mannschaften ab.

11.1 Gründe für den Heimvorteil

Welche Gründe für das Auftreten eines Heimvorteils wurden bislang diskutiert?

Um es vorweg zu sagen: Die Ursachen, die zum Heimvorteil führen, sind bislang nur unzureichend aufgeklärt. Es wird eine Vielzahl von möglichen Erklärungen angeführt, die wir nicht alle, sondern nur einige, kurz und knapp präsentieren können (vgl. ausführlich Strauß, 2002a).

So stellte bspw. Pollard (1986) fest, dass *Reisefaktoren* wie Länge der Anreise, Dauer der Anwesenheit des Auswärtsteams usw. keine hohe Vorhersagekraft für den Ausgang des Wettbewerbs aufweisen. Pace und Carron (1992) zeigten, dass auch der Zeitzonenwechsel (im nordamerikanischen Raum) keinen Einfluss besitzt.

Auch *gelernte Aspekte,* wie gewohnte Größe des Fußballfelds, scheinen im Normalfall keine Rolle zu spielen (Pollard, 1986). Die Höhe der Siegpunkte übt ebenfalls keinen Einfluss aus. Die Vergabe von drei statt zwei Punkten für einen Sieg in der englischen ersten Fußballliga führte nicht zu einer Veränderung des Heimvorteils (Pollard, 1986).

Aber wenn der Heimstatus einer Mannschaft indifferent wird, wie dies bei Wettkämpfen von Mannschaften aus der gleichen Stadt der Fall ist (*Lokalderbys*), sinkt der Heimvorteil der eigentlich gastgebenden Mannschaft (Pollard, 1986, für die erste englische Fußballliga).

Moore und Brylinsky (1995) ermittelten für die Männer- und Frauen-
basketballmannschaften der Western Michigan University in den Jahren 1992
und 1993, dass deren Heimvorteil mindestens gleich groß war (verglichen mit
den Spielen in ihrer gewohnten Halle), als sie wegen eines Umbaus ihrer
gewohnten Halle in fünf verschiedenen Hallen ihre „Heimspiele" absolvieren
mussten.

Häufig wird *aggressives Verhalten der Akteure* für den Heimvorteil verantwortlich gemacht. Die Ergebnisse dazu sind allerdings völlig inkonsistent.
Einige Untersuchungen ermitteln vermehrtes aggressives Spiel der Heimmannschaft (z. B. Schwartz & Barsky, 1977), andere eine erhöhte Aggressivität der Auswärtsmannschaft (Glamser, 1990; Volkamer, 1971).

Wieder andere Studien können keine Unterschiede feststellen (McGuire,
Courneya, Widmeyer & Carron, 1992; Varca 1980). Varca (1980) vermutet,
Heimmannschaften würden eher funktionales aggressives Verhalten (z. B. im
Basketball Rebounds, Blocks) und Auswärtsmannschaften dysfunktionales aggressives Verhalten (Fouls) zeigen. McGuire et al. (1992) ermitteln eine Interaktion zwischen Ort (Heim vs. Gast), Erfolg und Aggressivität: Heimmannschaften wären aggressiver in gewonnenen Spielen und Auswärtsmannschaften in verlorenen Spielen. Letzteres kann schon Volkamer (1971) bestätigen: Die meisten Fouls im Fußball verursachen Auswärtsmannschaften, die
verlieren. Dies korrespondiert mit der Beobachtung von Nevill, Newell und
Gale (1996), dass etwa zwei Drittel der Elfmeter im Fußball der Heimmannschaft zugesprochen werden. Zwei Drittel der Platzverweise werden gegenüber der Auswärtsmannschaft verhängt.

Was ist mit dem *Schiedsrichter?* Kann dieser nicht für den Heimvorteil
verantwortlich sein, wo er doch sonst an allem die Schuld tragen soll (vgl. das
Kapitel 3 zu den Attributionen)?

Plessner und Raab (1999) berichten in einem Überblicksbeitrag, dass die
Entscheidungen und Urteile von Schiedsrichtern sehr störanfällig sind und
vielfältigen Verzerrungsmöglichkeiten unterliegen. Ein Grund ist, dass
Schiedsrichter insbesondere vor großen Zuschauerkulissen unter einem enor-
men Stress stehen (Teipel, Kemper & Heinemann, 1999). Ob damit die Heim-
oder Gastmannschaft bzw. gar keine Mannschaft durch die Schiedsrichter
bevorzugt wird, kann damit natürlich nicht vorausgesagt werden.

Dass Urteiler allerdings besonders die Hinweisreize der Zuschauer in
ihrem Entscheidungsprozess berücksichtigen, zeigen die Experimente von
Nevill, Balmer und Williams (2002). Schiedsrichtern und anderen Personengruppen wurden Fußballspiele mit und ohne Ton vorgeführt. Die Versuchspersonen schrieben der Gastmannschaft mehr Fouls zu, wenn sie die Bilder mit

Ton sahen. Dies bedeutet allerdings natürlich nicht, dass damit auch das Endergebnis systematisch beeinflusst würde. Aus der im nächsten Kapitel näher beschriebenen Untersuchung von Greer (1983) ergibt sich beispielsweise, dass Zuschauer die Foulrate beeinflussen, nicht jedoch die Leistung.

Lehmann und Reifman (1987) berichten in einer Archivstudie, dass Spitzenspielern der Los Angeles Lakers (eine Mannschaft in der nordamerikanischen Profi-Basketballliga NBA) in den Jahren 1984 und 1985 in Heimspielen weniger Fouls zugesprochen wurden als in Auswärtsspielen. Bei Spielern der zweiten „Garde", die weniger entscheidend für das Spielresultat sein sollten, wurden keine Unterschiede in der Häufigkeit der Fouls zwischen Heim- und Auswärtsspielen gefunden. Dieses Ergebnismuster interpretieren sie als Folge des Drucks, der durch die heimischen Zuschauer auf die Schiedsrichter ausgeübt wird. Diese Interpretation ist lediglich spekulativ, da in dieser Studie keine weiteren Einflussgrößen (wie z. B. verändertes taktisches Verhalten der Spitzenspieler der LA Lakers in Auswärtsspielen) kontrolliert wurden.

Zum Schluss Tröstliches für die deutschen Fußballbundesligaschiedsrichter: Strauß und Tübing (in Begutachtung) können in einer Archivstudie zeigen, dass sich in der älteren Geschichte der Fußballbundesliga tatsächlich Schiedsrichter identifizieren lassen, die eine sehr hohe Heimsiegquote aufweisen (so genannte Heimschiedsrichter). In etwa gleicher Anzahl lassen sich allerdings auch Schiedsrichter mit einer ganz besonders niedrigen Heimsiegquote finden. In den letzten Jahren der Fußballbundesliga lässt sich dieses aber nicht mehr feststellen. Möglicherweise kann der Grund darin liegen, dass sich Ausbildung und Auswahl der Schiedsrichter in den letzten Jahrzehnten deutlich verbessert hat. Festzuhalten ist, dass bisher keine Studie den Schiedsrichtereinfluss auf den Heimvorteil zeigen konnte.

Dass Akteure mit einem Heim- und Auswärtsspiel unterschiedliche *Erwartungen* verbinden, lässt sich aus einigen Untersuchungen ableiten, in denen Sportler hinsichtlich einiger relevanter Variablen befragt wurden. Jurkovac (1985) fand in einer Befragung von 74 Basketballspielern heraus, dass sich 89 % in Heimspielen durch die Unterstützung des Publikums motiviert fühlten. 97 % der Spieler gaben an, dass sie vor einem lauten, aktiven Publikum in Heimspielen besser spielen (74 % in Auswärtsspielen). 76 % betonen ein größeres Selbstvertrauen in Heimspielen.

Terry, Walrond und Carron (1998) untersuchten 100 männliche Rugby-Spieler kurz *vor* zwölf Heim- bzw. Auswärtsspielen mit Hilfe verschiedener Fragebögen (z. B. bzgl. Angst, Depression, Selbstvertrauen). Vor Heimspielen fühlten sich die Spieler vitaler und selbstbewusster, weniger ängstlich und weniger angespannt als vor Auswärtsspielen.

Auf diesem Hintergrund liegt die Annahme nahe, dass bereits der Austragungsort eine Erwartung über die zu erbringende Leistung auslöst und die Sportler damit einen Vorteil (im Falle eines Heimspiels) bzw. einen Nachteil (im Falle eines Auswärtsspiels) antizipieren.

Im Sinne eines *Self-fulfilling-prophecy-Prozesses* kann angenommen werden, dass Akteure glauben, einen Heimvorteil bzw. Auswärtsnachteil zu besitzen, und bereits diese Annahme führt zu besseren Heimleistungen, obwohl tatsächlich überhaupt kein Vor- oder Nachteil besteht.

Stichwort: Self-fullfilling prophecy

Begriff: Bei einer sich selbst erfüllenden Prophezeiung handelt es sich um die Selbstbestätigung von Prognosen. Die Vorhersagen treten deshalb ein, weil das Verhalten so gewählt wird, dass die Hypothese zutrifft; z. B. treten die Vorhersagen in einem Horoskop ein, weil die Person das Horoskop kennt und sich (unbewusst) hypothesenkonform verhält.

Bedeutung: Das prominenteste Beispiel ist die „Pygmalion"-Studie von Rosenthal und Jacobson (1968). Wir sind darauf in Kap. 2 schon ausführlich eingegangen. Die Autoren zeigten, dass Schüler ihre intellektuellen Leistungen steigerten, wenn Lehrer es von ihnen erwarteten. Der Grundgedanke dieser Studie ist, dass die (positiven wie aber auch negativen) Erwartungen einer Person A (ein Lehrer) bezüglich des Verhaltens einer Person B (ein Schüler) das tatsächliche Verhalten der Person B (in die jeweils korrespondierende Erwartungsrichtung) beeinflussen können.
Dabei wird angenommen (vgl. Fiedler, 2000), dass es zu *self-fulfilling-prophecy*-Prozessen kommt: Unterschiedliche öffentliche Erwartungen an verschiedene Akteure würden (unabhängig von ihrem Realitätsgehalt) zu unterschiedlichen *Behandlungen* dieser Akteure führen; dies solle wiederum zu einem Verhalten der Akteure führen, das die öffentlichen Erwartungen bestätigt.

Wichtige Literatur
Fiedler, K. (2000). Die psychologische Funktion von Prognosen. In J. Möller, B. Strauß & S. Jürgensen (Hrsg.), *Psychologie und Zukunft* (S. 75-92). Göttingen: Hogrefe.
Rosenthal, R. & Jacobsen, L. (1968). *Pygmalion in the classroom*. New York: Holt, Rinehart & Winston.

Dies hat Strauß (1999) geprüft. Basketballspieler hatten einen fünfminütigen Basketballcircuit zu absolvieren. In der Versuchsbedingung, in der den Probanden suggeriert wurde, sie hätten einen Auswärtsnachteil, schnitten sie in ihren konditionellen Leistungen deutlich schlechter ab als in der (objektiv gleichen) Versuchsbedingung, in der ihnen ein Heimvorteil suggeriert wurde.

Den Erwartungen der Athleten könnte eine Schlüsselrolle bei der Aufdeckung der Gründe für den Heimvorteil zukommen. Allerdings bedarf es weiterer kontrollierter Studien.

11.2 Zuschauer und der Heimvorteil

Was könnten denn nun wir als Zuschauer tun, damit unsere Mannschaft zu Hause gewinnt: Stark anfeuern, werden Sie vermutlich denken, denn eigentlich glauben ja alle daran. Medienvertreter, Sportler, Trainer, Manager und Zuschauer vertreten zeitweise vehement die Ansicht, dass Zuschauer sportliche Leistungen beeinflussen können.

Der Einfluss der Zuschauer wird häufig als der entscheidende Einfluss für den Heimvorteil betrachtet, etwa wenn ein lautstarkes, die Heimmannschaft oder heimische Athleten unterstützendes Publikum angenommen wird oder auch schon, wenn Zuschauer in großer Zahl oder auch nur anwesend sind. Man kann dies *die These der sozialen Unterstützung* nennen.

Schon der Schreiber *Polybius* berichtet von einem Faustkampf bei den Panhellenischen Spielen in Olympia aus dem Jahre 216 v. Chr. zwischen *Kleitomachus* und *Aristonikus* (vgl. Guttmann, 1986), dessen Ausgang wesentlich durch die Zurufe des Publikums beeinflusst worden sei. Es finden sich zahlreiche Berichte über die (vermeintliche) Einflussnahme der Zuschauer in den heutigen Massenmedien. Z. B. titelte die Bild-Zeitung am 17.5.1984 „2:1! 40.000 Tifosi brüllten Turin zum Europacup-Sieg".

Es würde keine Mühe machen, hier weitere Schlagzeilen und Berichte gleichen Inhalts aufzuführen. Trainer und Manager betonen genauso immer wieder, wie sehr doch „ihr" Publikum zum Sieg der eigenen Mannschaft beigetragen habe.

Dass Sportler selbst daran glauben, haben wir oben im Abschnitt über die Erwartungen bereits ausführlich berichtet und auch auf die Kontrollillusionen der Zuschauer sind wir schon eingegangen. Alle glauben offenbar daran, dass eine wesentliche Ursache am unbestreitbar vorhandenen Heimvorteil in vielen Sportarten der Zuschauereinfluss ist.

Ist dies tatsächlich so oder handelt es sich nicht vielmehr doch um einen naiven Volksglauben? Wir wollen im Folgenden einige Aspekte Revue passieren lassen, die uns weiterhelfen, die Frage zu beantworten.

Zunächst könnte man überlegen, ob nicht bereits die bloße Anwesenheit (*mere presence*) von Zuschauern die Leistungen der Athleten beeinflusst. Wie für Vieles in der Psychologie gibt es auch hier wieder einen ganzen Forschungsbereich, der sich um die Beantwortung dieser Fragestellung kümmert. Dieser Bereich wird *social facilitation* Forschung genannt, also die Forschung über die soziale Aktivierung. Im folgenden Kasten finden sich einige Hinweise zu der Geschichte und den bekanntesten Modellen dieses Forschungsbereichs.

Es gibt natürlich auch Studien mit motorischen Aufgaben wie Konditionsoder auch Koordinationsaufgaben. Worringham und Messick (1983) zum Beispiel untersuchten die Schnelligkeit von einigen Dauerläufern über eine definierte Strecke auf einem Fußweg an der kalifornischen Universität von Santa Barbara.

Das Besondere dieser Untersuchung ist, dass keiner der Läufer vor und während der Datenerhebung wusste, dass er an einer Untersuchung teilnahm. Ein Teil der Läufer absolvierte die Strecke allein. Bei einem anderen Teil der Läufer saß an der Mitte der Strecke eine Frau, die nichts anderes machte als zuzuschauen. Das Ergebnis war: Die Läufer liefen schneller, wenn jemand zuschaute.

Auch bei anderen konditionellen Aufgaben wie Kraftaufgaben, zeigt sich der förderliche Einfluss der Anwesenheit anderer. Schon einer der Pioniere der Sozialpsychologie, Moede (1920), konnte zeigen, dass Kraftaufgaben vor Zuschauern besser gelöst werden. Beckmann und Strang (1992) beispielsweise konnten diesen grundsätzlichen Befund, aber in einem wesentlich besser kontrollierten Experiment mit einer Maximalkraftaufgabe wiederholen.

Aber es gibt auch zahlreiche Studien, die überhaupt keinen Einfluss oder nur einen äußerst geringen Einfluss zeigen. Beispielsweise zeigte sich kein Einfluss in der Studie von Forgas, Brennan, Howe, Kane und Sweet (1980). Sie untersuchten die Leistungen von Squashspielern, die ohne und mit Zuschaueranwesenheit gegeneinander spielten. Es ergab sich kein Zusammenhang zwischen der absoluten Leistung und der Zuschaueranwesenheit.

Fasst man alle Studien zusammen, wie Strauß (2002b) es getan hat, dann liegt der Schluss nahe:

Ob sich ein Einfluss der bloßen Anwesenheit zeigt oder nicht und ob sich die leistungssteigernd oder leistungsmindernd auswirkt, kommt auch auf die Art der Aufgabe an. Handelt es sich um eine konditionelle Aufgabe, scheinen die Akteure eher von der Anwesenheit anderer zu profitieren. Wenn koordinative Aufgaben gelöst werden müssen, ist die Anwesenheit anderer Personen eher schädlich oder wenigstens wirkungslos, aber nur selten förderlich. Und wenn beide Aspekte – Kondition und Koordination – zur optimalen Bewältigung einer motorischen Aufgabe notwendig sind (z. B. beim Squash, Fußball, Basketball etc.), scheinen sich die positiven und negativen Effekte gegeneinander aufzuheben.

Wie aber auch immer die Aufgabe beschaffen ist, die Effekte sind insgesamt sehr klein (Strauß, 2002b). Und da in einem Stadion nicht nur schweigend dagesessen wird, ist anzunehmen: Die bloße Anwesenheit von Zuschauern wird den Heimvorteil nicht verursachen.

Wenn es nicht die bloße Anwesenheit ist, was könnte es dann sein? Es wird häufig argumentiert, dass eine hohe Zuschaueranzahl, die Auslastung oder ein lautstark anfeuerndes Publikum eine höhere *soziale Unterstützung* für die Heimmannschaft und gleichzeitig eine soziale Ablehnung für die Auswärtsmannschaft darstellt.

Verschiedene Studien zeigen aber, dass die absolute Zuschaueranzahl in einem Stadion nicht oder nur sehr gering mit dem Spielausgang oder anderen Maßen zusammenhängt (z. B. Agnew & Carron, 1994).

Besonders plastisch zeigt dies die Studie von Moore und Brylinsky (1993). Sie konnten einige Basketballspiele in der nordamerikanischen Collegeliga beobachten, die wegen einer Masernepidemie ohne Zuschauer durchgeführt wurden. Im Vergleich zu den Spielen der gleichen Mannschaften, bei denen Zuschauer anwesend waren, zeigten sich keine signifikanten Unterschiede in verschiedenen Leistungsmaßen (z. B. Anzahl der Punkte, Freiwurfquote). In zahlreichen Studien hat sich dieses Ergebnis bestätigt.

Strauß (1999) berichtet zum Beispiel für die Fußballbundesliga eine Korrelation nahe Null zwischen der absoluten Anzahl der Zuschauer und der Anzahl der Punkte, welche die Heimmannschaft in einem Spiel erzielt. Für Gewinn und Verlust war es also unerheblich, wie viele Zuschauer im Stadion anwesend waren.

Häufig wird deshalb auf die Auslastung eines Stadions (die Zuschauerdichte) abgehoben. Es wird dann die Hexenkesselatmosphäre bei einem ausverkauftem Haus beschworen (wie z. B. von Stollenwerk, 1996).

Die Ergebnisse sind allerdings auch nicht ermutigender. Schwartz und Barsky (1977) können zum Beispiel nur einen Zusammenhang zeigen, wenn eine leistungsschwächere Heimmannschaft gegen eine leistungsstärkere Auswärtsmannschaft spielt. Bei anderen Spielstärkekombinationen zeigt sich kein Zusammenhang zwischen Dichte und Heimvorteil. Auch andere Studien zum

Zusammenhang zwischen Erfolg und Zuschauerdichte finden keinen Beleg, dass ein ausverkauftes Stadion für die Heimmannschaft förderlich wäre.

Stichwort: Social facilitation

Begriff. Einer der berühmtesten Sozialpsychologen seiner Zeit, Allport (1920), untersuchte, ob die quantitative und qualitative Leistung in verschiedenen kognitiven Aufgaben wie Assoziationsaufgaben sich durch mitmachende Personen beeinflussen lässt. Dies war so. Als Grund benannte er erstmals die soziale Aktivierung, die *social facilitation*, die von den mitmachenden Akteuren ausgehe.

Bedeutung. Seit dem Ende des 19. Jahrhunderts (mit einer Studie von Triplett, 1898) beschäftigt sich die Forschung mit der Frage, *ob* und *wie* Personen sich hinsichtlich ihrer Leistungen in den verschiedensten Aufgaben verändern, wenn Zuschauer sie beobachten.

Forschungsstrategisch werden die Personen in der Regel untersucht, wenn sie allein sind (*Alleinbedingung*) im Vergleich zu Untersuchungsbedingungen, in denen Zuschauer anwesend sind (*Anwesenheit anderer* bzw. *Zuschauerbedingung*) oder in denen die Personen zumindest glauben, dass sie beobachtet werden (*Pseudobedingung*).

Um den *reinen* Zuschauereinfluss zu ermitteln, sind die Zuschauer in der Regel *bloß anwesend* – ohne also ein spezifisches Verhalten zu zeigen. Es existieren zahlreiche Theorien und Modelle zu diesem klassischen Forschungsgegenstand der Psychologie (vgl. Guerin, 1993; Strauß, 2002b).

Ein besonders häufig zitiertes Modell stammt von Zajonc (1965): Im Vergleich zur Ausführung ohne Publikum ergeben sich Leistungssteigerungen bei der Anwesenheit von Zuschauern, wenn *wohl geübte, einfache* Aufgaben ausgeführt werden.

Leistungshemmungen werden dann beobachtbar sein, wenn *noch nicht erlernte, schwierige Aufgaben* vor Zuschauern bewältigt werden müssten.

Wichtige Literatur
Guerin, B. (1993). *Social facilitation.* Cambridge, MA: Cambridge University Press.
Strauß, B. (2002b). Social facilitation in motor tasks. *Psychology of Sports and Exercise, 3,* 237-256.
Zajonc, R. B. (1965). Social facilitation. *Science, 149,* 269-274.

Nun kann man argumentieren, dass es weniger auf die Massen von Zuschauern als vielmehr auf ihr konkretes Verhalten ankommt. Betrachtet man die wenigen Studien, die den Einfluss des konkreten Zuschauerverhaltens (Anfeuern, Auspfeifen, aggressives Verhalten) auf sportliche Leistungen bzw. das Verhalten in der Wettkampfsituation untersuchen (Anfeuern: Salminen, 1993; Strauß, 2002c; Auspfeifen: Greer, 1983; aggressives Verhalten: Thirer & Rampey, 1979), stellt man fest, dass zwar die Anzahl der Fouls durch das Zuschauerverhalten beeinflusst wird, nicht aber die Leistung.

Ein Beispiel ist die Studie von Greer (1983). Er untersuchte bei amerikanischen Basketballmannschaften den Einfluss des lautstarken Protestierens von Zuschauern (*spectator booing*) auf die Anzahl der Fouls, der Turnover und der Korberfolge.

Dauerte ein Booing mindestens 15 Sekunden, dann wurden die fünf darauf folgenden Minuten als *Booing-Intervall* bezeichnet. Booing betraf in der Regel Schiedsrichterentscheidungen zu Ungunsten der Heimmannschaft oder Aktionen der Auswärtsmannschaft.

Es zeigte sich, dass in den Variablen Korberfolge und Turnover weder Heim- noch Gastmannschaften signifikant vom Booing profitierten, wohl aber ergaben sich Veränderungen hinsichtlich der Anzahl der Fouls. Die Gastmannschaften erhielten mehr Fouls zugesprochen als die Heimmannschaften.

Die Anzahl der Fouls erhöhte sich bei den Gastmannschaften im Booing-Intervall und verringerte sich bei den Heimmannschaften. Ein Effekt des Ausbuhens auf die sportlichen Leistungen konnte aber auch diese Studie nicht zeigen.

Strauß (2002c) hat in einer Längsschnittstudie den Effekt des Anfeuerns auf die Leistungen im American Football untersucht.

In vier Heimspielen wurden die sportlichen Leistungen eines Kieler American Football-Bundesligisten und das Verhalten der Zuschauer untersucht.

Die Leistungen in jedem Spielzug (den „Downs") wie auch das Verhalten der Zuschauer wurden während der vier Heimspiele zeitgleich mit Hilfe von Videokameras aufgezeichnet und später bewertet. Das Zuschauerverhalten (Anfeuern vs. Nicht-Anfeuern) wurde vor und während des Spielzugs registriert. Jeder Spielzug wurde hinsichtlich der Ausprägung „positiv vs. negativ" eingestuft.

Es ergaben sich keine Hinweise darauf, dass unterstützendes Zuschauerverhalten wie Anfeuern vor der Aktion einen Einfluss auf die nachfolgende Leistung besitzt.

Die Analysen zeigten lediglich den trivialen Befund, dass die Zuschauer entsprechend auf vorhergehende Leistungen reagieren. Insgesamt zeigen sich

also nur geringe bis geringste Zusammenhänge zwischen der Anzahl der
Zuschauer bzw. der Zuschauerdichte und dem Heimvorteil. Auch die wenigen
Untersuchungen, die das Verhalten der Zuschauer untersuchen, können keinen
Einfluss zeigen. Die These der *sozialen Unterstützung* kann daher nicht durch
empirische Ergebnisse gestützt werden.

Dieser These kann zudem die *These des sozialen Drucks* entgegengestellt
werden. Mit den Ergebnissen zur *choking under pressure*-Forschung (siehe
Kasten) und den Studien zu den Konsequenzen positiver öffentlicher Erwartungen kann nämlich argumentiert werden, dass eine größere Anzahl von Zuschauern eher einen leistungsmindernden Einfluss auf die Heimmannschaft
haben sollte. Gleiches könnte man auch für das Anfeuern von Zuschauern annehmen.

Es wäre aus diesem Blickwinkel anzunehmen, dass mit einer größeren
Anzahl von Zuschauern bzw. mit einer höheren Zuschauerdichte auch eine
größere Wichtigkeit des Spiels assoziiert werden kann. Die Zuschaueranzahl
(bzw. abgeleitete Maße) oder ein entsprechendes Zuschauerverhalten hätten
damit eine Indikatorfunktion für die Wichtigkeit einer zu erbringenden
Leistung. Studien zur *choking under pressure*-Forschung prognostizieren dann
eher Leistungsminderungen.

Die klassische Untersuchung zur *choking under pressure*-Forschung
stammt von Baumeister und Steinhilber (1984). Sie behaupten, dass die Anti-
zipation von Erfolg in solchen Situationen zu Leistungsverminderungen
führen würde, in denen der Akteur eine neue, erwünschte soziale Identität
erlangen könnte. Sie begründen dies damit, dass mit der Aussicht, beispielsweise Champion zu werden, die Selbstaufmerksamkeit wächst.

Mit der gestiegenen Selbstaufmerksamkeit steige aber für die Heimmannschaft die Wahrscheinlichkeit negativer Leistungen in entscheidenden
Heimspielen.

Zum Beleg verwendeten Baumeister und Steinhilber (1984) die Final-
ergebnisse der *World Series* von 1924 bis 1982 (Baseball) und die Final- und
Semifinalergebnisse der *NBA* von 1967 bis 1982 (Basketball).

In beiden Ligen wird der Sieger nach einem Modus „best of seven" ermittelt, d. h. der Sieger des Finales bzw. Semi-Finales muss vier Spiele
gewonnen haben. Der Heimnachteil sollte nach Baumeister und Steinhilber
(1984) insbesondere im siebten bzw. letzten Spiel deutlich werden. Und so
war es denn auch.

In den ersten Spielen besteht erwartungsgemäß wegen des noch nicht
endgültig entscheidenden Charakters ein Heimvorteil. Die letzten Spiele wur-

den aber jeweils, wie vorausgesagt, häufiger von der Gastmannschaft gewonnen.

Schlenker, Philipps, Boniecki und Schlenker (1995) wiederholten die Analyse, allerdings mit dem Unterschied, dass der Analysezeitraum nun bis 1993 reichte. Sie betonen, dass ein Heimnachteil in entscheidenden Spielen nur noch schwer nachzuweisen ist. Dieses Ergebnis führt sie dazu, die Erklärung von Baumeister und Steinhilber (1984) abzulehnen.

Über die korrekte Interpretation ist dann eine kontroverse Diskussion geführt worden.

Zwar bestehen keine Zweifel, dass der Prozentsatz gewonnener Heimspiele in den entscheidenden Spielen im Betrachtungszeitraum von Schlenker et al. (1995) im Vergleich zu dem der Studie von Baumeister und Steinhilber (1984) größer geworden ist, aber es verbleibt nach wie vor eine substantielle und zu erklärende Differenz zu der Anzahl gewonnener Heimspiele in den ersten (noch nicht alles entscheidenden) Spielen.

Auf dem Hintergrund dieser Debatte veröffentlichen Butler und Baumeister (1998) eine Studie, bestehend aus drei Experimenten, in der sie den leistungsmindernden Einfluss unterstützender Zuschauer auf die Leistungen in schwierigen Aufgaben zeigen.

Als Aufgabenmaterial verwendeten sie Rechenaufgaben und Computerspiele. Beispielsweise mussten Studierende in einer Bedingung vor einer befreundeten Person bzw. in einer anderen Bedingung vor einer fremden Person Kopfrechenaufgaben lösen. Die zuschauenden Personen waren für die Akteure nicht sichtbar und konnten sich auch nicht durch ein bestimmtes Verhalten bemerkbar machen.

Es zeigte sich, dass die schlechtesten Leistungen dann eintraten, wenn die Akteure glaubten, es handele sich um ein befreundetes Publikum. Auch in zwei weiteren Experimenten konnten Butler und Baumeister (1998) zeigen, dass ein unterstützendes Publikum bei der Bearbeitung schwieriger Aufgaben zu Leistungsminderungen führt. Bei leichten Aufgaben zeigte sich dieser Effekt nicht.

Ein interessantes Nebenergebnis ihrer Studien ist, dass sich die Akteure vor diesem Publikum wohler und weniger gestresst fühlten und die Aufgabenbearbeitung in dieser Bedingung anderen Bedingungen vorzogen. Ihre eigenen Leistungsminderungen bemerkten sie nicht.

Einmal übertragen auf Sportzuschauer: Sie könnten ihrer Heimmannschaft schaden, aber die Sportler merken nichts davon. Der Grund: Die Sportler fühlen sich wohler, wenn heimische (also im übertragenen Sinn befreundete) Zuschauer anwesend sind.

Lässt sich die These des sozialen Drucks auch für die Fußballbundesliga zeigen? Strauß und Höfer (2001) haben dies untersucht.

Sie schlagen vor, den Quotienten der tatsächlich anwesenden Zuschauer in einem Spiel dividiert durch den Zuschauerschnitt vor dem Spiel in der Saison zu betrachten. Im Fall eines Quotienten größer als 1 könnte interpretiert werden, dass die Spieler den Hinweisreiz erhalten, dass das Spiel eine höhere Wichtigkeit besitzt.

Es zeigt sich, dass in den Spielen der Fußballbundesliga bei Heimsiegen im Durchschnitt weniger Zuschauer anwesend sind als im Saisondurchschnitt, während sich bei Heimniederlagen mehr Zuschauer im Stadion als im Saisondurchschnitt befinden.

Auch wenn die Spielstärke der Mannschaften berücksichtigt wird, bleibt der Unterschied, wenngleich in geringerer Höhe, erhalten. Der Unterschied ist in jeder Spielstärkekombination vorhanden, tritt jedoch am deutlichsten auf, wenn „starke" Mannschaften in einem Heimspiel gegen „starke" und „mittelstarke" Mannschaften antreten und – plausiblerweise –, wenn „schwache" Mannschaften in einem Heimspiel gegen „starke" Mannschaften spielen.

Auf dem Hintergrund dieser Ergebnisse könnte die Empfehlung von Managern, ihre Mannschaft in wichtigen Spielen durch viele Zuschauer zu unterstützen, kontraproduktiv sein.

Wer sich nun ausführlich mit dem Heimvorteil und seinen Ursachen beschäftigen möchte, kann zum Beispiel bei Courneya und Carron (1992) und Strauß (2002a) weiter lesen.

Kommen wir zum Fazit, das knapp und ernüchternd ist: Es gibt den Heimvorteil, aber es gibt keine empirische Studie, die die Gründe überzeugend belegen würde. Die Zuschauer sind es wohl nicht, jedenfalls gibt es keine empirische Studie, die dies zeigen könnte. Eher ist in manchen Situationen, besonders in denen die Wichtigkeit des Ereignisses sehr hoch ist, der These des sozialen Drucks der Vorzug zu geben.

Was könnte den Heimvorteil dann verursachen? Extreme Reisebedingungen, völlig neue Merkmale der Sportstätte, möglicherweise auch in Einzelfällen Schiedsrichter, die die Heimmannschaft systematisch bevorzugen, können für eine Verschlechterung der Chancen der Auswärtsmannschaft sorgen. Dies erklärt aber nicht, dass der Heimvorteil systematisch in jedem Mannschaftssport in den unterschiedlichsten Ländern auftritt.

Man kann spekulieren, dass es unter „normalen" Bedingungen insbesondere die Überzeugungen der Sportler sind, die zu erhöhten eigenen Kompetenzerwartungen in Heimspielen führen. Anders formuliert: Es könnte den

Heimvorteil einfach deshalb geben, weil die Spielerinnen und Spieler an ihn *glauben*.

Stichwort: Choking under pressure

Begriff. Unter *choking under pressure* werden Leistungsverschlechterungen unter Druck verstanden, obwohl die Person motiviert ist, optimales zu leisten.

Bedeutung. Baumeister (u. a. 1984) hat sich systematisch im Rahmen der *choking under pressure*-Forschung mit den Ursachen suboptimaler Leistungen in kognitiven wie motorischen Aufgaben beschäftigt. Faktoren, die Druck auf die Akteure ausüben können (*pressure-Variablen*), sind z. B. der Wettbewerb als solcher, die Anwesenheit von Zuschauern, die Höhe der Belohnung, die Erwartung negativer Konsequenzen, aber auch positive oder negative öffentliche Erwartungen. Strauß konnte (1997) in einem Ruderexperiment zeigen, dass Leistungsminderungen auftraten, wenn das Publikum Erfolg und der Athlet gleichzeitig Misserfolg erwartete.

Über den Mechanismus, der zum *choking* führt, können verschiedene Vermutungen angestellt werden. *Choking* könnte auf dem Hintergrund der Ablenkung *(Distraktion)* durch *externe Stimuli* verstanden werden. So könnte z. B. die Anwesenheit von Zuschauern oder die Erwartung negativer Konsequenzen die Akteure von der eigentlichen Aufgabenbearbeitung ablenken. *Choking* könnte auch auf dem Hintergrund der Zunahme der *Selbstaufmerksamkeit* des Akteurs entstehen, etwa weil durch die Wichtigkeit der Aufgabe das Selbstdarstellungsbedürfnis der Person gesteigert wurde.

Lewis und Linder (1997) versuchten beide Annahmen in einem Experiment zu prüfen. Ihre Ergebnisse legen es nahe, die Distraktorhypothese zu verwerfen. Sie nehmen an, dass eine Fokussierung auf das eigene Selbst entsteht. Beilcock und Carr (2001) unterstützen dieses mit ihren raffinierten Experimenten. Sie betonen, dass insbesondere die Hinwendung der eigenen Aufmerksamkeit auf automatisierte Fertigkeiten choking-Effekte auslöst.

Wichtige Literatur
Baumeister, R. F. & Showers, C. J. (1986). A review of paradoxical performance effects: Choking under pressure in sports and mental tests. *European Journal of Social Psychology*, *16*, 361-383.

12. Schein oder Wirklichkeit?

Sport wird nicht nur selbst betrieben, sondern er wird auch kommuniziert. Dies geschieht zum Beispiel in den Gesprächen mit Bekannten, Freunden und an den Stammtischen vor und nach einem Spiel. Sport ist in diesem Fall Gegenstand individueller Kommunikation.

Sport ist aber auch bedeutsamer Gegenstand massenmedialer Kommunikation und er findet in den verschiedensten Medien wie Fernsehen, Radio, Printmedien und neuerdings im Internet statt. Dies weiß ein jeder von uns: Wie sollten wir jemals sonst von den hervorragenden Leistungen unserer Fußballnationalmannschaft in Japan und Südkorea erfahren haben, wenn nicht durch Massenmedien.

Es ist ein auf der Hand liegender Vorteil von Massenmedien, dass diese uns eine schnelle und auch umfassende Information ermöglichen.

Gleichwohl: Ohne dass Sie gleich Kommunikationsexperten sein müssen, Sie ahnen wohl, dass Massenmedien auch Informationen filtern, ihren technischen Möglichkeiten entsprechend anpassen, und dass Ereignisse eine massenmediale Inszenierung erfahren. Da stellt sich häufig die Frage: Was ist Schein und was ist Wirklichkeit?

12.1 Massenkommunikations-Medien

Individuelle Kommunikation und Massenkommunikation zeigen deutliche Unterschiede. In Tabelle 13 haben wir einige Übertragungs- und Speichermedien sowie Sprach-, Signal- bzw. Symbolmedien unterschieden.

Die vier wichtigsten Massenkommunikationsmittel im Sport – Printmedien, Radio, Fernsehen und Internet – haben sich zu unterschiedlichsten Zeiten entwickelt.

1792 erscheint mit dem *Sporting Magazine* die erste Sportzeitung. Nur wenig später enthalten auch Tageszeitungen Sportteile, so der *Morning Herald* seit 1817 und die ehrwürdige *TIMES* seit 1829. In Deutschland ist es die Tageszeitung *Münchener Neueste Nachrichten*, die 1886 zum ersten Mal einen Sportteil aufweist. Und: das Blatt, das bis heute Fußballanhängern Informationen vermittelt, der *KICKER*, wurde bereits 1920 gegründet.

Tabelle 13:   Zur Systematik von Kommunikationsmedien (mod. nach Winterhoff-Spurk, 1999, S. 18).

		Sprachmedien	*Signal-/Symbolmedien*
Individual-kommuni-kation	Übertragungs-medien	Telefon, Audio-/Videokonferenz-systeme, Email usw.	Trommeln, Flaggen, Signalscheinwerfer usw.
	Speicher-medien	Handschriften, Tonbänder, Filme, Video, CD-ROM usw.	Bilder, Fotos usw.
Massen-kommuni-kation	Übertragungs-medien	Rundfunk, TV, Internet usw.	Hornsignale, Leuchtpistolen, Böllerschüsse, Glockengeläut usw.
	Speicher-medien	Printmedien, Tonträger, Filme, CD, DVD, Videobänder, Computer, Internet usw.	Bilder, Fotos, Denkmäler usw.

Am 2. Juli 1921 wurde erstmals eine Sportsendung im Radio ausgestrahlt. Es handelte sich um den Boxkampf zwischen *Dempsey* und *Carpentier* im US-amerikanischen Jersey City. 1923 sendete der erste deutsche Radiosender und übertrug Kammermusik. Die erste Sportsendung in Deutschland, die Übertragung des Fußballspiels *Arminia Bielefeld* gegen *Preußen Münster*, wurde 1925 ausgestrahlt. Das Radio nahm Ende der 20er- und dann in den 30er-Jahren eine rasante Entwicklung. Bis 1943 waren über 7 Millionen Geräte des „Volksempfängers" verkauft. 1949 wurden in Deutschland Ultrakurzwellen-Sendungen (UKW) eingeführt.

Nach der Entdeckung des Transistors im Jahr 1947 wurde der Markt in den 50er-Jahren mit japanischen Importen überschwemmt. Seit 1968 kann Radio in Stereoqualität empfangen werden, und seit 1984 gibt es auch private Radiosender.

In Paris wurde zum ersten Mal am 22. März 1895 ein Film (*La Sortie des Ouvriers de l'Usine Lumière*) öffentlich – allerdings ohne Eintrittsgeld – vorgeführt. Bereits einige Monate später, am 20. Mai 1895, wurde in New York ein Film (*Young Griffo v. Battling Charles Barnett*) erstmals vor einem zahlenden Publikum gezeigt.

Paul Nipkow erfand 1883 mit dem elektrischen Teleskop einen der Vorläufer für das Fernsehen. 1929 gelangen dem Physiker Bruch die ersten experimentellen Fernsehübertragungen, deren Bilder aber aufgrund der niedrigen Zeilenfrequenz (30 Zeilen) nur sehr schwer erkennbar waren.

Bessere Fernsehbilder wurden allerdings erst in den 30er-Jahren des 20. Jahrhunderts möglich. In Frankreich wurde im Jahre 1935 mit Vorführungen vom Eiffelturm experimentiert. Als weltweit erstes größeres Fernsehereignis gelten jedoch die Olympischen Spiele 1936 in Berlin. In 27 so genannten Fernsehstuben konnten Zuschauer Übertragungen der Wettkämpfe verfolgen. 1936 begann auch das englische BBC mit einem Programm. In der ersten Sportsendung wurde über die traditionelle Oxford-Cambridge Ruderregatta berichtet. Am Ende des Jahres 1950 begann der Nordwestdeutsche Rundfunk (NWDR) mit den ersten Versuchssendungen, dreimal in der Woche ausgestrahlt. Am 25. Dezember 1952 ging dann der NWDR täglich auf Sendung. Dieses Datum gilt als offizieller Beginn des Deutschen Fernsehens.

In der DDR ging am 21. Dezember 1952 erstmals versuchsweise der „Fernsehsender Berlin" auf Sendung. Offizieller Beginn des DDR-Fernsehens war dann der 3. Januar 1956. 1960 wurde ein zweiter DDR-Fernsehsender eingeführt.

In Westdeutschland dauerte es bis 1962, bis das ZDF, das Zweite Deutsche Fernsehen, senden konnte.

1967 wurde das Farbfernsehen eingeführt und Mitte der Achtziger Jahre sendeten die ersten Privatfernsehsender. Heute gibt es eine Vielzahl von öffentlich-rechtlichen und privaten Fernsehsendern in Deutschland. Bei Burk und Digel (2002) sowie Rühle (2000) kann man sich über weitere Zahlen und Entwicklungen informieren. In Tabelle 14 sind die wichtigsten Fernsehsender und der Anteil des Sports und anderer Sparten in ihrem Programmangebot im Jahr 1999 aufgeführt.

Von allen Sendern wurden demnach im Jahr 1999 14.776 Stunden Sport übertragen. Dies entspricht einem Gesamtprogrammanteil von 9 %. Die Fernsehzuschauer hätten also jeden Tag 40.5 Stunden Sport im Fernsehen verfolgen können. Deutlich wird zum einen, dass nicht alle Fernsehsender Sport übertragen.

Und zum anderen gibt es Fernsehsender wie Eurosport und DSF, die sich vollständig auf Sportsendungen spezialisiert haben. Bei den Sportarten, die die einzelnen Sender anbieten, findet man allerdings große Unterschiede. Eurosport beispielsweise bietet das komplette Sportangebot bei einem relativ geringen Werbeanteil. Im Prinzip sind alle Sportarten vertreten, wobei Motorsport (20 %), Wintersport (17 %), Tennis (15 %) und Fußball (13 %) dominieren.

Tabelle 14:   Programmangebot nach Programmsportarten in ausgewählten
                   Sendern 1999 in % (aus Rühle, 2000).

	Info.	*Werbung*	*Unterhal.*	*Sport*	*Fiktion*	*And.*
Das Erste	45	1	12	10	31	1
ZDF	46	1	10	8	33	2
Dritte	63	0	14	3	15	5
RTL	22	15	25	2	37	0
SAT1	19	16	20	3	41	0
Pro7	24	15	3	0	57	0
RTL II	11	16	4	1	68	0
Kabel 1	5	21	0	0	73	0
VOX	23	20	2	0	51	3
Super RTL	5	19	10	0	66	1
3sat	69	0	7	1	11	11
Eurosport	0	6	0	94	0	0
DSF	1	25	7	67	0	0
Ges in h	64 063	12 640	17 578	14 776	48 342	5 126
Ges in %	39	8	11	9	30	3

DSF sendet dagegen zu einem großen Teil Werbung. Das Sportangebot setzt
sich aus Showsport (20 %), Fußball (19 %), Motorsport (18 %) bis hin zu
Kraftsport (6 %) und Wrestling (5 %) zusammen. Beide Sender, Eurosport
und DSF, sind allerdings, jedenfalls was die Einschaltquoten betrifft, nicht die
Marktführer. Dies sind je nach Sportereignis ARD, ZDF, SAT 1 und RTL.

Das Erste und das ZDF bieten ebenfalls ein umfangreiches Sportpro-
gramm an. Spitzenreiter sind Tennis, Fußball, Wintersport sowie bei der ARD
Radsport. RTL dagegen konzentriert sich – jedenfalls 1999 – auf die Formel 1
(76 % des Sportangebots), Fußball (13 %) und Boxen (10 %). SAT1 sendet
dagegen Fußball mit einem Anteil von 59 %, Fun-/Extremsport zu 14% und
American Football zu 6 %. Der Rest verteilt sich auf Boxen, Radsport und
Sport im Allgemeinen. Alle Zahlen sind Rühle (2000) zu entnehmen.

Mittlerweile erweitert das digitale Fernsehen mit Pay-TV Anbietern
(„Premiere") das Fernsehangebot. Dort wurden erstmals in der Saison
2000/2001 alle Fußballbundesligaspiele live angeboten. Die Fußballweltmeisterschaft 2002 wurde von Premiere als einziger Sender in Deutschland
komplett gesendet, während die öffentlich-rechtlichen Sender nur deutlich

weniger Spiele aufgrund der entsprechenden Senderechte anbieten konnten. Hinzu treten mehrere Sport-Spartenkanäle, die sich unter anderem auf Golf, Eishockey, American Football, Baseball und Basketball konzentrieren. Insgesamt ist allerdings die Zukunft von Premiere und des Pay-TVs in Deutschland im Allgemeinen aufgrund der Finanzkrise, die im Jahre 2002 zum Insolvenzverfahren bei Premiere führte, ungewiss.

In den letzten Jahren verzeichnete das Medium Internet erhebliche Zuwachsraten. Dass die Berichterstattung ihre ganz eigene Form findet, machen Bieber und Hebecker (2002) deutlich. Die ersten Internet-Entwicklungen fanden im militärischen und wissenschaftlichen Bereich in den 70er-Jahren statt. Aber erst mit der Entwicklung der „Hyper Text Markup Language" (HTML) zu Beginn der 90er-Jahre nahm das Internet eine rasante Entwicklung. In Abbildung 7 wird diese Entwicklung anhand der Anzahl der weltweit verfügbaren Websites aufgezeigt. Im Juni 1993 gab es damit weltweit 130 Webseiten, im September 2000 20 Millionen. Mit großer Wahrscheinlichkeit wird das Internet in Zukunft zu einem relevanten Sportanbieter werden.

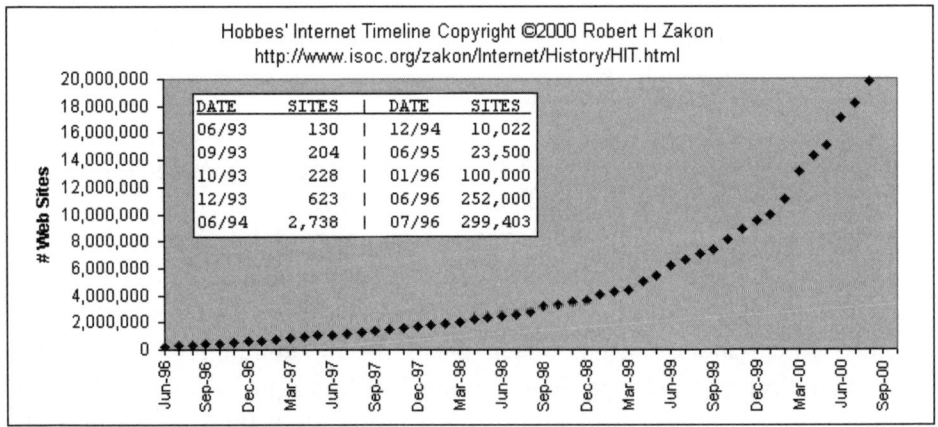

Abbildung 7:   Anzahl der Websites von 1993-2000
                    (aus http://www.michaelkaul.de)

Wer sich nun über die verschiedenen Formen des Mediensports, deren Inhalte und Auswirkungen intensiver beschäftigen möchte, dem seien die Sammelwerke von Wenner (1998) und Schwier (2002) empfohlen.

Kommen wir noch einmal zum Fernsehen zurück. Insgesamt zeigt sich, dass Sport ein wesentlicher Programmbestandteil ist, zum anderen aber auch, dass hauptsächlich nur ausgewählte Großereignisse in bestimmten Sportarten wie Fußball (Weltmeisterschaft, Championsleague, Bundesliga), Motorsport (Formel 1), Tennis (z. B. Wimbledon), Wintersport (Skispringen, Skilauf) sowie die Olympischen Spiele von den Marktführern, jedenfalls was die Einschaltquoten betrifft, wie ARD, ZDF, RTL und SAT1 erhebliche Übertragungszeiten erhalten.

Diese Großereignisse betreffen in der Regel Sportveranstaltungen, die bereits vor der großen Verbreitung des Fernsehens feste kulturelle Bestandteile waren und die Zehntausende von Zuschauern an den Ort des Geschehens locken.

Fußball, Tennis, Formel 1-Rennen, die Tour de France oder Skispringen hat es bereits vor der Einführung des Fernsehens gegeben, und auch zu früheren Zeiten waren zahlreiche Zuschauer bei diesen Sportveranstaltungen anwesend.

Dass sich Schwankungen im Publikumsinteresse ergeben, dürfte mehr mit dem Fehlen bzw. der Präsenz eines aktuellen nationalen Protagonisten und „Helden" (wie *Boris Becker* für das Tennis, *Michael Schumacher* für die Formel 1 und *Jan Ullrich* für das Radfahren) zusammenhängen als mit der medialen Berichterstattung.

Für Medien sind diese Sportveranstaltungen interessant, weil sie das Sporttreiben betreffen, das in einem Kulturraum gewachsen ist (in den USA wären dies also u. a. Baseball, American Football usw., in England u. a. Fußball, Golf und Kricket). Medienanbieter können also in diesen Fällen mit einem interessierten Medienpublikum und hohen Einschaltquoten rechnen. Umgekehrt gibt die Übertragung in den Medien der Sportveranstaltung eine noch größere Relevanz und Aufmerksamkeit in der Gesellschaft und führt zu einem gesteigerten Publikumsinteresse an der Veranstaltung selbst, was wiederum zu erhöhten Zuschauerzahlen vor Ort führt. Die oben berichteten Zuschauerzahlen in der Fußballbundesliga seit 1963 und die Präsens des Fußballs in den Medien sind ein gutes Beispiel für diesen Zusammenhang.

Dass die mediale Berichterstattung aus einer in einem Kulturraum eher untergeordneten Sportart, die nur allenfalls einige wenige tausend Besucher anzieht, eine führende Sportart macht, ist unwahrscheinlich. Umgekehrt finden die klassischen bzw. traditionellen Sportarten, die sowieso schon die Zuschauermassen angezogen haben, ihren festen Platz in den Medien.

12.2 Modelle der Massenkommunikation

Die Frage „Was ist Massenkommunikation?" wird häufig mit der berühmten Gegenfrage von Harold Lasswell (1927) beantwortet: „Wer sagt was, warum und wie zu wem und mit welcher Wirkung?" Entsprechend differenzierten sich unterschiedliche Vorstellungen heraus, die sich mit den einzelnen Bestandteilen des Kommunikationsprozesses (Sender, Empfänger, Kanal, Mitteilung, Intention, Effekt) beschäftigen. Dabei geht es insbesondere um die Frage, unter welchen Bedingungen bestimmte Medieninhalte Wirkungen auf die Einstellungen und das Verhalten von Rezipienten, also den Empfängern, besitzen.

Maletzke (1963) versteht unter Massenkommunikation in seiner weithin akzeptierten Definition die öffentliche, indirekte, einseitige, technische Ver-breitung professionalisierter, strukturell und funktional ausdifferenzierter und periodisch veranstalteter Kommunikationsformen an ein disperses Publikum. Zugegeben: Dies ist eine etwas kompliziertere Definition. Schauen wir uns an, was die Definition im Einzelnen meint.

Öffentlich bedeutet, dass das Publikum nicht begrenzt und personell de-finiert ist. *Indirekt* heißt, dass es eine mehr oder weniger große Distanz räum-licher oder zeitlicher Art zwischen den Kommunikationspartnern gibt.

Einseitig ist Massenkommunikation deshalb, weil es keinen (echten) Wechsel zwischen den Rollen eines Senders (Sprecher) und eines Empfängers (Zuhörers) gibt. Es bedarf bei der Massenkommunikation *technischer Voraus-setzungen* zur Verbreitung wie Sendesignale, Empfangsstationen usw.

Es gibt unterschiedlich ausgeformte *Kommunikationsformen*, beispiels-weise unterschiedliche Sendeformen, die immer wiederkehrend sind. Unter einem *dispersem* Publikum ist das immer wieder neu, von Fall zu Fall gebil-dete Publikum zu verstehen.

In den 1920er- und 1930er-Jahren, also zu den Zeiten von *Harold Lass-well*, dominierten lineare Kommunikations-Modelle (sog. *Stimulus-Response-Modelle*), in denen der Rezipient als passiver Empfänger medialer Bot-schaften angesehen wurde. Die Asymmetrie zwischen Sender und Empfänger führte damals zur Annahme starker Medienwirkungen. Man nahm an, dass Medien den Empfänger direkt und ohne Umwege beeinflussten, und dass der Rezipient keine echte Möglichkeit habe, diese Beeinflussung zu vermeiden. In Abbildung 8a ist diese Idee graphisch veranschaulicht.

Allerdings zeigte sich bald, dass dieses Modell zu einfach war (vgl. z. B. Schenk, 1987). Vor allem Studien von *Paul Lazarsfeld* (Lazarsfeld, Berelson & Gaudet, 1944) anlässlich des amerikanischen Wahlkampfes 1940 wiesen darauf hin. Wir wollen hier diese einflussreichen Studien durch ein längeres, sehr treffendes Zitat des Münsteraner Kommunikationswissenschaftlers *Klaus Merten* charakterisieren.

Lazarsfeld befragte, so Merten (1994, S. 315 f.), „eine ausgewählte Stichprobe von 600 Personen nicht nur einmal, sondern mehrmals: Sechs Monate vor der Wahl wurde begonnen, diese Personen jeden Monat einmal nach Ihren Wahlabsichten und nach den benutzen Massenmedien zu befragen. Auf diese Weise sollten Veränderungen der Wahlabsicht sehr fein, von Monat zu Monat, sozusagen in Nuancen, gemessen werden.

Lazarsfeld erwartete, dass Leser von Zeitungen oder Hörer von Radiostationen, die die Republikaner favorisierten, republikanisch wählen würden und umgekehrt, dass Leser von Zeitungen resp. Hörer von Radiostationen, die für die Demokraten eintraten, demokratisch wählen würden. Die Ergebnisse der Befragung zeigten jedoch überhaupt keinen Zusammenhang zwischen den rezipierten Medien und der Wahlabsicht.

Damit war zunächst die Theorie der direkten und starken Wirkungen der Massenmedien stark erschüttert. Zugleich hatte Lazarsfeld – sozusagen ohne zu wissen, was er da machte – gefragt, ob sich die Befragten auch direkt von anderen Personen Rat holten oder anderen Rat gaben.

Dabei zeigte sich, dass diese Ratgeber, die Lazarsfeld Meinungsführer (*opinion-leader*) nannte, einen erheblich größeren Ausschlag für die Wahlentscheidung der Ratsucher (*opinion-follower*) gaben als die Massenmedien und Radio."

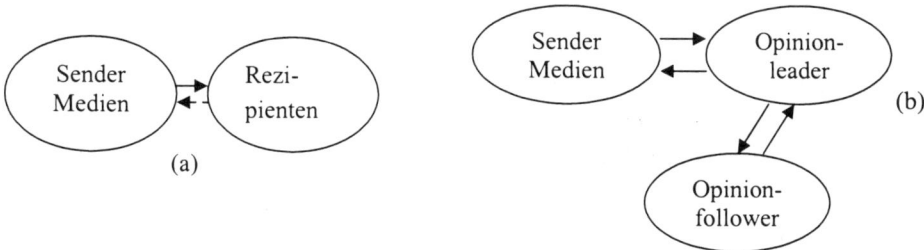

Abbildung 8: (a) Stimulus-Response-Modell, (b) Two-Step-Flow-Hypothese.

Lazarsfeld verdichtete dies zu einem Modell, das er *Two-Step-Flow-Hypothese* nannte. In ihr wird postuliert, dass die medialen Inhalte zunächst an die *opinion-leader* vermittelt werden und erst diese die Rezipienten – zeit-

verzögert – beeinflussen. In Abbildung 8b ist dies schematisch wiedergegeben.

Aber auch dieses Modell fand bald Kritiker. Zum Beispiel ist nicht jeder
Rezipient in eine Gruppe integriert, die einen *opinion-leader* hat. Nicht abzu-
streiten ist, dass es natürlich auch zu direkten Medienwirkungen kommen
kann. Und es ist selbstverständlich zweifelhaft, wer oder was in einer konkreten Situation als ein *opinion-leader* fungiert. Es wurden also weitere Modelle vorgeschlagen, denen gemeinsam ist, dass sie sich gegen das einfache
Stimulus-Response-Modell der 20er-Jahre wendeten. In diesem Modell wie
auch in den Vorstellungen von Lazarsfeld in seiner Two-Step-Flow-Hypothese
steht im Zentrum die Frage „Was macht das Medium mit den Rezipienten?"
Der Rezipient wird also hier als passives Wesen betrachtet.

Genauso gut kann man jedoch auch die Frage stellen: „Was machen die
Rezipienten mit dem Medium?" Dieser Gedanke führt zu einer ganzen Reihe
weiterer Massenkommunikationsmodelle, in denen versucht wird, die in Sti-
mulus-Response-Modellen angelegte Asymmetrie zwischen Sender und Empfänger zu korrigieren.

Medien stellen den Rezipienten eine Liste von Themen (eine Agenda) zur
Verfügung. Sie besetzen die gesellschaftlich relevanten Themen in unterschiedlicher Stärke. Dieser Ansatz wird *Agenda-Setting Ansatz* genannt und
stammt von McCombs und Shaw (1972).

Nach einiger Zeit sollten die stark besetzten Themen auch zu Themen der
Rezipienten geworden sein. Das Thema ist also für die Rezipienten verfügbarer und wichtiger geworden. Das Problem dieses Ansatzes besteht darin,
dass nicht angenommen wird, dass auch die Rezipienten zu bestimmten Themen in den Medien beitragen können. Dies entspricht im Übrigen der bei Me-
dienmachern (häufig im Boulevardbereich) vielfach verbreiteten Behauptung,
die Medien seien ein Spiegelbild der Themen der Leserinnen und Leser und
ähnelt damit der *Reflexionshypothese*, die Inglis bereits 1938 postulierte.

Wahrscheinlich ist, dass es sich um einen – allerdings nur sehr schwer
messbaren – wechselseitigen Prozess handelt: Es werden Themen besetzt, aber
es werden auch Themen der Rezipienten behandelt, die wiederum verstärkt
und verfügbarer werden und damit wiederum zu einer stärkeren Besetzung in
den Medien führen.

Dieser Ansatz und insbesondere deren zahlreiche Varianten (Iyengar &
Kinder, 1987) kann als Übergang zu *transaktionalen Modellen* verstanden
werden. In ihrem Kern behaupten diese Modelle wie das Modell von Früh und
Schönbach (1982), „dass Folgen von Medienbotschaften in aller Regel weder
auftreten, nur weil sie ein aktives Publikum großzügig zulässt, noch nur weil

manipulierende Kommunikatoren ihre völlig passiven Rezipienten mit Hilfe dieser Medienbotschaften überrumpeln. Medienwirkungen sind stattdessen Produkte sowohl von Kommunikator- als auch Rezipienten-Aktivitäten" (Früh, 1992, S. 109).

Bis in die 70er-Jahre erfreute sich die Annahme einer emanzipatorischen Wirkung vor allem des Fernsehens auf die Wissensunterschiede zwischen unterschiedlichen sozialen Schichten einiger Beliebtheit. Man nahm an, dass sich wegen der breiten Verfügbarkeit von Informationen sozialisationsbedingte Wissensklüfte ausgleichen würden. Differenzierte Untersuchungen wie die von Tichenor, Donohue und Olien (1970) zeigten allerdings, dass Personen, die einen höheren Bildungsstand aufweisen, besonders bei Themen politischen und internationalem Zuschnitts einen höheren Wissenszuwachs erreichen als Personen mit niedrigerem Bildungsstand.

Diese Beobachtung führte zur These der wachsenden Wissenskluft, der *Knowledge Gap Hypothese*. Hier werden keine direkten Medienwirkungen wie im Stimulus-Response-Ansatz angenommen, sondern man geht davon aus, dass gebildetere Personen das Medienangebot und die Themen, welche die Medien zur Verfügung stellen, besser für sich nutzen können.

Allerdings wird diese Wissenskluft dann kleiner oder kann sogar verschwinden, wenn das thematische Interesse der Rezipienten beachtet wird.

Die Gründerin des Allensbacher Meinungsforschungsinstituts *Elisabeth Noelle-Neumann* hat 1974 ihr einflussreiches *Modell der Schweigespirale* vorgestellt. Der Kerngedanke ist, dass Personen, die glauben mit ihrer Meinung in der Öffentlichkeit (z. B. etwa in den Medien) in der Minderheit zu sein, sich eher nicht öffentlich artikulieren. Umgekehrt werden sich die Personen, die glauben mit ihrer Meinung die Mehrheit zu vertreten, sich eher in den Medien zu Wort melden. Durch diesen sich selbst verstärkenden Mechanismus wird dann die Meinung, die als Mehrheitsmeinung betrachtet wird, tatsächlich zur dominierenden Meinung. Die Medien haben damit die Funktion einer Orientierungsgröße.

Das Problem dieses Modells liegt allerdings darin, dass unterstellt wird, Menschen hätten eine Vorstellung davon, ob ihre Meinung eine Mehrheits- oder Minderheitenmeinung sei. Man kann dies bezweifeln. Die Schlussfolgerung ist aber klar und für jeden sichtbar: Wollen Politiker, dass ihre Meinung Mehrheitsmeinung wird, müssen sie ihre Meinung um jeden Preis in den Medien platzieren. Eine ganze Anzahl von Politikern beherzigt dies offensichtlich (einige mehr, andere weniger), wie deren Präsenz in den zahllosen Talkshows zeigt.

Im *uses and gratification Ansatz* werden der Nutzen und die Belohnung des Rezipienten in den Vordergrund gestellt (Rosengreen, Wenner & Palmgreen, 1985). Dabei wird ein aktives Publikum unterstellt, das sich nach mehr oder weniger rationalen Kriterien Medienangebote aussucht und diese rezipiert.

Vor dem Hintergrund dieses Modells wurde versucht, Rezipiententypologien und -eigenschaften zu entwickeln. Der Ansatz zeichnet sich insbesondere durch die Annahme aus, dass Rezipienten ihr Verhalten bewusst kontrollieren können und auch bewusst darüber Auskunft geben könnten. Daher ist die bevorzugte Forschungsstrategie, die Rezipienten in Fragebögen um Selbstauskünfte darüber zu bitten, warum und wie sie fernsehen oder andere Medien nutzen.

Ein Beispiel sind die Studien von Wenner und Gantz (1998). Sie befragten Fernsehzuschauer nach ihren Motiven, Sportsendungen anzuschauen und ermittelten fünf Dimensionen:

- *Fanship Dimension:* Wenner und Gantz (1998) beschreiben dies als Wunsch nach dem „thrill in victory", dem Erleben des Triumphs des Sieges bzw. dem Erleben von Spannung. Sie halten dies für das wichtigste Motiv, warum sich Menschen Sportsendungen ansehen.
- *Learning Dimension:* Diese kognitive Dimension bezieht sich auf das Informationsbedürfnis der Rezipienten. Zuschauer wollen wissen, wie ihr Verein gespielt hat oder wer Meister geworden ist.
- *Release Dimension:* Dies bezeichnet das Bedürfnis, sich zu entspannen und „ein Bier zu trinken".
- *Companionship Dimension:* In dieser Dimension kommt das Geselligkeitsbedürfnis zum Ausdruck. Sportsendungen bieten auch einen Anlass, sich mit Freunden oder der Familie zu treffen.
- *Filler Dimension:* Sportsendungen werden auch einfach angesehen, um sich die Zeit zu vertreiben. Diese Dimension hat dann auch nichts mehr mit dem Inhalt der Sendung zu tun.

Im Prinzip sind dies aber Dimensionen, die man auch erhalten kann, wenn man nach anderen Programmangeboten fragt (sieht man von der *Fanship Dimension* ab, wobei diese leicht durch eine Dimension *Spannung* ersetzt werden kann). Beispielsweise untersuchten Rubin und Rubin (1982) 4- bis 90-jährige Zuschauer nach ihren Motiven, fernzusehen. Sie bezogen es nicht auf ein bestimmtes Angebot. Sie erhielten folgende Motive: „1. Zuschauen, damit die Zeit vergeht, 2. Zuschauen, um Gesellschaft zu haben, 3. Zuschauen der Spannung wegen, 4. Zuschauen eines spezifischen Programminhalts, 5. Zuschauen zur Entspannung, 6. Zuschauen zur Information, 7. Zuschauen als

Flucht, 8. Zuschauen zur Unterhaltung, 9. Zuschauen als Mittel zur sozialen Interaktion" (Zillmann & Bryant, 1998, S. 199). Möglicherweise hätte man dies auch vor der Untersuchung schon wissen können.

Und wer das Kapitel 10 über die Motivation von Sportzuschauern aufmerksam gelesen hat, wird entdecken, dass auch die dort vorgestellten Modelle wie von Wann (1995) eine hohe Ähnlichkeit aufwiesen. Dies bringt uns zu dem Gedanken, dass sich die Gründe, dass Menschen ein Sportereignis live vor Ort bzw. vor dem Fernsehschirm anschauen, nicht erheblich unterscheiden.

Möglicherweise ist es also nur eine Frage der Gelegenheit, für welche Form des Zuschauens sich die Person entscheidet, also für den Fernseher oder für das Ereignis vor Ort. Die Gründe dürften aber nicht erheblich differieren.

Gleichwohl ist der *uses and gratification* Ansatz sehr einflussreich. Die Untersuchung von Medienzuschauern mit Hilfe einer Vielzahl von Fragebögen (wie aber auch vor und im Sportstadion) zeugen davon. Der Glaube ist groß, dass Menschen durch bloße Befragung korrekt ihr Rezeptionsverhalten beschreiben können.

Mit dem Nutzen- und Belohnungsansatz ist aber überhaupt nicht zu erklären, warum es beispielsweise zu einem Phänomen wie *Channel Surfen* kommt. Der Zuschauer „zappt" sich durch das Programm, bleibt hier und da hängen, macht allerlei nebenbei und surft weiter durch das Programm.

Würde man die Zuschauer nach einem solchen Verhalten befragen, sie würden natürlich auch nichts anderes sagen, als dass sie Spaß daran haben, sich unterhalten oder Zeit „totschlagen" wollen. Nur wird diese Antwort das spezifische Verhalten nicht erklären können.

Der *Selective Exposure Ansatz* versucht in deutlicher Abgrenzung zum Nutzen- und Belohnungsansatz, deutlich zu machen: Der Mensch ist zuweilen nicht vernünftig und kann seine Bedürfnisse nicht immer artikulieren.

Eigentlich geht dieser Ansatz auf *Leon Festinger* (1957) zurück, der bereits damals betonte, dass Menschen sich nur selektiv bestimmten massenmedialen Inhalten nähern und diese auch nur eingeschränkt wahrnehmen.

Im *Selective Exposure* Ansatz geht es auch nicht darum, Personen zu befragen, sondern sie zu beobachten, ihr Verhalten aufzuzeichnen und sie in Experimenten in Entscheidungssituationen zu bringen. Dabei hat sich gezeigt, dass ganz besonders die Stimmung einer Person eine wichtige Determinante für die Programmwahl darstellt.

In einer ganzen Reihe von mittlerweile klassisch zu nennenden Experimenten zeigen die beiden amerikanischen Kommunikationswissenschaftler *Dolf Zillmann* und *Jennings Bryant* (vgl. zusammenfassend Bryant, Raney

& Zillmann, 2002), dass die Medienrezeption erheblich von der Stimmung des Zuschauers abhängt. Sie haben dies speziell für die Darstellung von Aggression und Gewalt im Sport untersucht. In einem Experiment (Bryant, Comisky & Zillmann, 1981) zum Beispiel hatten Rezipienten verschiedene Ausschnitte von American Footballspielen zu betrachten und zu bewerten.

Es zeigte sich, dass insbesondere männliche Betrachter ein größeres Vergnügen empfanden, wenn der Bildausschnitt ein hohes Maß an aggressivem Verhalten der Spieler zeigte.

Diese und andere Studien zeigen, dass das Rezeptionsverhalten von Menschen zu einem großen Teil nicht rational begründet ist, sondern wesentlich durch Stimmungen und mehr oder weniger spontane Entscheidungen beeinflusst wird.

Zillmann und Bryant (z. B. 1998) erklären dies mit ihrer *Mood-Management-Theorie*. Sie entwickeln mit dieser Theorie ein Bild des Zuschauers, das eher austestend und nach hedonistischen Launen maximierend und nicht rational ausgerichtet ist. Die frühen Modelle (wie z. B. von Lasswell, 1927) zeichneten noch das Bild eines leicht beeinflussbaren, nicht aktiven Rezipienten. Diese Sichtweise hat sich heute völlig verändert.

Die neueren Modelle gehen von einem Rezipienten aus, der aktiv seine Auswahl trifft, sei es bewusst (*uses and gratification*) oder unbewusst (*selective exposure*), und der mit seiner Auswahl wiederum das Programmangebot mittel- und langfristig mitbestimmt.

Und schließlich: Aus diesem Grund ist natürlich die Überschrift dieses Kapitels - Schein oder Wirklichkeit? - nicht endgültig zu beantworten, weil wir, also die Rezipienten mit ihren Wahrnehmungen, Urteilen und Entscheidungen, (auch) mit darüber bestimmen, ob das, was konsumiert wird, als Schein oder Wirklichkeit interpretiert werden kann.

Dies soll ein guter und eigentlich tröstlicher Schluss unseres Buches sein. Denn die letzten Aussagen sind etwas, was sich durch unser gesamtes Buch vom Beginn an zog, nämlich die Botschaft:

Menschen sind aktive, soziale Wesen, die nicht nur passiv verharren und Umweltreize auf sich einströmen lassen, sondern ihr Selbst entwickeln, ihre Umwelt gestalten, ihre Beziehungen aufbauen und strukturieren. Jedenfalls bemühen Sie sich – hoffentlich!

Stichwort: Mood Management

Begriff. Menschen möchten in der Regel möglichst in den Zustand guter Stimmung geraten und diesen Zustand dann auch beibehalten

Bedeutung. Zillmann und Bryant (1998, S. 203) postulieren, dass Menschen ihre Stimmungsumgebung so gestalten, „dass sie die Wahrscheinlichkeit maximieren, dass schlechte Stimmungen nur kurz anhalten und ihre erlebte Intensität reduziert wird." Weiterhin postuliert diese Theorie, „dass gute Stimmungen verlängert werden und ihre erlebte Intensität erhöht wird und dass schlechte Stimmungen beendet werden und von guten Stimmungen mit höchstmöglicher erlebter Intensität abgelöst werden."

Diese Ziel kann am besten dadurch erreicht werden, indem man sich einem bestimmten Stimmungsangebot aussetzt, das folgenden Kriterien genügt:

(1) Je nachdem, ob man sich im Zustand von Hypo- oder Hypererregung befindet, muss das aufgesuchte Stimmungsangebot diesem Zustand entgegen-wirken.

(2) Das Stimmungsangebot muss einen hedonistischen Wert besitzen, der den des vorliegenden Zustands übersteigt.

(3) Es darf nur eine geringe bzw. gar keine semantische Affinität zu dem vorliegenden Zustand bestehen.

Wichtige Literatur

Zillmann, D. & Bryant, J. (1998). Fernsehen. In B. Strauß (Hrsg.), *Zuschauer*. Göttingen: Hogrefe.

Literatur

Abel, T. (1995). Sport, Gesundheit, Lebensstile. In W. Schlicht & P. Schwenkmezger (Hrsg.), *Gesundheitsverhalten und Bewegung* (S. 51-64). Schorndorf: Hofmann.

Adam, K. (1973). Zur Praxis der Psychologie im Training. *Leistungssport, 3,* 385-389.

Adam, K. (1977). Zur Praxis der Psychologie im Training. In DSB/BAL (Hrsg.), *Psychologie in Training und Wettkampf* (S. 140-147). Berlin: Bartels & Wernitz.

Adorno, T., Frenkel-Brundwick, E., Levinson, D. J. & Sanford, R. N. (1950). *The authoritarian personality.* New York: Harper.

Agnew, G. A. & Carron, A. V. (1994). Crowd effects and the home advantage. *International Journal of Sport Psychology, 25,* 53-62.

Ajzen, I. (1991). The theory of planned behavior. *Organizational Behavior and Human Decision Processses, 50,* 179-211.

Ajzen, I. & Madden, T. J. (1986). Prediction of goal directed behavior: Attitudes, intentions, and perceived behavior control. *Journal of Experimental Social Psychology, 22,* 453-457.

Alfermann D. (1993). Soziale Prozesse im Sport. In H. Gabler, J. R. Nitsch & R. Singer (Hrsg.), *Einführung in die Sportpsychologie* (S. 65-109). Schorndorf: Hofmann.

Alfermann, D. (1996). *Geschlechterrollen und geschlechtstypisches Verhalten.* Stuttgart: Kohlhammer.

Alfermann, D. & Strauß, B. (2001). Soziale Prozesse im Sport. In H. Gabler, J. Nitsch & R. Singer (Hrsg.), *Einführung in die Sportpsychologie* (S. 73-108). Schorndorf: Hofmann.

Alfermann, D., Würth, S. & Saborowski, C. (2002). Soziale Einflüsse auf die Karriereentwicklung im Jugendleistungssport: Die Bedeutung von Eltern und Trainern. *psychologie und sport, 9,* 50-61.

Allport, F. H. (1920). The influence of the group upon association and thought. *Journal of Experimental Psychology, 3,* 159-182.

Alkemeyer, T., Braun, S. & Gebauer, G. (1996). *Spitzensport, soziale Ungleichheit und soziale Reproduktion im deutsch-französischen Vergleich.* Berlin: Unv. Vortragsmanuskript.

Allison, M. T., Duda, J. L. & Beuter, A. (1991). Group dynamics in the Himalayas. *International Review of Sociology of Sport, 26,* 175-190.

Argyle, M. (1992). Benefits of supportive social relationships. In H. O. F. Veiel & U. Baumann (Eds.), *The meaning and measurement of social support* (pp. 13-32). London: Hemisphere.

Arnscheid, R. (2000). *Gemeinsam sind wir stark. Zum Zusammenhang zwischen Gruppenkohäsion und Gruppenleistung.* Münster: Waxmann.

Aronson, E. (1994). *Sozialpsychologie: Menschliches Verhalten und gesellschaftlicher Einfluss.* Heidelberg: Spektrum.

Asimov, I. (1975). *The miss america pagent.* TV-Guide.

Bandura, A. (1973). *Aggression: a social learning analysis.* Englewood Cliffs, NJ: Prentice Hall.

Bandura, A. (1986). *Social foundations of thought and action: A social cognitive theory.* Hillsdale, NJ: Prentice Hall.

Bandura, A., Ross, D. & Ross, S. A. (1961). Transmission of aggression through imitation of aggressive models. *Journal of Abnormal and Social Psychology, 63,* 575-582.

Barney, R. K. (1985). Beyond physical performance: Theoretical criteria ideas in the appraisal of sport heroes. *North American Society for Sport History, NASSH Proceedings,* 45-47.

Baron, R. A. (1977). *Human aggression.* New York: Plenum.

Baron, R. A. & Ransberger, V. M. (1978). Ambient temperutare and the occurrence of collective violence: The "long, hot summer" revisited. *Journal of Personality and Social Psychology, 36,* 351-360.

Baron, R. A. & Richardson, D. R. (1994). *Human aggression.* New York: Plenum.

Barth, J. & Bengel, J. (1998). Prävention durch Angst? Stand der Furchtappellforschung. In BzgA (Hrsg.), *Forschung und Praxis der Gesundheitsförderung* (Band 4). Köln: BzgA.

Barthel, T. S. (1961). Spiele der Osterinsulaner. In D. Drost (Hrsg.), *Beiträge zur Völkerforschung* (S. 27-42). Leipzig: Veröffentlichungen des Museums für Völkerkunde.

Baumeister, R. F. (1984). Choking under pressure: Self-consciousness and paradoxical effects of incentives on skillful performance. *Journal of Personality and Social Psychology, 46,* 610-620.

Baumeister, R. F. & Leary, M. R. (1995). The need to belong: Desire for interpersonal attachments as a fundamental human motivation. *Psychological Bulletin, 117,* 497-529.

Baumeister, R. F. & Showers, C. J. (1986). A review of paradoxical performance effects: Choking under pressure in sports and mental tests. *European Journal of Social Psychology, 16,* 361-383.

Baumeister, R. F. & Steinhilber, A. (1984). Paradoxical effects of supportive audiences on performance under pressure: The home field disadvantage in sports championships. *Journal of Personality and Social Psychology, 47,* 85-93.

Baur, J. (Hrsg.).(1997). *Jugendsport, Sportengagement und Sportkarrieren.* Aachen: Meyer & Meyer.

Baur, J. & Brettschneider, W.-D. (1994). *Der Sportverein und seine Jugendlichen.* Aachen: Meyer und Meyer.

Bausinger, H. (1998). Gemeinschaft. In O. Grupe & D. Mieth (Hrsg.), *Lexikon der Ethik im Sport* (S. 189-192). Schorndorf: Hofmann.

Beck, U. (1983). Jenseits von Stand und Klasse? Soziale Ungleichheit, gesellschaftliche Individualisierungsprozesse und die Entstehung neuer gesellschaftlicher Formationen und Identitäten. In R. Kreckel (Hrsg.), *Zur Theorie sozialer Ungleichheiten* (S. 35-74). Göttingen: Schwartz.

Beck, U. (1986). *Risikogesellschaft. Auf dem Weg in eine andere Moderne.* Frankfurt/M.: Suhrkamp.

Beck, U. (1997). *Kinder der Freiheit* (3. Aufl.). Frankfurt/M.: Suhrkamp.

Becker, M. H. (1974). *The health belief model and personal health behaviour.* Thorofare, NJ: Slack.

Beckmann, J. & Strang, H. (1992). Soziale Hemmung und Förderung bei schwierigen Aufgaben. *Zeitschrift für Sozialpsychologie, 23,* 83-91.

Beilcock, S. L. & Carr, T. H. (2001). On the fragility of skilled performance: What governs choking under pressure? *Journal of Experimental Psychology: General, 130,* 701-725.

Berkowitz, L. (1962). *Aggression: a social psychological analysis.* New York: McGraw-Hill.

Berkowitz, L. (1993). *Aggression: its causes, consequences and control.* New York: McGraw-Hill.

Berkowitz, L. & LePage, A. (1967). Weapons as aggress-eliciting stimuli. *Journal of Personality and Social Psychology, 7,* 202-207.

Berscheid, E. & Peplau, L. A. (1983). The emerging science of relationships. In H. H. Kelley, E. Berscheid, J. H. Christensen, T. L. Harvey, G. Huston, D. Semüger, D. McChutock, L. A. Peplau & D. R. Peterson (Eds.), *Close relationships* (pp. 1-19). New York: W. H. Freeman & Co.

Bette, K.-H. (1989). *Körperspuren. Die Semantik und Paradoxie moderner Körperlichkeit.* Berlin: de Gruyter.

Bette, K.-H. (1990). Sport als Thema geselliger Konversation. In K.-H. Bette (Hrsg.), *Theorie als Herausforderung* (S. 16-35). Aachen: Meyer & Meyer.

Bette, K.-H. (1993). Sport und Individualisierung. *Spectrum der Sportwissenschaften, 1,* 34-55.

Bette, K.-H. & Schimank, U. (1996). *Doping im Hochleistungssport.* Frankfurt/M.: Suhrkamp.

Biddle, S. (1994). Exercise motivation: Theory and practice. In F. I. Bell & G. H. Van Gyn (Eds.), *Access to active living. Proceedings of the 10th Commonwealth & International Scientific Congress* (pp. 12-38). Victoria: University of Victoria Press.

Biddle, S. (1999). Motivation and perception of control: Tracing its development and plotting its future in exercise and sport psychology. *Journal of Sport and Exercise Psychology, 21,* 1-23.

Biddle, S., Hanrahan, S. J. & Sellars, C. (2001). Attributions: Past, present, and future. In R. N. Singer, H. A. Hausenblas & C. M. Janelle (Eds.), *Handbook of Sport Psychology* (pp. 444-471). New York: Wiley.

Bieber, C. & Hebecker, E. (2002). You`ll never surf alone: Online Inszenierungen des Sports. In J. Schwier (Hrsg.), *Mediensport* (S. 211-232). Hohengehren: Schneider.

Bierhoff, H. W. (1984). *Sozialpsychologie.* Stuttgart: Kohlhammer.

Bierhoff, H. W. & Wagner, U. (1998a). Aggression: Definition, Theorien und Themen. In H. W. Bierhoff & U. Wagner (Hrsg.), *Aggression und Gewalt* (S. 2-25). Stuttgart: Kohlhammer.

Bierhoff, H. W. & Wagner, U. (Hrsg.). (1998b). *Aggression und Gewalt.* Stuttgart: Kohlhammer.

Bierhoff-Alfermann, D. (1979). Ursachenerklärung für Erfolg und Misserfolg bei einem Schwimmwettkampf: Defensive Attribution und die Bedeutsamkeit des Wettkampfes. In G. Bäumler, E. Hahn & J. R. Nitsch (Hrsg.), *Aktuelle Probleme der Sportpsychologie* (S. 91-97). Schorndorf: Hofmann.

Bierhoff-Alfermann, D. (1986). *Sportpsychologie.* Stuttgart: Kohlhammer.

Black, S. K. & Bevan, S. (1992). At the movies with Buss and Durkee: A natural experiment on film violence. *Aggressive Behavior, 18,* 37-45.

Blumer, B. H. (1969). *Symbolic Interactionism.* Hillsdale, NJ: Erlbaum.

Blumer, B. H. (1978). Der methodologische Standort des symbolischen Inter-aktionismus. In AG Bielefelder Soziologen (Hrsg.), *Alltagswissen, Interaktion und gesellschaftliche Wirklichkeit* (S. 80-101). Reinbek: rowohlt.

Bock, H. D. (1999). Gesundheit und Krankheit als Gegenstand des Medizi-nalsystems. In W. Schlicht & H. H. Dickhuth (Hrsg.), *Gesundheit für Alle: Fiktion oder Realität* (S. 36-53). Schorndorf: Hofmann.

Boltanski, L. (1976). Die soziale Verwendung des Körpers. In D. Kamper & V. Rittner (Hrsg.), *Zur Geschichte des Körpers* (S. 138-183). München: Hanser.

Bornewasser, M. (1998). Soziale Konstruktion von Gewalt und Aggression. In H. W. Bierhoff & U. Wagner (Hrsg.), *Aggression und Gewalt.* (S. 48- 62). Stuttgart: Kohlhammer.

Bourdieu, P. (1974). *Zur Soziologie der symbolischen Formen*. Frankfurt/M.: Suhrkamp.

Bourdieu, P. (1982). Historische und soziale Voraussetzungen modernen Sports. In G. Hortleder & G. Gebauer (Hrsg.), *Sport-Eros-Tod* (S. 91-112). Frankfurt/M.: Campus

Bourdieu, P. (1986). *Die feinen Unterschiede*. Frankfurt/M.: Suhrkamp.

Branscombe, N. R. & Wann, D. L. (1992). Physiological arousal and reactions to outgroup members during competitions that implicate an important social identity. *Aggressive Behavior, 18,* 85-93.

Breckenkamp, J., Laaser, K. & Meyer, J. (1995). Die Deutsche Herz-Kreislauf-Präventionsstudie (DHP): Sozialer Gradient bei Nettoeffekten in der Prävention der Hypercholesterinämie. *Zeitschrift für Kardiologie, 84,* 694-699.

Brettschneider, R. (1992). Lebensstil und Sportverhaltensweisen. In R. Bäsler (Hrsg.), *Gesellschaftliche Veränderungen und ihre Auswirkungen auf den Sport* (S. 31-42). Aachen: Meyer & Meyer.

Brettschneider, R. & Bräutigam, M. (1990). *Sport in der Alltagswelt von Jugendlichen*. Unveröffentlichter Forschungsbericht, Universität Paderborn.

Brettschneider, R. & Kleine, T. (2002). *Jugendarbeit in Sportvereinen*. Schorndorf: Hofmann.

Brewer, M. (1991). The social self: On being the same and different at the same time. *Personality and Social Psychology Bulletin, 17,* 475-482.

Brinkhoff, K.-P. (1995). Sportchancen im Kindes- und Jugendalter. Soziale Ungleichheiten und die Vision: „Sport für Alle". *Sportunterricht, 44,* 447-463.

Brinkhoff, K.-P. (1997). Sportliches Engagement und soziale Unterstützung im Jugendalter. In J. Baur (Hrsg.), *Jugendsport. Sportengagement und Sportkarrieren* (S. 9-39). Aachen: Meyer & Meyer.

Bryant, J., Brown, D., Comisky, P. W. & Zillmann, D. (1982). Sports and spectators: Commentary and appreciation. *Journal of Communication, 32,* 109-119.

Bryant, J., Comisky, P. & Zillmann, D. (1981). Drama in sports commentary. *Journal of communication, 27,* 140-149.

Bryant, J., Raney, A. & Zillmann. D. (2002). Sports Television. In B. Strauß, M. Kolb & M. Lames (Hrsg.), *www.sport-goes-media.de. Zur Medialisierung des Sports* (S. 51-74). Schorndorf: Hofmann.

Burk, V. & Digel, H. (2002). Die Entwicklung des Fernsehsports in Deutschland. In J. Schwier (Hrsg.), *Mediensport* (S. 101-124). Hohengehren: Schneider.

Burrmann, U., Krysmanski, K. & Baur, J. (2002). Sportbeteiligung, Körperkonzept, Selbstkonzept und Kontrollüberzeugungen im Jugendalter. *psychologie und sport, 9,* 20-34.

Butler, J. L. & Baumeister, R. F. (1998). The trouble with friendly faces. Skilled performance with a supportive audience. *Journal of Personality and Social Psychology*, *75*, 1213-1230.

Cachay, K. & Thiel, A. (2000). *Soziologie des Sports*. Weinheim: Juventa.

Cachay, K., Thiel, A. & Meier, H. (2001). *Der organisierte Sport als Arbeitsmarkt*. Schorndorf: Hofmann.

Cameron, A. (1976). *Circus factions; Blues and Greens at Rome and Byzantium*. Oxford, UK: Clarendon Press.

Carnegie, D. (1986). *Wie man Freunde gewinnt*. München: Scherz.

Carron, A. V. (1982). Cohesiveness in sport groups. Interpretations and considerations. *Journal of Sport Psychology, 4*, 123-138.

Carron, A. V. (1990). Group size in sport and physical activity: social psychological and performance setting. *Journal of Sport and Exercise Psychology, 12*, 376-304.

Carron, A. V. & Ball, J. R. (1976), The influence of tema cohesion and participation motivation upon performance success in intercollegiate ice hockey. *Canadian Journal of Applied Sport Science, 1*, 271-275.

Carron, A. V., Colman, M. M. Wheeler, J. & Stevens, D. (2002). Cohesion and performance in sport: A meta analysis. *Journal of Sport and Exercise Psychology, 24*, 168-188.

Carron, A. V. & Hausenblas, H. A. (1998). *Group dynamics in sport*. Morgantown, WV: FIT.

Carron, A. V. & Spink, K. S. (1993). Team building in an exercise setting. *The Sport Psychologist, 7*, 8-18.

Carron, A. V., Widmeyer, W. N. & Brawley, L. R. (1985). The development of an instrument to assess cohesion in sport teams: The group environment questionaire. *Journal of Sport Psychology, 7*, 244-266.

Carter, D. B. & Levy, G. D. (1988). Cognitive aspects of early sex-role development: The influence of gender schemas on preschooler's memories and preferences for sex-tipped toys and activities. *Child development, 59*, 782-792.

Chelladurai, P. (1990). Leadership in sports: A review. *International Journal of Sport Psychology, 21*, 328-354.

Cialdini, R. (1997). *Die Psychologie des Überzeugens*. Bern: Huber.

Cialdini, R. B., Borden, R. J., Thorne, A., Walker, M. R., Freeman, S. & Sloan, L. R. (1976). Basking in reflecting glory: Three (football) field studies. *Journal of Personality and Social Psychology, 34*, 366-375.

Cialdini, R.B. & Richardson, K. D. (1980). Two indirect tactics of image management: Basking and blasting. *Journal of Personality and Social Psychology, 39*, 406-415.

Cohen, L. H. (1982). Life change and the sensation seeking motive. *Personality and Individual Differences, 3,* 221-222.

Cohen, S. & Wills, T. A. (1985). Stress, social support, and the buffering hypothesis. *Psychological Bulletin, 98,* 310-357.

Conroy, D. E., Motl, R. W. & Hall, E. G. (2000). Progress toward construct validation of the self-presentation in exercise questionnaire (SPEQ). *Journal of Sport and Exercise Psychology, 22,* 21-38.

Cooley, C. H. (1902). *Human nature and social order.* New York: Scribners.

Corbin, C. B. (1973). Among spectators, "trait anxiety", and coronary risk. *Physican and Sports Medicine, 1,* 55-58.

Costa, P. T., McCrae, R. & Arenberg, D. (1980). Enduring dispositions in adult males. *Journal of Personality and Social Psychology, 38,* 796-800.

Courneya, K. S. & Carron, A. V. (1991). Effects of travel and length of home stand/road trip on the home advantage. *Journal of Sport and Exercise Psychology, 13,* 42-49.

Courneya, K. S. & Carron, A. V. (1992). The home advantage in sport competitions: A literature review. *Journal of Sport and Exercise Psychology, 14,* 13-27.

Crocker, J. & Luhtanen, R. (1990). Collective self-esteem and ingroup bias. *Journal of Personality and Social Psychology, 58,* 60-67.

Cuttrona, C. E. (1986). Objective determinants of perceived social support. *Journal of Personality and Social Psychology, 50,* 349-355.

Cuttrona, C. E. & Russel, D. W. (1987). The provisions of social relationships and adaptation to stress. In W. D. Jones & D. Perlmann (Eds.), Advances in personal relationships, Vol.1 (pp. 37-67). Greenwich, CT: JAI

Diehl, M. (1990). The minimal group paradigm: Theoretical explanations and empirical findings. *European Review of Social Psychology, 1,* 263- 292.

Diem, C. (1960). *Weltgeschichte des Sports und der Leibeserziehung.* Stuttgart: Cotta.

Dietz-Uhler, B. & Murrell, A. (1999). Examining fan reactions to game outcomes: A longitudinal study of social identity. *Journal of Sport Behavior, 22,* 15-27.

Digel, H. (1993). Sportentwicklung in Deutschland - Chancen und Risiken gesellschaftlicher Modernisierung. In J. Rhode & H. Philipp (Hrsg.), *Sport in Schule, Verein und Betrieb* (S. 13-42). St. Augustin: Academia.

Dollard, J., Doob, L. W., Miller, N. E., Mowrer, C. H. & Sears, R. T. (1939). *Frustration and Aggression.* New Haven, CT: Yale University Press.

Dowie, J. (1982). Why Spain should win the World Cup. *New Scientist, 94,* 693-695.

Drigotas, S. M. & Rusbult, C. E. (1992). Should I stay, or should I go? A dependence model of breakups. *Journal of Personality and Social Psychology, 62,* 62-87.

Dunning, E., Maguire, J. A., Murphy, P. J. & Williams, J. M. (1982). The social roots of football hooliganism. *Leisure Studies, 2,* 139-156.

Eagly, A. H. & Chaiken, S. (1993). *The psychology of attitudes.* Fort Worth, FL: Harcourt Brace.

Eberspächer, H. (1979). Kleingruppenforschung im Sport. *Gruppendynamik, Forschung und Praxis, 10 (2),* 2-18.

Eberspächer, H. (1993). *Sportpsychologie* (2. Aufl.). Reinbek: rowohlt.

Eibl-Eibesfeld, I. (1998). *In der Falle des Kurzzeitdenkens.* München: Piper

Elias, N. (1978). *Über den Prozeß der Zivilisation.* Frankfurt/M.: Suhrkamp.

Elias, N. (1979). *Über den Prozeß der Zivilisation. Soziologische und psychologische Unterrichtungen. (Bd. 2) Wandlungen der Gesellschaft. Entwurf zu einer Theorie der Zivilisation.* Frankfurt/M.: Suhrkamp.

Elias, N. & Dunning, E. (1983). *Sport im Zivilisationsprozess. Studien zur Figurationssoziologie.* Münster: Lit.

Encarta (1999). Seattle: Microsoft.

Estrabrook, P. A. & Carron, A. V. (1999). The role of the group with elderly exercisers. *Small Group Research, 30,* 438-452.

Faltner, M. (Hrsg.). (1993). *Marcus Thillius Cicero. Cato der Ältere. Lealius.* München: Artemis.

Felser, G. (1997). *Werbe- und Konsumentenpsychologie.* Stuttgart: Schäfer-Poeschel.

Festinger, L. (1957). *A theory of cognitive dissonance.* Stanford, CA: University Press.

Festinger, L. & Carlsmith, J. M. (1959). Cognitive consequences of forced compliance. *Journal of Abnormal and Social Psychology, 58,* 203-210.

Fiedler, K. (2000). Die psychologische Funktion von Prognosen. In J. Möller, B. Strauß & S. Jürgensen (Hrsg.), *Psychologie und Zukunft* (S. 75-92). Göttingen: Hogrefe.

Fiedler, K. & Gebauer, A. (1982). Egozentrische Attributionen unter Fußballspielern. *Zeitschrift für Sozialpsychologie, 17,* 173-176.

Firth-Cozens, J. & Brewin, C. R. (1988). Attributional change during psychotherapy. *British Journal of Clinical Psychology, 27,* 47-54.

Fishbein, M. & Ajzen, I. (1975). *Belief, Attitude, intention and behavior: An introduction to theory and research.* Reading, MA: Addison-Wesley

Forgas, J. P. (1994). *Soziale Interaktion und Kommunikation.* Weinheim: PVU.

Forgas, J. P., Brennan, G., Howe, S., Kane, J. F. & Sweet, S. (1980). Audience effects on squash players' performance. *The Journal of Social Psychology, 111,* 41-47.

Försterling, F. (1985). Attributional retraining: A review. *Psychological Bulletin, 98,* 495-512.

Fox, K. R. (Ed.). (1997). *The physical self. From motivation to well being.* Champaign, IL: Human Kinetics.

Freud, S. (1940). *Gesammelte Werke.* London: Imago.

Freud, S. (1941). *Abriß der Psychoanalyse.* London: Imago.

Frey, D. & Gaska, A. (1993). Die Theorie der kognitiven Dissonanz. In D. Frey & M. Irle (Hrsg.), *Kognitive Theorien* (S. 275-326). Bern: Huber.

Frey, D. & Ihrle, M. (1985). (Hrsg.). *Theorien der Sozialpsychologie* (2. Aufl.). Bern: Huber.

Früh, W. (1992). *Medienwirkungen: Das dynamisch-transaktionale Modell.* Opladen: Westdeutscher Verlag.

Früh, W. & Schönbach, K. (1982). Der dynamisch-transaktionale Ansatz. *Publizistik, 27,* 74-88.

Fuchs, R. (1989). *Sportliche Aktivität bei Jugendlichen.* Köln: bps.

Fuchs, R. (1997). *Psychologie und körperliche Bewegung.* Göttingen: Hogrefe.

Fuchs, R. & Appel, E. (1994). Belastungsregulation durch Sport. In R. Schwarzer & M. Jerusalem (Hrsg.), *Gesellschaftlicher Umbruch als kritisches Lebensereignis* (S. 227-240). Weinheim: Juventa.

Fuchs, R. & Leppin, A. (1992). Sportliche Aktivität, sozialer Rückhalt und Lebensstreß als Determinanten der psychischen Gesundheit. *Sportpsychologie, 6 (1),* 13-19.

Fuchs, R., Semmer, N., Lang, P. & Okonek, K. (1987). Körperliche Aktivität von Jugendlichen. Validität der Messung, Prävalenz und Determinanten: Die Berlin-Bremen-Studie. In U. Laaser, G. Saasen, G. Murza & P. Sabo (Hrsg.), *Prävention und Gesundheitserziehung* (S. 245-256). Berlin: Springer.

Gabler, H. (1976). *Aggressive Handlungen im Sport.* Schorndorf: Hofmann.

Gabler, H. (1996). Aggression und Gewalt in Schule und Sport. *Sportunterricht, 45,* 461-472.

Gabler, H. (1998). Zuschauen im Sport - Sportzuschauer. In B. Strauß (Hrsg.), *Zuschauer* (S. 113-138). Göttingen: Hogrefe.

Gabler, H., Schulz, H. J. & Weber, R. (1982). Zuschaueraggressionen – eine Feldstudie über Fußballfans. In G. Pilz, D. Albrecht, H. Gabler, E. Hahn, D. Peper, J. Sprenger, H.-F. Voigt, M. Volkamer & K. Weis (Hrsg.), *Sport und Gewalt* (S. 23-59). Schorndorf: Hofmann.

Gayton, W. F., Mutrie, S. A. & Hearns, J. F. (1987). Home advantage: Does it exist in women's sports? *Perceptual and Motor Skills, 65,* 653-654.

Gebauer, G. (1986). Festordnung und Geschmacksdimensionen. Die Illusion der Integration im Freizeitsport. In G. Hortleder & G. Gebauer (Hrsg.), *Sport - Eros - Tod*. (S. 113-143). Frankfurt/M.: Suhrkamp.

Geiger, T. (1932). *Die soziale Schichtung des deutschen Volkes*. Stuttgart: Enke.

Geißler, R. (Hrsg.). (1994). *Soziale Schichtung und Lebenschancen in Deutschland* (2. Aufl.). Stuttgart: Enke.

Gigerenzer, G., Todd, P. M. & ABC Research Group (1999). *Simple heuristics that make us smart*. New York: Oxford University Press.

Girschner, W. (1994). *Theorie sozialer Organisationen*. Weinheim: Juventa.

Glamser, F. D. (1990). Contest location, player misconduct, and race: A case from English soccer. *Journal of Sport Behavior, 13*, 41-49.

Goffman, E. (1959). *The presentation of self in everyday life*. Garden City, NY: Doubleday & Company

Greer, D. L. (1983). Spectator booing and the home advantage: A study of social influence in the basketball arena. *Social Psychology Quarterly, 46*, 252-261.

Grupe, O. (1987). *Sport als Kultur*. Zürich: edition interfrom.

Grupe, O. & Krüger, M. (1998). *Einführung in die Sportpädagogik*. Schorndorf: Hofmann.

Guerin, B. (1993). *Social facilitation*. Cambridge, MA: Cambridge University Press.

Guttmann, A. (1986). *Sports spectators*. New York: Columbia University Press.

Hagger, M., Chatzisarantis, N. L. D. & Biddle, S. (2002). A meta-analytic review of the theories of reasoned action and planned behaviour in physical activity: Predictive validity and the contribution of additional variables. *Journal of Sport and Exercise Psychology, 24*, 3-32.

Harder, J. W. (1991). Equity theory versus expectancy theory. The care of mayor league basebal free agents. *Journal of Applied Psychology, 76*, 458-464.

Harkins, S. G. & Jackson, J. M. (1985). The role of evaluation in eliminating social loafing. *Personality and Social Psychology Bulletin*, 11, 457-465.

Harris, M. B. & Huang, L. C. (1974). Aggression and the attribution process. *Journal of Social Psychology, 92*, 209-216.

Hartmann, P. H. (1999). *Lebensstilforschung. Darstellung, Kritik und Weiterentwicklung*. Opladen: Leske+Budrich.

Hartmann-Tews, I. (1991). Weiblich Körperverhältnisse - Wandel und Kontinuitäten. In N. Schulz & I. Hartmann-Tews (Hrsg.), *Frauen und Sport* (S. 146-162). St. Augustin: Academia.

Hatfield, E., Utne, M. K. & Traupmann, J. (1979). Equity theory and intimate relationships. In R. L. Burgess & T. L. Huston (Eds.), *Social Exchange in Developing Relationships* (pp. 99-131). New York: Academic Press.

Haubl, R. (1998). Des Kaisers neue Kleider? Struktur und Dynamik der Erlebnisgesellschaft. *Brennpunkte der Sportwissenschaft, 5*, 5-27.

Heaton, A. W. & Sigall, H. (1991). Self-consciousness, self-presentation, and performance under pressure: Who chokes, and when? *Journal of Applied Social Psychology, 21*, 175-188.

Heider, F. (1944). Social perception and phenomenal causality. *Psychological Review, 51*, 358-374.

Heinemann, K. (1999). *Einführung in die Soziologie des Sports* (4. Aufl.). Schorndorf: Hofmann.

Heinemann, K. & Dietrich, K. (1989). *Der nicht-sportliche Sport - Beiträge zum Wandel im Sport*. Schorndorf: Hofmann.

Heinemann, K. & Schubert, M. (1994). *Der Sportverein*. Schorndorf: Hofmann.

Heitmeyer, W. (1993). Gesellschaftliche Desintegrationsprozesse als Ursachen von fremdenfeindlicher Gewalt und politischer Paralysierung. *Aus Politik und Zeitgeschichte*, 2-3.

Heitmeyer, W. (1995). *Gewalt*. Weinheim: Juventa.

Heitmeyer, W. & Peter, A. (1988). *Jugendliche Fußballfans*. Weinheim: Juventa.

Henss, R. (1992). *Spieglein, Spieglein an der Wand... Geschlecht, Alter und physische Attraktivität*. München: PVU.

Hinde, R. A. (1992). Auf dem Weg zu einer Wissenschaft zwischenmenschlicher Beziehungen. In A. E. Auhagen & M. Salisch (Hrsg.), *Zwischenmenschliche Beziehungen* (S. 7-36). Göttingen: Hogrefe.

Hirt, E. R., Zillmann, D., Erickson, G. A. & Kennedy, C. (1992). Costs and benefits of allegiance: Changes in fans` self-ascribed competencies after team victory versus defeat. *Journal of Personality and Social Psychology, 63*, 724-738.

Hoffmann, A. (2003). *Jugendliche Freizeitstile: Dynamisch, integrativ und frei wählbar*. Berlin: Logos.

Hofmann, H. (1912). Fußballsport und Publikum. In DFB (Hrsg.), *Deutsches Fußballjahrbuch*. Frankfurt/M.: DSB.

Hogg, M. A. (1996). Intragroup processes, group structure and social identity. In W. P. Robinson (Eds.), *Social groups and identities. Developing the legacy of Henry Tajfel* (pp. 65-93). Oxford: Butterworth-Heinemann.

Hohner, A. (1985). Bodybuilding als Sinnsystem. *Sportwissenschaft, 15*, 155-169.

Hornby, N. (1992). *Fever Pitch*. London: Gollancz.

Hurrelmann, K. (1985). *Lebensphase Jugend*. Weinheim: Juventa.

Ingelhard, R. (1977). *The silent revolution*. Princeton, NY: University Press.

Inglis, R. A. (1938). An objective approach to the relation between fiction and society. *American Sociological Review, 3*, 526-533.

Iso-Ahola, S. E. (1977). Immediate attributional effects of success and failure in the field: Testing some laboratory hypotheses. *European Journal of Social Psychology, 7,* 275-296.

Iso-Ahola, S. E. & Hatfield, B. (1985). *Psychology of sports.* Dubuque, IA: Brown.

Iyengar, S. & Kinder, D. (1987). *News that matter.* Chicago, IL: Chicago University Press.

James, W. (1890). *Principles of psychology* (Vol. I). New York: Holt.

Janis, J. L. & Mann, L. (1977). *Decision making: A psychological analysis of conflict, choice and commitment.* New York: Free Press.

Johns, D. P., Lindner, K. J. & Wolko, K. (1990). Understanding attrition in female competitive gymnastics: Applying social exchange theory. *Sociology of Sport Journal, 7,* 154-171.

Jonas, K., Eagly, A. & Stroebe, W. (1994). Attitudes and persuasion. In A. Colmann (Eds.), *Companion encyclopaedia of psychology,* Vol. 2 (pp. 775-793). London: Routledge.

Jones, E. E. & Nisbett, R. E. (1972). The actor and the observer: Divergent perceptions of the causes of behavior. In E. E. Jones, D. E. Kanouse, H. H. Kelley, R. E. Nisbett, S. Valins & B. Weiner (Eds.), *Attribution: Perceiving the causes of behavior* (pp. 79-94). Morristown, NJ: General Learning Press.

Jones, E. E. & Young, F. W. (1972). Structure of a social environment: longitudinal individual differences scaling of an intact group. *Journal of Personality and Social Psychology, 24,* 108-121.

Josephson, W. L. (1987). Televison violence and children's aggression: Testing the priming, social script, and disinhibition predictions. *Journal of Personality and Social Psychology, 53,* 882-890.

Jugendwerk der Deutschen Shell AG (1997). *Jugend 97: Zukunftsperspektiven, Gesellschaftliches Engagement, Politische Orientierungen.* Opladen: Leske & Budrich.

Jurkovac, T. (1985). *Collegiate basketball players' perceptions of the home advantage.* Unpublished master's thesis, Bowling Green State University, Bowling Green, OH.

Jütting, D. H. (1986). *Standpunkte und Perspektiven zur Ehrenamtlichkeit im Sport.* Münster: UF.

Jütting, D. H. (1999). *Sportvereine in Europa zwischen Markt und Staat.* Münster: Lit.

Kahneman, D. & Tversky, A. (1982). The simulation heuristic. In D. Kahneman, P. Slovic & A. Tversky (Eds.), *Judgment under uncertainty: Heuristics and biases* (pp. 201-208). New York: Cambridge University Press.

Kahneman, D., Slovic, P. & Tversky, A. (1982). *Judgment under uncertainity: Heuristics and biases.* Cambridge, MA: Cambridge University Press.

Kamper, D. & Wulf, C. (Hrsg.). (1982). *Die Wiederkehr des Körpers.* Frankfurt/M.: Suhrkamp.

Kanazawa, S. (1992). Outcome or expectancy? Antecedent of spontaneous causal attribution. *Personality and Social Psychology Bulletin, 18,* 659-668.

Kaschuba, W. (1989). Sportivität: Die Karriere eines neuen Leitwertes. *Sportwissenschaft, 19,* 154-171.

Kelley, H. H. (1972). *Causal schemata and the attribution process.* New York: General Learning Press.

Kelley, H. H. & Thibaut, Z. W. (1978). *Interpersonal relations: A theory of interdependence.* New York: Wiley.

Kelly, G. (1955). *The psychology of personal constructs.* New York: Norton.

Kerr, J. H. (1998). *Understanding soccer hooliganism.* Buckingham: Open University Press.

Keupp, H. (1995). Solidarisch und doch frei – für eine kommunitäre Individualität. *Psychologie heute, 22 (7),* 50-55.

Klages, H. (1985). *Wertorientierungen im Wandel. Rückblick, Gegenstandsanalyse, Prognosen.* Frankfurt/M.: Campus.

Kolip, P. (1994). *Geschlecht und Gesundheit im Jugendalter.* Opladen: Leske & Budrich.

Kopiez, R. & Brink, G. (1998). *Fußballfangesänge.* Würzburg: Königshausen.

Kreckel, R. (1983). Zur Theorie sozialer Ungleichheiten. *Kölner Zeitschrift für Soziologie und Sozialpsychologie, 43,* 617-648.

Kühn, H. (1994). *Healthismus. Eine Analyse der Präventionspolitik und Gesundheitsförderung in den USA.* Berlin: edition sigma.

Kühn, H. (1999). Eine neue Gesundheitsmoral? Anmerkungen zur lebensstilbezogenen Prävention und Gesundheitsförderung. In W. Schlicht & H.-H. Dickhuth (Hrsg.), *Gesundheit für Alle: Fiktion oder Realität* (S. 205-224). Schorndorf: Hofmann

Kurz, D., Sack, H.-G. & Brinkhoff, K.-P. (1996). *Kindheit, Jugend und Sport in Nordrhein-Westfalen. Der Sportverein und seine Leistungen.* Düsseldorf: Sylvia Moll.

Laireiter, A. (1993). *Soziales Netzwerk und soziale Unterstützung.* Bern: Huber.

Lamprecht, M. & Stamm, H. (1994). *Die soziale Ordnung der Freizeit. Soziale Unterschiede im Freizeitverhalten der Schweizer Wohnbevölkerung.* Zürich: Seismo.

Lamprecht, M. & Stamm, H. (1998). Vom avantgardistischen Lebensstil zur Massenfreizeit. Eine Analyse des Entwicklungsmusters von Trendsportarten. *Sportwissenschaft, 28,* 370-387.

Langer, E. (1975). The illusion of control. *Journal of Personality and Social Psychology, 32,* 311-328.

Lasswell, H. D. (1927). The theory of political propaganda. *American Political Science Review, 21,* 627-631.

Latané, B., Williams, K. D. & Harkins, S. G. (1979). Many hands make light the work: The causes and consequence of social loafing. *Journal of Personality and Social Psychology, 37,* 822-832.

Lau, R. R. & Russell, D. (1980). Attributions in the sports pages. *Journal of Personality and Social Psychology, 39,* 29-38.

Lazarsfeld, P. F., Berelson, B. & Gaudet, H. (1944). *The people's choice.* New York: Meredith.

Lazarus, M. & Steinthal, H. (1860). Einleitende Gedanken zur Völkerpsychologie und Sprachwissenschaft. *Zeitschrift für Völkerpsychologie und Sprachwissenschaft, 1,* 1-73.

LeBon, G. (1895). *Psychologie des foules.* Paris: Alcan.

Lederer, G. (1983). *Jugend und Autorität. Über den Einstellungswandel zum Autoritarismus in der Bundesrepublik Deutschland und den USA.* Opladen: Westdeutscher Verlag.

Lee, M. J. (1985). Self esteem and social identity in basketball: A closer look at Basking-in-Reflected-Glory. *Journal of Sport Behaviour, 8,* 210- 223.

Lehman, D. R. & Reifman, A. (1987). Spectator influence on basketball officiating. *Journal of Social Psychology, 127,* 673-675.

Leinemann, J. (1997). *Sepp Herberger. Ein Leben - eine Legende.* Berlin: Rowohlt.

Lenk, H. (1966). Maximale Leistung trotz innerer Konflikte. *Sonderheft der Zeitschrift für Soziologie und Sozialpsychologie, 10,* 168-172.

Lenski, G. (1954). Status crystallisation: A non-vertical dimension of social status. *American Sociological Review, 19,* 405-413.

Leppin, A. (1994). *Bedingungen des Gesundheitsverhaltens. Risikowahrnehmung und persönliche Ressourcen.* Weinheim: Juventa.

Levin, D. S., Smith, E. A., Caldwell, L. L. & Kimbrough, J. (1995). Violence and high school sports participation. *Pedriatic Exercise Science, 4,* 379- 388.

Levinger, G. & Snoek, J. D. (1972). *Attraction in relationships.* Morristown, NJ: General Learning Press.

Lewin, K. (1948). *Resolving social conflicts: Selected papers on group dynamics.* New York: Harper and Row.

Lewin, K., Lippitt, R. & White, R. K. (1939). Patterns of aggressive behavior in experimentally created "social climates". *Journal of Social Psychology, 10,* 271-299.

Lewis, B. P. & Linder, D. E. (1997). Thinking about choking? Attentional processes and paradoxial performance. *Personality and Social Psychology Bulletin, 23,* 937-944.

Liebau, E. (1989). „In-Form-Sein" als Entwicklungsziel? Pädagogische Überlegungen zur Sportkultur. *Sportwissenschaft, 19,* 139-153.

Lippmann, W. (1989). *Die öffentliche Meinung.* Bochum: Brodemeyer.

Lord, R. G. & Hohenfield, J. A. (1979). Longitudinal assessment of equity effects on the performance of major league baseball players. *Journal of Applied Psychology, 64,* 19-26.

Lorenz, K. (1963). *Das sogenannte Böse.* Wien: Borotha-Schoeler.

Lüschen, G. (1963). Soziale Schichtung und Mobilität bei jungen Sportlern. *Kölner Zeitschrift für Soziologie und Sozialpsychologie, 15,* 74-93.

Lüschen, G. (1964). Die gesellschaftliche Funktion des modernen Sports. *Krankengymnastik, 64,* 2.

Lüschen, G. (1984). Status crystallisation, social class, integration and sport. *International Review for Sociology of Sport, 19,* 283-291.

Maddux, J. E. & Rogers, R. W. (1993). Protection motivation theory and self-efficacy: A revised theory of fear appeals and attitude change. *Journal of Experimental Social Psychology, 19,* 469-479.

Maletzke, G. (1963). *Psychologie der Massenkommunikation.* Hamburg: Hans-Bredow-Institut.

Mann, L. (1974). On being a sore loser: How fans react to their team's failure. *Australian Journal of Psychology, 26,* 37-47.

Mann, L. (1979). Sport crowds viewed from the perspective of collective behavior. In J. H. Goldstein (Ed.), *Sport, games, and play* (pp. 337-368). Hillsdale, NJ: Erlbaum.

Marsh, H. W. & Redmayne, R. S. (1994). A multidimensional physical self-concept and its relations to multple components of physical fitness. *Journal of Sport and Exercise Psychology, 16,* 43-55.

Marsh, H. W. & Shavelson, R. J. (1985). Self-concept: Its multifaceted, hierarchical structure. *Educational Psychologist, 20,* 107-125.

Marsh, P. (1978). *Aggro: the illusion of violence.* London: Dent.

Martin, M. B. & Anshel, M. H. (1995). Effect of self monitoring strategies and task complexity on motor performance and affect. *Journal of Sport and Exercise Psychology, 17,* 153-170.

McAndrew, F. T. (1992). The home advantage in individual sports. *Journal of Social Psychology, 3,* 401-403.

McCombs, M. E. & Shaw, D. L. (1972). The agenda-setting function of mass media. *Public Opinion Quarterly, 36,* 176-187.

McGuire, E. J., Courneya, K. S., Widmeyer, W. N. & Carron, A. V. (1992). Aggression as a potential mediator of the home advantage in professional ice hockey. *Journal of Sport and Exercise Psychology, 14,* 148-158.

McGuire, W. J. (1972). Attitude change: The information - processing paradigm. In C. G. McClintock (Ed.), *Experimental social psychology* (pp. 108-141). New York: Holt, Rinehart & Winston.

McPherson, B. (1976). Socialisation into the role of sport consumer. *Canadian Review of Sociology and Anthropology, 13,* 165-177.

Mead, G. H. (1934). *Mind, self and society.* Chicago, IL: University of Chicago Press.

Mead, G. H. (1968). *Geist, Identität und Gesellschaft.* Frankfurt/M.: Suhrkamp.

Medvec, V. H., Madey, S. F & Gilovich, T. (1995). When less is more: Counterfactual thinking and satisfaction among olympic medalists. *Journal of Personality and Social Psychology, 69,* 603-610.

Menze-Sonneck, A. (1998). *Mädchen und junge Frauen im Sportverein.* Schorndorf: Hofmann.

Merten, K. (1994). Wirkungen von Kommunikation. In K. Merten, S. J. Schmidt & S. Weischenberg (Hrsg.), *Die Wirklichkeit der Medien* (S. 291-328). Opladen: Westdeutscher Verlag.

Messing, M. & Lames, M. (1996). *Zur Sozialfigur des Sportzuschauers.* Niedernhausen: Schors.

Milardo, R. M., Johnson, & Huston, T. L. (1982). Friendship networks in developing relationships: Converging and diverging social environments. *Journal of Personality and Social Psychology, 44,* 964-976.

Milgram, S. (1963). Behavioral study of obedience. *Journal of Abnormal and Social Psychology, 67,* 317-378.

Miller, N. E., Sears, R. R., Mowrer, O. H., Doob, L. W. & Dollard, J. (1941). The frustration-aggression hypothesis. *Psychological Review, 48,* 337- 342.

Moede, W. (1920). *Experimentelle Massenpsychologie.* Leipzig: Hirzel.

Möller, J. (1994a). Attributionsforschung im Sport - ein Überblick (Teil 1). *psychologie und sport, 1,* 82-93.

Möller, J. (1994b). Attributionsforschung im Sport - ein Überblick (Teil 2). *psychologie und sport, 1,* 149-156.

Möller, J. & Strauß, B. (1997a). Before and after German reunification: Changes in observers' commentaries on achievements in a natural experiment. *Journal of Applied Social Psychology, 27,* 73-91.

Möller, J. & Strauß, B. (1997b). Bedingungen kontrafaktischen und attributionalen Denkens. *Sprache & Kognition, 16,* 110-117.

Moore, J. T. & Brylinsky, J. (1993). Spectator effect on team performance in college basketball. *Journal of Sport Behavior, 16,* 77-84.

Moore, J. T. & Brylinsky, J. (1995). Facility familiarity and the home advantage. *Journal of Sport Behavior, 18,* 302-311.

Moreno, J. L. (1937). Sociometry in relation to other social sciences. *Sociometry: A Journal of Research in Social Psychology, 1,* 369-378.

Moscovici, S. (1981). On social representations. In J. P. Forgas (Ed.), *Social cognition: Perspectives on every day understanding.* London: Academic Press.

Moser, K. (1996). *Commitment in Organisationen.* Bern: Huber.

Mrazek, K. (1984). Die Ver-Körperung des Selbst. *Psychologie Heute, 11 (2),* 50-58.

Mrazek, K. & Hartmann, I. (1989). Selbstkonzept und Körperkonzept. In W.-D. Brettschneider, J. Baur, & M. Bräutigam (Hrsg.), *Bewegungswelt von Kindern und Jugendlichen* (S. 218-230). Schorndorf: Hofmann.

Mullen, B. & Copper, C. (1994). The relation between group cohesiveness and performance: An integration. *Psychological Bulletin, 115,* 210-227.

Mullen, B. & Riordan, C. A. (1988). Self-serving attributions for performance in naturalistic settings: A meta-analytic review. *Journal of Applied Social Psychology, 18,* 3-22.

Müller, H.-P. (1995). *Sozialstruktur und Lebensstile.* Frankfurt/M.: Suhrkamp.

Mummendey, A. (1996). Aggressives Verhalten. In W. Stroebe, M. Hewstone & G. M. Stephenson (Hrsg.), *Sozialpsychologie* (S. 421-454). Berlin: Springer.

Mummendey, A., Bornewasser, M., Löpscher, G. & Linneweber, V. (1982). Aggressiv sind immer die anderen. Plädoyer für eine sozialpsychologische Perspektive in der Aggressionsforschung. *Zeitschrift für Sozialpsychologie, 13,* 177-193.

Mummendey, A. & Simon, B. (1997). Identität und Verschiedenheit. *Zur Sozialpsychologie der Identität in komplexen Gesellschaften.* Bern: Huber.

Mummendey, H.-D. (1995). *Psychologie der Selbstdarstellung.* Göttingen: Hogrefe.

Mummendey, H.-D. & Mielke, R. (1989). *Die Selbstdarstellung des Sportlers.* Schorndorf: Hofmann.

Murray, H. A. (1938). *Explorations in personality.* New York: Oxford University Press.

Nagel, S. (1998). Partizipation Jugendlicher im Sportverein. *Sportwissenschaft, 28,* 178-194.

Nevill, A. M., Balmer, N. J. & Williams, A. M. (2002). The influence of crowd noise and experience upon refereeing decisions in football. *Psychology of Sport and Exercise, 3,* 261-272.

Nevill, A, M. Newell, S. M. & Gale, S. (1996). Factors associated with home advantage in English and Scottish soccer matches. *Journal of Sport Sciences, 14,* 181-186.

Noelle-Neumann, E. (1974). The spiral of silence. *Journal of Communication, 24,* 43-51.

Opaschowski, H. W. (1987) *Sport in der Freizeit.* Hamburg: BAT.

Opper, E. (1998). *Sport. Ein Instrument zur Gesundheitsförderung für Alle?* Aachen: Meyer & Meyer.

Orbach, I., Singer, R. N. & Price, S. (1999). An attribution training program and achievement in sport. *The Sport Psychologist, 13,* 69-82.

Osnabrügge, G., Stahlberg, D. & Frey. D. (1985). Die Theorie der kognizierten Kontrolle. In D. Frey & M. Irle (Hrsg.), *Motivations- und Informationsverarbeitungstheorien* (S. 127-174). Bern: Huber.

Pace, A. & Carron, A. V. (1992). Travel and the home advantage in the National Hockey League. *Canadian Journal of Sport Sciences, 51,* 60-64.

Paskevich, D., Estrabrooks, P. A., Brawley, L. R. & Carron, A. V. (2001). Group Cohesion in Sport and Exercise. In R. N. Singer, H. A. Hausenblas & C. M. Janelle (Hrsg.), *Handbook of Sport Psychology* (pp. 472-494). New York: Wiley.

Petty, R. E. & Cacioppo, J. T. (1986). The elaboration likelihood model of persuasion. In L. Berkowitz (Ed.), *Advances in experimental Social Psychology 19.* Orlando, FL: Academic Press.

Petty, R. E., Baker, S. M. & Gleicher, F. (1991). Attitudes and drug abuse prevention: Implications of the Elaboration Likelihood Model of Persuasion. In L. Donohew, H. E. Sypher & W. J. Bukowski (Eds.), *Persuasive Communication and drug abuse prevention* (pp. 71-92). Hillsdale, NJ: Erlbaum.

Pfetsch, F. R. (1975). *Soziale Ungleichheit? Leistungssport und Gesellschaftssystem: sozialpolitische Faktoren im Leistungssport. Die Bundesrepublik Deutschland im internationalen Vergleich.* Schorndorf: Hofmann.

Pilz, G. A. (2002). „Was leisten Fan-Projekte?". *Spectrum der Sportwissenschaften, 14 (1),* 101-113.

Plessner, H. & Raab, M. (1999). Kampf- und Schiedsrichterurteile als Produkte sozialer Informationsverarbeitung. *psychologie und sport, 6,* 130-145.

Pollard, R. (1986). Home advantage in soccer: A retrospective analysis. *Journal of Sport Sciences, 4,* 237-248.

Prentice, D. A. & Miller, D. T. (2002). The emergence of homegrown stereotypes. *American Psychologist, 57,* 352-359.

Rabbie, J. M. & Horowitz, M. (1969). Arousal of ingroup-outgroup bias by a chance win or loss. *Journal of Personality and Social Psychology, 13*, 269-277.

Reinhard, M. A., Jinschek, R. & Diehl, M. (1999). Wir haben die Tour de France gewonnen. *Zeitschrift für Sozialpsychologie, 30*, 259-261.

Rejeski, W., Darracott, C. & Hutslar, S. (1979). Pygmalion in youth sport: A field study. *Journal of Sport Psychology, 1*, 311-319

Rheinberg, F. (2002). *Motivation.* Stuttgart: Kohlhammer.

Ringelmann, M. (1913). Recherches sur les moteurs animés: Travail de l'homme. *Annales de l'Institut National Agronomique, 7* (2), 1-40.

Rittner, V. (1985). Sport und Gesundheit. Zur Ausdifferenzierung des Gesundheitsmotivs im Sport. *Sportwissenschaft, 15*, 136-154.

Rittner, V. (1995). Sport in der Erlebnisgesellschaft. In H. Allmer & N. Schulz (Hrsg.), *Brennpunkte der Sportwissenschaft.* St. Augustin: Academia.

Rittner, V. (1996). Körper und Identität. *Pädagogisches Forum, 5*, 435-441.

Rodin, J., Rennert, K. & Solomon, S. K. (1980). Intrinsic motivation für control. In A. Baum & E. Singer (Eds.), *Advances in Envionmental Psychology.* Vol. 2. Hillsdale, NJ: Erlbaum.

Roese, N. (1994). The functional basis of counterfactual thinking. *Journal of Personality and Social Psychology, 66*, 805-818.

Roese, N. & Maniar, S. D. (1997). Perceptions of Purple: Counterfactual and hindsight jugdments at Northwestern Wildcats Football games. *Personality and Social Psychological Bulletin, 23*, 1245-1253.

Roese, N. & Olson, J. M. (Eds.). (1995). *What might have been: The social psychology of counterfactual thinking.* Hillsdale, NJ: Erlbaum.

Rokeach, M. (1968). *Beliefs, attitudes, and values.* San Fransico, CA: Jossey-Bass.

Rosenberg, M. J. & Hovland, C. I. (1960). Cognitive, affective, and behavioral components of attitudes. In M. J. Rosenberg & C. I. Hovland, W. J. McGuire, R. P. Abelson & J. W. Brehm (Eds.), *Attitude organization and change: An analysis of consistency among attitude components* (pp. 1-14). New Haven, CT: Yale University Press.

Rosengreen, K. E., Wenner, L. A. & Palmgreen, P. (Hrsg.). (1985). *Media gratifications research: Current perspectives.* Beverly Hills, CA: Sage.

Rosenthal, R. & Jacobsen, L. (1968). *Pygmalion in the classroom.* New York: Holt, Rinehart & Winston.

Röthlisberger, C. & Calmonte, R. (1996). Sportliche Aktivität, personale Ressourcen und Belastungen von Adoleszenten. *Zeitschrift für Gesundheitspsychologie, 3*, 209-223.

Röthlisberger, C., Calmonte, R. & Seiler, R. (1997). Sport, Stress und emotionaler Rückhalt als Determinanten von Gesundheit und Lebenszufriedenheit bei Adoleszenten - eine zweijährige Longitudinalstudie. *psychologie und sport, 4*, 92-101.

Rowland, G. L., Franken, R. E. & Harrison, K. (1986). Sensation seeking and participation in sporting activities. *Journal of Sport Psychology, 8*, 212-220.

Rubin, A. M. & Rubin, R. B. (1982). Older persons'TV viewing patterns and motivations. *Communication Research, 9*, 287-313.

Rühle, A. (2000). Sportprofile im deutschen Fernsehen. *Media Perspektiven, 11*, 499-510.

Rusbult, C. E. (1988). Commitment in close relationships: The investment model. In L. A. Peplau, D. O. Sears, S. E. Taylor & J. L. Freedman (Eds.), *Readings in social psychology: Classic and contemporary contributions* (pp. 147-157). Englewood Cliffs, NJ: Prentice Hall.

Rusbult, C. E., Johnson, D. J. & Morrow, G. D. (1986). Predicting satisfaction and commitment in adult romantic involvements: In assessment of the generalizability of the investment model. *Social Psychology Quarterly, 49*, 81-89.

Russel, J. A. (1983). Pancultural aspects of human coonceptual organization of emotions. *Journal of Personality and Social Psychology, 45*, 1281-1288.

Russell, G. W. (1983). Crowd size and density in relation to athletic aggression and performance. *Social Behavior and Personality, 11*, 9-15.

Russell, G. W. (1993). *The social psychology of sport.* New York: Springer.

Rütten, A. (1989). Strukturmodelle und Meßmethoden in der Kristallisationstheorie. *Sportwissenschaft, 19*, 279-310.

Sallis, J. F., Hovell, M. F., Hofstetter, C. R. & Barrington, E. (1992). Explanation of vigorous physical activity during two years using social learning variables. *Social Science and Medicine, 34*, 25-32.

Salminen, S. (1993). The effect of the audience on the home advantage. *Perceptual and Motor Skills, 76*, 1123-1128.

Scanlan, T., Simons, J-P., Carpenter, P. J., Schmidt, G. W. & Keeler, B. (1993). The sport commitment model: measurement development for the youth–sport domain. *Journal of Sport and Exercise Psychology, 15*, 16-38.

Schellenberger, B. (1981). The significance of social relations in sport activity. *International Review of Sport Sociology, 16*, 69-77.

Schenk, M. (1987). *Medienwirkungsforschung.* Tübingen: Mohr.

Schlagenhauf, K. (1977). *Sportvereine in der Bundesrepublik Deutschland (Teil I: Strukturelemente und Verhaltensdeterminanten im organisierten Freizeitbereich).* Schorndorf: Hofmann.

Schlenker, B. R. (1986). Self-Identification: Toward an integration of the private and public self. In R. Baumeister (Ed.), *Public self and private self* (pp. 21-62). New York: Springer.

Schlenker, B. R., Philipps, S. T., Boniecki, K. A. & Schlenker, D. R. (1995). Championship pressures: Choking or triumphing in one's own territory. *Journal of Personality and Social Psychology*, 68, 632-643.

Schlicht, W. (1994). *Sport und Primärprävention*. Göttingen: Hogrefe.

Schlicht, W. (1995). *Wohlbefinden und Gesundheit durch Sport*. Schorndorf: Hofmann.

Schlicht, W. (1997). *Sport in der Adoleszenz*. Tübingen: Unveröffentlichtes Manuskript.

Schlicht, W. (1998). Sportliche Aktivität und Gesundheitsförderung. In K. Bös & W. Brehm (Hrsg.), *Gesundheitssport. Ein Handbuch* (S. 44-51). Schorndorf: Hofmann.

Schlicht, W. (1999a). Meta-Analysen. In B. Strauß, H. Haag & M. Kolb (Hrsg.), *Datenanalyse in der Sportwissenschaft* (S. 519-532) Schorndorf: Hofmann.

Schlicht, W. (1999b). Vereinsarbeit mit Heranwachsenden: Alltagsbewältigung durch Netzwerkförderung. In M. Krüger (Hrsg.), *Innovation aus Tradition* (S. 78-82). Schorndorf: Hofmann.

Schlicht, W. (2000). Gesundheitsverhalten im Alltag. Auf der Suche nach einem Paradigma. *Zeitschrift für Gesundheitspsychologie*, 8, 49-60.

Schlicht, W. (2001). Theory of planned behavior. In R. Schwarzer, M. Jerusalem & H. Weber (Hrsg.), *Gesundheitspsychologie von A bis Z*. Göttingen: Hogrefe.

Schlicht, W., Bläse, G. & Schmitz, A. (1998). *Werteentwicklung im Jugendalter*. Schorndorf: Hofmann.

Schlicht, W., Kanning, M. & Bös, K. (in Druck). Psychosoziale Interventionen zur Beeinflussung des Risikofaktors Bewegungsmangel: Theoretische Modelle und praktische Evidenzen. In J. Jordan, B. Bardé & M Zeiher (Hrsg.). *Statuskonferenz Psychokardiologie*. Frankfurt/M.: VAS.

Scholz, M. & Kaltenbach, M. (1995). Zigaretten - Alkohol - und Drogenkonsum bei 12 - 13 jährigen Jugendlichen - Eine anonyme Befragung bei 2979 Schülern. *Zeitschrift für Gesundheitswissenschaften, 57*, 339-344.

Schulz-Hardt, S. & Frey, D. (2000). Gelernte Sorglosigkeit als Zukunftshemmnis. In J. Möller, B. Strauß & S. Jürgensen (Hrsg.), *Psychologie und Zukunft* (S. 189-218). Göttingen: Hogrefe.

Schulze, G. (1993). *Die Erlebnisgesellschaft*. Frankfurt/M.: Campus.

Schurr, K. T., Wittig, A. F., Ruble, V. E. & Ellen, A. S. (1987). Demographic and personality characteristics associated with persistent, occasional, and nonattendence of university male basketball games by college students. *Journal of Sport Behavior, 11,* 3-17.

Schwartz, B. & Barsky, S. F. (1977). The home advantage. *Social Forces, 55,* 641-661.

Schwarz, N. & Bless, H. (1992). Constructing reality and its alternatives: An inclusion/ exclusion model of assimilation and contrast effects in social judgement. In L. L. Martin & A. Tesser (Eds.), *The construction of social judgements* (pp. 217-245). Hillsdale, NJ: Erlbaum.

Schwarz, N. & Clore, G. (1983). Mood, misattribution and judgments of well-being. *Journal of Personality and Social Psychology, 45,* 513-523.

Schwarz, N., Strack, F., Kammer, D. & Wagner, D. (1987). Soccer, rooms, and the quality of your life: Mood effects on jugdements of satisfaction with life in general and with specific domains. *European Journal of Social Psychology, 17,* 69-79.

Schwarzer, R. (1996). *Psychologie des Gesundheitsverhaltens.* Göttingen: Hogrefe.

Schwarzer, R. & Leppin, A. (1989). *Sozialer Rückhalt und Gesundheit.* Göttingen: Hogrefe.

Schwarzer, R. & Renner, B (2001). Social-cognitive predictors of health behavior: Action self-efficacy and coping self-efficacy. *Health Psychology, 19,* 487-495.

Schweitzer, K., Zillmann, D., Weaver, J. B. & Luttrell, E. S. (1992). Perception of threatening events in the emotional aftermath of a televised college football game. *Journal of Broadcasting and Electronic Media, 36,* 75-82.

Schwier, J. (Hrsg.). (2002). *Mediensport.* Hohengehren: Schneider.

Shavelson, R. J., Hubner, J. J. & Stanton, G. C. (1976). Self-concept validation of construct interpretations. *Review of Educational Research, 46,* 407-441.

Seta, J. J. & Seta, C. E. (1983). The impact of personal equity processes on performance in a group setting. In P. B. Paulus (Ed.), *Basic group processes* (pp. 121-147). New York: Springer.

Sherif, M. (1966). *In common predicament: Social psychology of intergroup conflict and cooperation.* Boston, MA: Houghton Mifflin.

Sherif, M., White, B. J. & Harvey, O. J. (1955). *Groups in Harmony and Tension: an integration of studies on intergroup relations.* New York: Octagon.

Silbereisen, R. K. (1996). Jugendliche als Gestalter ihrer Entwicklung: Konzepte und Forschungsbeispiele. In R. Schumann–Hengsteler & H. M. Trautner (Hrsg.), *Entwicklung im Jugendalter* (S. 1-18). Göttingen: Hogrefe.

Simmel, G. (1977). *Philosophie des Geldes* (7. Aufl.). Berlin: Duncker & Humblot.

Simmel, G. (1998). *Soziologische Ästhetik.* Darmstadt: WBG

Sipes, R. G. (1973). War, sports, and aggression. *American Anthropologist, 75,* 64-86.

Sloan, L. R. (1979). The function and impact of sports for fans: A review of theory and contemporary research. In J. H. Goldstein (Ed.), *Sports, games, and play* (pp. 219-262). Hillsdale, NJ: Erlbaum.

Smith, A. L. (1999). Perception of peer relationships and physical activity participation in early adolescents. *Journal of Sport and Exercise Psychology, 21,* 329-350.

Smith, M. (1983). What is sports violence? A sociological perspective. In J. H. Goldstein (Eds.), *Sports violence* (pp. 33-46). Hillsdale, NJ: Erlbaum.

Smith, R. E., Smoll, F. L. & Hunt, E. (1977). A system for the behavioural assessment of athletic coaches. *Research Quarterly, 48,* 401-407.

Snyder, C. R., Lassegard, M. A. & Ford, C. E. (1986). Distancing after group success and failure: Basking in reflecting glory and cutting of reflecting failure. *Journal of Personality and Social Psychology, 51,* 382-388.

Snyder, M. (1974). The self-monitoring of expressive behavior. *Journal of Personality and Social Psychology, 30,* 526-537.

Späth, U. & Schlicht, W. (2000). Sportliche Aktivität und Selbst- und Körperkonzept in der Phase der Pubeszenz. *psychologie und sport, 7,* 51-66.

Stahlberg, D., Osnabrügge, D. & Frey, D. (1985). Die Theorie des Selbst-wertschutzes und der Selbstwerterhöhung. Motivations- und Informationsverarbeitungstheorien. In D. Frey & M. Irle (Hrsg.), *Theorien der Sozialpsychologie. Bd. 3* (S. 79-124). Bern: Huber.

Stark, K. & Guggenmos-Holzmann, J. (1997). Wissenschaftliche Ergebnisse deuten und nutzen. In W. F. Schwarz, B. Badura, R. Leidl, H. Rarpe & J. Siegrist (Hrsg.), *Das Public Health Buch* (S. 284-309). München: Urban & Schwarzenberg.

Staudinger, U. M. & Greve, W. (1997). Das Selbst im Lebenslauf: Brückenschläge und Perspektivenwechsel zwischen entwicklungs- und sozialpsychologischen Zugängen. *Zeitschrift für Sozialpsychologie, 28,* 3-18.

Steffgen, G. & Schwenkmezger, P. (1995). *Jugend und sportliche Aktivität.* Bonn: Holos.

Steiner, I. (1972). *Group process and productivity.* New York: Academic Press.

Steinkamp, G. (1999). Soziale Ungleichheit in Mortalität und Morbidität. In W. Schlicht & H. H. Dickhuth (Hrsg.), *Gesundheit für Alle: Fiktion oder Realität* (S. 101-154). Schorndorf: Hofmann.

Stollenwerk, H. J. (1996). *Sport - Zuschauer - Medien.* Aachen: Meyer & Meyer.

Staub, E. (1989). *The roots of evil.* Cambridge, MA: Cambridge University Press.

Strauß, B. (1995). Die Messung der Identifikation mit einer Sportmannschaft: Eine deutsche Adaptation der "Team Identification Scale" von Wann und Branscombe. *psychologie und sport, 2,* 132-145.

Strauß, B. (1997). Choking under pressure: Positive öffentliche Erwartungen und Leistungsminderungen. *Zeitschrift für Experimentelle Psychologie, 44,* 636-655.

Strauß, B. (1999). *Wenn Fans ihre Mannschaft zur Niederlage klatschen...* Lengerich: Pabst.

Strauß, B. (2000). Sind Silbermedaillengewinner doch glücklicher als Bronzeme-daillengewinner? *psychologie und sport, 7,* 90-95.

Strauß, B. (2002a). Über den Heimvorteil. *Spectrum der Sportwissenschaften, 14(2),* 70-90.

Strauß, B. (2002b). Social facilitation in motor tasks. *Psychology of Sport and Exercise, 3,* 237-256.

Strauß, B. (2002c). The impact of supportive spectator behavior on performance in team sports. *International Journal of Sport Psychology, 32.*

Strauß, B. & Bruhn, C. (1989). Man kann strategisches Denken lernen: Aber ganz einfach ist das nicht. *Sportpsychologie, 3 (3), 5-10.*

Strauß, B., Clausen, M. & Möller, J. (1997). Über generelle Kontext-Effekte hinaus: Wenn Self-monitors einen Self-monitoring Fragebogen beantworten. *Zeitschrift für Sozialpsychologie, 28,* 172-183.

Strauß, B. & Höfer, E. (2001). The home advantage in team sports. In A. Papaioammou, M. Goudas & Y. Theodorakis (Eds.), *Proceedings of the 10th World Congress of Sport Psychology* (Vol. 4, pp. 210-212). Thessaloniki, Greece: Christodoulidi Publications.

Strauß, B. & Jürgensen, S. (1998). Facetten des Zuschauers. In B. Strauß (Hrsg.), *Zuschauer* (S. 7-28). Göttingen: Hogrefe.

Strauß, B. & Menski, S. (in Begutachtung). *Identifikation im Längsschnitt.*

Strauß, B. & Möller, J. (1996). Sprache in der Sportberichterstattung: Leis-tungserklärungen von Sportjournalisten während der Fernsehlivekommentierung. *Medienpsychologie, 8,* 34-48.

Strauß, B. & Tübing, J. (in Begutachtung). *Heimschiedsrichter in der Fußball-bundesliga?*

Strob, B. (1999). *Der vereins- und verbandsorganisierte Sport - Ein Zusam-menschluss von (Wahl)Gemeinschaften?* Münster: Lit.

Stroebe, W. & Jonas, K. (1996). Einstellungen II: Strategien der Einstel-lungsänderung. In W. Stroebe, M. Hewstone, J. P. Codol & G. M. Stephenson (Hrsg.), *Sozialpsychologie. Eine Einführung* (S. 171-204). Heidelberg: Springer.

Tajfel, H. (1978). *Differentiation between social groups.* London: Academic Press.

Tajfel, H. (1981). *Human groups and social categories: Studies in social psychology.* Cambridge, MA: University Press.

Tajfel, H. (1982). Social psychology of intergroup relations. *Annual Review of Psychology, 33,* 1-39.

Tajfel, H., Flament, C., Billig, M. G. & Bundy, R. (1971). Social categorization and intergroup behaviour. *European Journal of Social Psychology, 1,* 149-178.

Tajfel, H. & Turner, J. C. (1979). An integrative theory of intergroup conflict. In W. Austin & S. Worchel (Eds.), *The social psychology of intergroup relations* (pp. xii, 369). Montery, CA: Brooks.

Tedeschi, J. T. & Felson, R. B. (1994). *Violence, aggression and coercive actions.* Washington, DC: American Psychological Association.

Tedeschi, J. T., Lindskold, S. & Rosenfeld, P. (1985). *Introduction to social psychology.* St. Paul, NN: West Publishing Company.

Tedeshi, J. T., Madi, N. & Lyakhovitzky, D. (1998). Die Selbstdarstellung von Zuschauern. In B. Strauß (Hrsg.), *Zuschauer* (S. 93-109). Göttingen: Hogrefe.

Teipel, D., Kemper, R. & Heinemann, D. (1999). *Beanspruchung von Schiedsrichtern und Schiedsrichterinnen im Fußball.* Köln: Strauß.

Terry, P. C., Walrond, N. & Carron, A. V. (1998). The influence of game location on athlete's psychological states. *Journal of Science and Medicine in Sport, 1,* 29-37.

Thibaut, J. W. & Kelley, H. H. (1959). *The social psychology of groups.* New York: Urley.

Thirer, J. (1993) Aggression. In R. J. Singer, M. Murphy & L. K. Tennant (Eds.), *Handbook of research on sport psychology* (pp. 365-378). New York: Macmillan.

Thirer, J. & Rampey, M. (1979). Effects of abusive spectator behavior on the performance of home and visiting intercollegiate basketball teams. *Perceptual and Motor Skills, 48,* 1047-1053.

Thomas, W. J. & Znaniecki, F. (1918). *The polish peasant in Europe and America.* Boston, MA: Badger.

Thompson, S. C. (1981). Will it hurt less if I can control it? A complex answer to a simple question. *Psychological Bulletin, 90,* 89-101.

Tichenor, P., Donohue, G. A. & Olien, C. N. (1970). Mass media flow and differential growth in knowledge. *Public Opinion Quarterly, 34,* 159-170.

Thiel, A, (2002). *Konflikte in Sportspielmannschaften des Spitzensports.* Schorndorf: Hofmann.

Tietjens, M. (2001). *Sportliches Engagement und sozialer Rückhalt im Jugendalter.* Lengerich: Pabst.

Tietjens, M. (Hrsg.). (in Druck). *Facetten sozialer Unterstützung.* Göttingen: Hogrefe.

Tönnies, F. (1995). *Gemeinschaft und Gesellschaft. Grundbegriffe der reinen Soziologie.* Darmstadt: Wissenschaftliche Buchgesellschaft.

Triplett, N. (1898). The dynamogenic factors in pacemaking and competition. *American Journal of Psychology, 9,* 507-533.

Treutlein, G., Janalik, H. & Hanke, U. (1989). *Wie Sportlehrer wahrnehmen, denken, fühlen und handeln.* Köln: bps.

Tuckmann, B. W. (1965). Developmental sequence in small groups. *Psychological Bulletin, 63,* 384-399.

Turner, J. C. (1985). Social categorization and the self-concept: A social cognitive theory of group behaviour. In E. J. Lawler (Ed.), *Advances in group processes: Theory and research, (Vol. 2;* pp. 77- 122). Greenwich: JAI-Press.

Turner, R. H. & Kilian, L. M. (1972). *Collective behaviour.* Englewood Cliffs, NJ: Prentice Hall.

Umminger, W. (1992). *Die Chronik des Sports.* Dortmund: Chronik.

Ungar, S. & Sev'er, A. (1989). „Say it ain't so, Ben": Attributions for a fallen hero. *Social Psychology Quarterly, 52,* 207-212.

Varca, P. (1980). An analysis of home and away game performance of male college basketball teams. *Journal of Sport Psychology, 2,* 245-257.

Veiel, H. O. F. & Ihle, W. (1993). Das Copingkonzept und das Unterstützungskonzept: Ein Strukturvergleich. In A. Laireiter (Hrsg.), *Soziales Netzwerk und soziale Unterstützung: Konzepte, Methoden und Befunde* (S. 55-68). Bern: Huber.

Voigt, D. (1978). *Soziale Schichtung im Sport.* Berlin: Bartels und Wernitz.

Volkamer, M. (1971). Zur Aggressivität in konkurrenzorientierten sozialen Systemen. *Sportwissenschaft, 1,* 33-64.

von Richthofen, M. (1995). Vereine: Ein Netzwerk, das allen nützt. *Olympische Jugend, 40,* 6-7.

Wagner, H. (1931). *Sport und Arbeitersport.* Berlin.

Wagner, K. (1994). *Eine sozialpsychologische Analyse von Intergruppenbeziehungen.* Göttingen: Hogrefe.

Wagner, P. (2000). *Aussteigen oder Dabeibleiben.* Darmstadt. WBG.

Wann, D. L. (1995). Preliminary validation of the sport fan motivational scale. *Journal of Sport & Social Issues, 19,* 377-396.

Wann, D. L. & Branscombe, N. R. (1990). Die-hard and fair-weather fans: Effects of identification on BIRGing and CORFing tendencies. *Journal of Sport and Social Issues, 14,* 103-117.

Wann, D. L. & Branscombe, N. R. (1993). Sports fans: Measuring degree of identification with their team. *International Journal of Sport Psychology, 24,* 1-17.

Wann, D. L., Dolan, T. J., McGeorge K. K. & Allison, J. A. (1994). Relationships between spectator identification and spectators` perceptions of influence, spectators` emotions, and competition outcome. *Journal of Sport & Exercise Psychology, 16,* 347-364.

Wann, D. L., Melnick, M. J., Russell, G. W. & Pease, D. G. (2001). *Sport Fans.* London: Routledge.

Wann, D. L., Schrader, M. P. & Wilson, A. M. (1999). Sport fan motivation: Questionnaire validation, comparisions by sport, and relationship to athletic motivation. *Journal of Sport Behavior, 22,* 114-139.

Weber, M. (1972). *Wirtschaft und Gesellschaft.* Tübingen: Mohr.

Weinberg, R. S. & Gould, D. (1999). *Foundations of Sports and Exercise Psychology.* Champaign, IL: Human Kinetics.

Weiner, B. (1974). *Achievement motivation and attribution theory.* Morristown, NJ: General Learning Press.

Weiner, B. (1979). A theory of motivation for some classroom experiences. *Journal of Educational Psychology, 71,* 3-25.

Weiner, B. (1985). "Spontaneous" causal thinking. *Psychological Bulletin, 97,* 74-84.

Weiner, B. (1986). *An attributional theory of motivation and emotion.* New York: Springer.

Weiner, B., Frieze, I. H., Kukla, A., Reed, L., Rest, S. & Rosenbaum, R. M. (1971), Perceiving the causes of success and failure. In E. E. Jones, D. E. Kanouse, H. H. Kelley, R. E. Nisbett, S. Valins & B. Weiner (Eds.), *Attribution: Perceiving the causes of behavior* (pp. 95-120). Morristown, NJ: General Learning Press.

Weis, K. (1976). Zur Funktion des Ballspiels bei den alten Maya. In G. Lüschen & K. Weis (Hrsg.), *Die Soziologie des Sports* (S. 115-129). Darmstadt: Luchterhand.

Weldon, E. & Weingart, L. R. (1993). Group goals and group performance. *British Journal of Social Psychology, 32,* 307-344.

Wenner, L. A. (Ed.). (1998). *MediaSports.* London: Routledge.

Wenner, L. A. & Gantz, W. (1998). Watching sports on television: Audience experience, gender, fanship and marriage. In L. A. Wenner (Ed.), *MediaSport* (S. 233-251). London: Routledge.

Wenzel, S. (1997). Urban und utilitär. In Spokk (Hrsg.), *Kursbuch Jugendkultur* (S. 182-189). Mannheim: Bellmann.

Wertheimer, J. (2000). „Sechzig" - Oder Fußball und Masochismus. In W. Schlicht & W. Lang (Hrsg.), *Über Fußball* (S. 152-162). Schorndorf: Hofmann.

White, R. W. (1959). Motivation reconsidered: The concept of competence. *Psychological Review, 66,* 297-333.

Wicklund, R. A. & Gollwitzer, P. (1982). *Symbolic self completion.* Hillsdale, NJ: Erlbaum.

Widmeyer, W. N. (1990). Group composition in sport. *International Journal of Sport Psychology, 21,* 264-285.

Wilhelm, A. (1999). Engagement in Freizeitgruppen. Anwendung der sozialen Austauschtheorie. *psychologie und sport, 6,* 3-11.

Wilhelm, A. (2001). *Im Team zum Erfolg.* Lengerich: Pabst.

Williams, K. D., Nida, S. A., Baca, I. D. & Latané, B. (1989). Social loafing and swimming: Effects of identifiability on individual and relay performance of intercollegiate swimmers. *Basic and Applied Social Psychology, 10*, 73-81.

Winkler, J. D. & Taylor, S. E. (1979). Preference, expectations, and attributional bias: Two field studies. *Journal of Applied Social Psychology, 9,* 183-197.

Winterhoff-Spurk, P. (1999). *Medienpsychologie.* Stuttgart: Kohlhammer.

Woll, A. (1996). *Gesundheitsförderung in der Gemeinde.* Erfurt: Linguamed.

Worringham, C. J., & Messick, D. M. (1983). Social facilitation of running: An unobtrusive study. *Journal of Social Psychology, 121,* 23-29.

Würth, S. (2002). *Die Rolle der Eltern im sportlichen Entwicklungsprozess von Kindern und Jugendlichen.* Lengerich: Pabst.

Würth, S., Saborowski, C. & Alfermann, D. (1999). Trainingsklima und Führungsverhalten aus der Sicht jugendlicher Athleten und deren Trainer. *psychologie und sport, 6,* 146-157.

Zajonc, R. B. (1965). Social facilitation. *Science, 149,* 269-274.

Zajonc, R. B. (1968). Cognitive theories in social psychology. In G. Lindzey & E. Aronson (Eds.), *Handbook of social psychology*, Vol 1 (pp. 320-411). Reading, MA: Addison Wesley.

Zeller, R. A. & Jurkovac, T. (1989). A dome stadium: Does it help the home team in the National Football League? *Sport place international, 3*, 37-39.

Zillmann, D. & Bryant, J. (1998). Fernsehen. In B. Strauß (Hrsg.), *Zuschauer* (S. 175-212). Göttingen: Hogrefe.

Zillmann, D., Katcher, A. H. & Milavsky, B. (1972). Excitation transfer from physical exercise to subsequent aggressive behaviour. *Journal of Experimental Social Psychology, 8,* 247-255.

Zimbardo, P. G. (1969). The human choice. Indiviuation, reason, and order versus deindividuation, impulse, and chaos. In D. Levinde (Ed.), *Nebraska Symposium on Motivation* (pp. 237-307). Lincoln, ME: University of Nebraska Press.

Zimbardo, P. G. & Gerrig, R. J. (1996). *Psychologie.* Berlin: Springer.

Zuckerman, M. (1983). Sensation seeking and sports. *Personality and Individual Differences, 4,* 285-293.

Sachverzeichnis

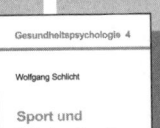
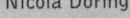